AF356958

MAISON RUSTIQUE.

III.

Imprimerie de DANICOURT-HUET, à Orléans.

MAISON RUSTIQUE,

POUR SERVIR

A L'ÉDUCATION DE LA JEUNESSE,

OU

RETOUR EN FRANCE

D'UNE FAMILLE ÉMIGRÉE;

Ouvrage où l'on trouve toutes les instructions nécessaires pour bâtir une maison de campagne, pour la meubler, pour y établir une chapelle, une bibliothèque, un laboratoire, un cabinet d'histoire naturelle, un jardin de plantes usuelles, etc.; et tous les détails relatifs à la bâtisse d'une ferme, à l'économie domestique et à tous les genres de culture.

Tout ce que nous voulons au-delà de ce que la nature peut nous donner, est peine, et rien n'est plaisir que ce qu'elle nous offre. BUFFON.

Par madame de Genlis.

NOUVELLE ÉDITION.

Tome troisième.

PARIS,

LECOINTE ET DUREY, LIBRAIRES,

QUAI DES AUGUSTINS, n° 49.

1826.

NOUVELLE

MAISON RUSTIQUE,

POUR SERVIR

A L'ÉDUCATION DE LA JEUNESSE.

CHAPITRE PREMIER.

Extrait de l'histoire de la médecine.

Avant d'entrer dans le détail des recettes, du régime, etc., je veux tâcher, en vous donnant un petit précis de l'histoire de la médecine, d'orner un peu ce triste sujet qui ne nous entretiendra que des misères humaines les plus déplorables.

Chez les Romains, les sages-femmes étoient comptées au nombre des médecins. Valéria fut une des plus célèbres, ainsi que Victoria Sabina, à laquelle Théodore Priscien dédia son livre des Gynécées.

Les anciens Grecs, au contraire, n'employèrent long-temps que des accoucheurs, parce qu'il étoit défendu chez eux, par une loi expresse, de faire apprendre à des esclaves ou à des femmes la théorie ou la pratique de la médecine ; cette science comprenoit alors , avec la médecine , la chirurgie et la pharmacie.

Sans doute , les femmes qui n'ont pas fait d'études ne doivent nullement se mêler d'exercer la médecine , quelle que soit leur expérience. Mais si les femmes, dès leur enfance, destinées à cet état , faisoient dans ce dessein les études convenables , elles pourroient devenir d'excellens médecins pour les personnes de leur sexe. Agnodice , chez les Athéniens, eut une grande réputation dans ce genre ; elle se déguisa en homme , et étudia la médecine sous le professeur Hérophile. Quand elle fut suffisamment instruite, elle découvrit son sexe aux Athéniennes, qui lui gardèrent fidèlement le secret , et jurèrent unanimement de ne point prendre d'autre accoucheur. Agnodice, occupée seule aux accouchemens, excita l'envie de tous les médecins , qui l'accusèrent devant l'aréopage de séduire les femmes qu'elle accouchoit. Elle se justifia facilement en déclarant qu'elle étoit elle-même une femme ; mais les médecins lui firent un crime d'avoir contrevenu à la loi qui défendoit à son sexe l'exercice de la médecine ; on alloit la condamner sur ce nouveau délit , lorsque les femmes les plus considérables d'Athènes accoururent en foule pour la défendre , et obtinrent non-seulement sa grâce , mais un décret qui autorisoit les femmes à étudier la médecine.

En Égypte, chaque médecin ne se mêloit que d'une seule espèce de maladie, les uns pour les yeux, les autres pour la tête, ceux-ci pour les maux d'estomac, ceux-là pour les maux de ventre, etc. Démocède, habile médecin, s'attacha d'abord à Polycrate, tyran de Samos, que le satrape Orétès fit mourir ; alors Démocède devint esclave du satrape : quelque temps après, Darius, fils d'Hystaspe, s'étant démis le pied à la chasse, Démocède le guérit, ainsi que la reine Atossa, qui avoit un ulcère au sein. Ces deux cures firent la fortune de Démocède. Les médecins les plus célèbres de l'antiquité furent, comme on sait, Hippocrate, Asclépiade, qui exerça son art à Rome, du temps de Pompée. Toute sa médecine se réduisoit à cinq ordonnances, *l'abstinence des viandes*, *l'abstinence du vin* en certaines occasions, les *frictions*, la *promenade* et la *gestation*, c'est-à-dire différentes manières de se faire voiturer. Afin de prouver la bonté de sa théorie, il fit le pari de n'être jamais malade, il le gagna, et mourut d'une chute dans une âge très-avancé. Musa, affranchi, et médecin de l'empereur Auguste, étoit Grec et frère d'Euphorbe, médecin de Juba, roi de Mauritanie. Musa guérit Auguste d'une maladie très-dangereuse, en lui prescrivant des bains froids. Le sénat romain, en reconnoissance, lui fit élever une statue d'airain, que l'on plaça à côté de celle d'Esculape. Auguste lui permit de porter un anneau d'or, et l'exempta de tout impôt ; privilége qui passa à ceux de sa profession. Musa traita le jeune Marcellus de la même maladie, lui prescrivit de même les bains froids, et Marcellus mourut ; ce qui prouve que dans l'application des remèdes il ne suffit pas de connoître parfaitement le mal, il faut encore calculer avec exactitude si le remède convient aussi bien à l'âge et à la constitution du malade qu'à la maladie. Non-seulement il n'y a point en médecine de *panacée*, c'est-à-dire de remède universel pour tous les maux, mais il n'y en a point d'énergique qui soit (sans exception) propre à une seule espèce de maladie pour tous les individus ; on ne peut, à cet égard, que donner des règles générales : ce qui constitue le grand médecin, c'est le jugement, le coup-d'œil, l'expérience, qui font modifier, préparer, mélanger les remèdes suivant le tempérament, le genre de vie, etc., des malades.

Celse, de la famille patricienne Cornélia, vivoit sous les règnes d'Auguste, de Tibère et de Caligula ; il écrivit sur la rhétorique, la médecine, l'art militaire et l'agriculture. Il nous reste de lui un ouvrage de médecine en huit livres.

Galien, fils d'un architecte, vivoit sous les règnes d'Antonin, de Marc-Aurèle, etc.

Dans les temps plus modernes, Albufarage fut un médecin fameux, et de plus historien : il composa en arabe un Abrégé de l'histoire universelle. Il vivoit sur la fin du treizième

siècle. Akakia, nom pris du grec, qui signifie *sans malice*, fut professeur de médecine à Paris ; il mourut en 1605. Les médecins les plus célèbres morts depuis lui
furent Chirac, Senac, Dumoulin, Boërrhave,
Tronchin, Tissot, Bordeu, etc.

CHAPITRE II.

*Règles générales pour conserver ou rétablir
sa santé.*

De la raison dans ses affections, de la mo-
dération dans tous ses sentimens, du courage
dans le malheur, une vie sobre et réglée.

Les centenaires ont presque tous été sages
et vertueux. Le grand âge est d'autant plus
digne de nos respects qu'il est en général
le gage et la preuve d'une vie innocente et
pure.

Il faut bien connoître sa propre constitution, quels sont les alimens sains ou malsains
par eux-mêmes, et en outre quels sont ceux
qui nous sont bons ou contraires, et confor-
mer son régime à cette connoissance.

Choisir, pour fixer sa demeure, un lieu
dans un air pur, c'est-à-dire sec, tempéré,
à l'abri des vapeurs nuisibles, loin du voisinage des cimetières, des voiries, de certaines
manufactures, etc. ; coucher dans une chambre

grande, aérée, dans laquelle il n'y ait aucune humidité.

Se bien couvrir l'avant-bras , la poitrine et l'estomac en hiver, même au commencement du printemps et à la fin de l'automne.

L'exercice est excellent, mais il faut qu'il soit réglé , qu'il n'aille point jusqu'à la fatigue , et qu'il ne soit jamais placé après les repas , c'est-à-dire durant le travail de la digestion.

Les veilles sont mauvaises ; la santé n'est parfaite qu'avec un sommeil régulier et réglé. On ne peut en prescrire la durée ; chacun doit dormir le nombre d'heures nécessaire à sa constitution. Il ne faut jamais se coucher que trois heures après son souper , quand on fait du souper un véritable repas , chose qui ne doit jamais être pour les personnes qui ont passé trente-cinq ans. Lorsqu'on est forcé de veiller , il faut boire durant la nuit quelque boisson pectorale et rafraîchissante, un demi-verre d'heure en heure. On doit , en été , manger très-peu de viande. Une des choses qui contribuent le plus à entretenir une bonne santé sont les frictions sèches, avec une flanelle d'Angleterre , soir et matin ; et même ces frictions sont le meilleur des remèdes contre les insomnies. Il ne faut jamais se coucher avec les pieds froids ; et lorsqu'au lit ils se refroidissent, on ne peut les réchauffer qu'en mettant des chaussons de poil de lapin ou de vigogne. Fumer ou mâcher du tabac sont de mauvaises habitudes, surtout immédiatement après le repas. D'ailleurs, l'habitude si peu noble de fumer finit très-promptement par noircir et gâter les dents. Un soin très-essentiel pour la santé est d'entretenir les sécrétions naturelles bien réglées. Une longue constipation produit presque toujours une grande maladie. Il faut surtout soigner sa santé quand on voyage ; car il est affreux de tomber malade dans une mauvaise auberge. Voici, dans ce cas, les soins que prescrit la prudence :

1° D'emporter avec soi un nécessaire, non rempli de brillantes bagatelles, mais de choses utiles. On doit y trouver de quoi panser une plaie en cas d'accident ; des vulnéraires suisses, des fleurs de tilleul, de la fleur d'oranger, quelques sirops, un peu de bon vin, etc. On doit en outre avoir toujours des citrons dans sa voiture.

2° Un régime rafraîchissant ; cependant quelques fortifians, si la température est humide. Il faut alors quelques *toniques* à l'estomac ; un peu de vin pur, ou mieux encore de la menthe poivrée avant le repas. On ne doit jamais se permettre de manger des choses malsaines, de vieux œufs, de mauvais jambon, des viandes salées. On trouvera partout du lait ou des pommes-de-terre et du pain ; il faut souvent savoir s'en contenter. On ne négligera point, dans les auberges, de visiter la cuisine, et d'examiner les casseroles. J'en ai souvent trouvé qui étoient remplies de vert-de-gris. En tout, on fera beaucoup mieux de s'interdire les ragoûts, et de ne manger que du rôti, des grillades et des légumes à l'huile et au vinaigre.

3° Faire aérer la chambre où l'on doit coucher, en ouvrir toutes les fenêtres; avoir, outre des draps et des couvertures à soi, une peau de renne, que l'on étend sur le matelas du lit; parfumer la chambre avec du vinaigre; ne point coucher sous les rideaux du lit, tirer même le lit tout-à-fait de dessous l'impériale.

Il est de la plus grande imprudence, lorsqu'on voyage, d'avoir une voiture avec des glaces: il faut n'avoir que des verres les plus minces possibles. En Italie, pour pouvoir supporter en voiture l'ardeur du soleil, on fait mettre sur l'impériale une grosse couverture de laine, pliée en double ou davantage, et bien imprégnée d'eau fraîche. A chaque poste, on fait de nouveau jeter de l'eau sur cette couverture.

Sur mer, il faut se munir d'une grande quantité de citrons, d'oranges et de pruneaux. Pour soulager, et même pour guérir le mal de mer, il faut prendre dix-huit ou vingt gouttes d'éther sur un morceau de sucre; ensuite se coucher, fermer les yeux, ne point parler et se tenir tranquille.

J'ai encore, mes enfans, relativement à la santé, un très-bon conseil à vous donner; c'est, quand vous serez mariés, de ne pas perdre l'habitude de ne point vous faire servir par des domestiques, dans toutes les choses que vous pouvez faire vous-mêmes. 1° Vous leur épargnerez des peines inutiles (et c'est un devoir) ; 2° vous entretiendrez ainsi vos forces. Quand vous veillez, laissez-les dormir, et couchez-vous sans leur secours. En hiver, faites mettre du bois dans un cabinet voisin de la pièce où vous vous tenez, et quand vous êtes seul, allez le chercher vous-mêmes ; et sachez arranger et faire votre feu sans aucune aide. Julie, malgré la délicatesse de son sexe, de sa taille et de ses mains, sait fort bien porter une grosse bûche, et soulever une lourde cruche remplie d'eau ; conservez ces bonnes habitudes ; elles vous tiendront souvent lieu d'exercice, et elles vous donneront une force, une adresse et une souplesse que les gens du monde ont bien rarement. N'abusez jamais de l'usage des sonnettes ; songez que si vous rendez vos domestiques des esclaves, vous vous mettez vous-mêmes dans la plus honteuse dépendance.

Quant aux gens de lettres, voici sur leur santé les conseils que je leur donnerois : De n'écrire, pour conserver leurs yeux, qu'à la clarté d'un demi-jour, et avec une seule lumière toujours voilée par un garde-vue ; d'être assis en écrivant, sur une chaise très-basse, de manière que leur estomac ne soit jamais ployé ; d'écarter de leur imagination, lorsqu'ils sont au lit, toute idée de composition ; de vivre avec la plus grande sobriété, et surtout de s'armer de philosophie ; de savoir supporter avec calme de petites injustices littéraires et l'amertume de certaines critiques. Si l'orgueil les domine, ils prendront de l'aigreur, de l'animosité, des ressentimens, choses également nuisibles au talent et à la santé.

CHAPITRE III.

MÉDECINE DOMESTIQUE DES GENS DU MONDE.

Traitement de la rougeole.

LA rougeole est une maladie contagieuse et souvent épidémique que l'on peut avoir en voyage; quand elle est bénigne, il est facile de la traiter sans médecin, et c'est ce qui m'est arrivé avec succès dans un long voyage...

Dans les cinq premiers jours, il faut donner pour toute boisson de l'eau de mélisse légère, et une infusion de bourrache avec un peu de tilleul et de miel; on donnera ces deux boissons alternativement. En outre, on se gargarisera souvent avec du sirop de mûres; si la tête est prise et qu'il y ait du délire, on mettra les pieds dans l'eau plus chaude que de coutume, deux fois par jour, chaque fois pendant un quart-d'heure. Si l'on avoit de fortes envies de vomir pendant les cinq premiers jours, on donneroit d'abord huit grains d'ipécacuanha; s'ils ne faisoient pas d'effet, on iroit jusqu'à quinze (1). Si la fièvre n'est pas très-considérable, qu'il n'y ait pas de délire, on donnera un peu d'alimens, surtout à un enfant, de la crême de riz légère; si la toux est forte, on boira du sirop de gomme, on prendra quelques pastilles de kermès. Après les cinq jours on donnera des lavemens de graine de lin pendant quatre ou cinq; si les remèdes n'agissent point, on purgera le dix ou le douze avec de la crême de tartre. Il faut purger ensuite quatre ou cinq fois avec les repos et l'intervalle convenables entre chaque purgation, et suivant l'état de santé. Enfin on soignera pendant long-temps sa poitrine, ses yeux, et l'on suivra un régime sévère (2).

Pour les dartres et les maladies de la peau.

Boire d'habitude de l'eau de racine de patience, et les matins une infusion de fleurs de pensée : régime rafraîchissant.

Pour les maux de nerfs.

Avant tout, de la tranquillité, une douce dissipation; avec la religion, qui donne la

(1) Lorsqu'on a pris l'ipécacuanha, il ne faut boire ensuite que lorsqu'on a vomi, ou au bout d'une heure et demie.

(2) Il va toujours sans dire qu'on ne traitera cette maladie, même bénigne, sans médecin, que lorsqu'on y sera forcé; car toute maladie, avec fièvre continue, demande les secours des gens de l'art.

véritable philosophie , on trouve la paix de l'âme dans toutes les situations. Ces maux indéfinissables dont les symptômes sont si divers, les souffrances si variées, demandent surtout dans le malade de la raison, de la patience ; et dans ceux qui le soignent, de tendres ménagemens et une adresse ingénieuse. Dès qu'on a le genre nerveux véritablement attaqué, on est porté à se croire continuellement à la mort. Il faut tâcher d'ôter au malade cette idée, mais sans lui contester le malaise affreux et les souffrances insupportables de son état. Souvent on irrite, dans ce cas, avec l'intention de rassurer ; on voudroit faire croire qu'on est malade imaginaire, ce qu'on ne persuadera jamais à une personne qui souffre des anxiétés d'autant plus cruelles qu'elles sont inexplicables. D'ailleurs, il faut savoir distinguer les maux trop réels causés et aggravés par l'*imagination*, d'avec les *maux imaginaires* produits par une imbécile pusillanimité. Les gens qui ont mal aux nerfs sont toujours plus malades durant la nuit, parce que, seuls, livrés à eux-mêmes, ils réfléchissent douloureusement sur leur état ; alors ils sentent s'accélérer le battement du pouls, des artères et du cœur ; les tressaillemens, les inquiétudes dans les jambes achèvent d'éloigner le sommeil, et l'on se croit à la mort. Il faudroit, quand on est couché, écarter de son imagination toute réflexion et même toute pensée attachante, ou se faire lire tout haut, ou enfin s'occuper et veiller jusqu'à ce que l'on ait envie de dormir. Les maux de nerfs, surtout durant la nuit, causent souvent des tintemens d'oreille, et des bruits et des sons illusoires qui tourmentent excessivement ; mais il ne faut pas s'en inquiéter, cette incommodité n'a rien de dangereux. Il faut alors tâcher de se distraire par quelque bruit effectif, qui puisse empêcher d'entendre ces illusions sans empêcher de s'endormir : des lectures ou le bruit d'une chute d'eau, d'un moulin à eau, une musique douce et monotone, etc. Voici les meilleurs remèdes pour les maux de nerfs : un régime très-doux, des demi-bains à vingt-six degrés du thermomètre de Réaumur ; des frictions sèches sur les bras, les cuisses et les jambes, faites avec une flanelle d'Angleterre ; beaucoup d'alimens et de boissons farineuses et mucilagineuses, fécule de pommes-de-terre, sagou, salep, crême de riz, vermicelle, sirop d'orgeat, lait d'amandes, sirop de gomme, etc. ; abstinence de vin de Champagne, de café, de thé, d'épiceries ; peu d'acides, à l'exception de l'orangeade, qui contient un doux mucilage très-bon pour les maux de nerfs ; éviter avec soin toutes les émotions violentes, toutes les occasions de s'impatienter et de se mettre en colère, et faire un exercice modéré ; enfin, ne jamais se coucher sans avoir sur sa table de nuit des boissons préparées en cas d'insomnie. Les meilleures sont une infusion de tilleul avec un peu de sucre, du lait d'amandes très-léger, et une infusion de chicorée sauvage coupée avec un quart de bon lait; et quand on se réveille, en boire une bonne demi-tasse, ou d'heure en heure la même dose, quand on ne dort pas. Lorsqu'on a des soifs ardentes, ce qui arrive souvent dans cet état, rien ne désaltère mieux que de l'eau dans laquelle on a fait bouillir de la racine de réglisse. Les délayans et les boissons rafraîchissantes sont absolument nécessaires dans les maux de nerfs; il est donc indispensable de soigner son estomac, afin qu'il puisse supporter ce régime; quand on sent qu'il se dérange, il faut le fortifier par un peu de diète, et les remèdes connus que l'on indiquera ci-dessous. Quand l'estomac est en bon état, et que le malade est sobre et raisonnable, rien de plus facile que de guérir les maux de nerfs, alors même qu'ils sont réunis au mal de poitrine; car les remèdes pour la poitrine et les nerfs sont les mêmes; du moins peuvent-ils s'allier ensemble.

Mixture anti-spasmodique pour les personnes délicates.

Prenez des eaux distillées de fleurs de tilleul et de primevère, de chaque une once et demie; de la poudre de gutéle, un gros; du sirop de pavots rouges, une demi-once. On prend d'abord à la fois la moitié de cette potion, et ensuite une cuillerée tous les quarts-d'heure jusqu'à ce que le spasme cesse.

Gouttes anti-spasmodiques pour de fortes convulsions.

Prenez de la liqueur de corne de cerf succinée, un gros; de la liqueur anodine d'Hoffman, demi-gros; mêlez-les ensemble, et prenez-en, de deux en deux heures, vingt gouttes, dans une tasse de fleur de tilleul distillée.

Pour les dérangemens d'estomac.

Il faut d'abord manger moins que de coutume, et des alimens plus légers; ne boire que de l'eau à ses repas; prendre tous les matins, avant le dîner, pendant six jours, de l'eau de menthe poivrée, deux cuillerées à bouche, avec deux cuillerées d'eau et un morceau de sucre.

Pour les dérangemens d'estomac, boire à ses repas de l'eau de cachou, un gros dans une pinte d'eau. On peut prendre encore pendant dix à douze jours, dans la soupe, une prise composée ainsi : Trois grains de rhubarbe, quatre grains de quinquina, six grains de magnésie blanche; le tout mêlé ensemble.

Pour les épreintes, maux d'entrailles, etc.

Des lavemens de graine de lin ou de fraise de veau, dans lesquelles on a fait fondre une chandelle; boire une ou deux cuillerées de sirop pur de gomme, et d'autres boissons adoucissantes. Pour la dysenterie, il faut consulter un médecin.

Pour les rhumes, catarrhes et fluxions.

Pour les rhumes la meilleure tisane est celle-ci : Dix jujubes, quatre figues grasses dans une chopine d'eau, une bonne cuillerée de miel de Narbonne ; faites bouillir et passez.

En voici une excellente encore : Une pomme de reinette pelée, coupée, et une cuillerée de miel dans une chopine d'eau.

On peut prendre, outre ces tisanes, le bouillon suivant : Mettez dans un pot de terre une couche de navets coupés en tranches, une couche de rouelles de veau coupées menu et bien dégraissées, et toujours alternativement jusqu'aux trois quarts du pot; remplissez d'eau, et faites cuire à petit feu pendant huit heures. On ne met point de sel dans ce bouillon.

Pour les catarrhes, on doit faire usage de l'excellent sirop de Harumbure, *pharmacien à Paris, porte Saint-Martin.*

Pour faciliter l'expectoration dans les catarrhes, et même dans les fluxions de poitrine, on peut se servir d'une grande éponge imbibée d'eau bouillie avec de la mauve, qu'on tiendra assidûment à une petite distance du nez et de la bouche.

L'éponge trempée dans une décoction de fleurs de sureau mêlée avec une partie égale de vinaigre bouillant, concourt aussi à rappeler l'expectoration supprimée.

Pour le mal de gorge, le remède de bonne femme, du bas de laine porté dans le jour et mis autour du cou pendant la nuit, est le meilleur que je connoisse : pour gargarisme, du sirop de mûres.

Fluxions sur l'oreille.

Il faut appliquer à reprises réitérées un sachet chaud, de parties égales de poudre de fleurs de camomille et de sureau, qu'on arrosera légèrement d'eau-de-vie camphrée. Dans l'intervalle de ces applications, on fera couler dans l'oreille quelques gouttes d'huile de camomille tiède.

Recevoir dans l'oreille, par le moyen d'un entonnoir, la vapeur d'une décoction bouillante de sauge ; ce remède adoucit les maux d'oreille, et guérit la surdité.

Quand il survient de petits abcès dans les oreilles, ou de gros boutons enflammés, il faut mettre dans l'oreille, pendant plusieurs jours, une petite éponge bien imbibée d'une forte décoction de racine de guimauve, et entretenir avec soin l'humidité de cette éponge.

Pour le gonflement de la luette et des amygdales, on appliquera un sachet de cendres chaudes autour du cou ; on se gargarisera souvent avec du lait, dans lequel on aura fait bouillir assez de poivre pour le rendre piquant. Si la difficulté d'avaler étoit ac-

III. 2

compagnée d'enrouement, on respireroit la vapeur d'une décoction de fleurs de sureau.

Traitement d'une attaque de goutte.

D'abord un lavement ; ensuite, si la goutte se fixe ordinairement avec quelque difficulté, un bain de pied dans de l'eau un peu plus chaude que tiède, et dans laquelle on jettera deux cuillerées de moutarde en poudre, broyées dans de l'eau bouillante. Pendant les grandes douleurs, diète, et boire de l'eau panée et de la limonade légère. Cette limonade de goutteux se fait ainsi : Prenez deux livres d'une légère décoction d'orge ou de riz ; ajoutez-y le jus d'un gros citron, bien plein de jus ; coulez à travers un linge, et sucrez le tout médiocrement. Au défaut de citron et de sucre, mettez une cuillerée de miel et deux de vinaigre. Ce traitement est pour la *goutte légitime* ; mais pour la *goutte illégitime*, c'est-à-dire celle qui remonte, il en faut un plus fort ; on emploie des sudorifiques, etc., et l'on doit appeler un médecin.

Voici un remède que l'on dit assez bon pour la goutte dans l'estomac : On prend un bol de lait, dans lequel on a fait bouillir, pendant sept ou huit minutes, trois pincées de gingembre. Ce même remède est bon pour le rhume.

Les goutteux ne doivent boire ni vin ni liqueurs ; ils doivent s'abstenir de café. On dit que le lait, pour toute nourriture, guérit sûrement la goutte, quand il passe bien.

Pour les engorgemens de glandes.

Une décoction de houblon et de pariétaire, ou seulement de houblon, deux petites
tasses à jeun.

Pour les obstructions et la jaunisse.

Feu M. Zell, premier médecin de sa majesté le roi de Prusse, et l'un des plus grands
médecins de l'Allemagne, m'a guéri d'obstructions et d'un commencement de jaunisse,
en me prescrivant le régime suivant :
Pour toute boisson, pendant trois mois,
de l'eau légère de carottes ; pour toute nourriture, pendant le même temps, des carottes
au bouillon de bœuf, veau et poulet, parties
égales, et du pain de froment bien cuit et
rassis. En outre, une bonne cuillerée à bouche de jus de raifort, dans une grande assiette de soupe, à déjeûner ; une seconde
cuillerée à dîner, dans la soupe. Je suivis
exactement ce régime, depuis le 1er novembre jusqu'au 30 mars suivant, et je recou-
vrai une parfaite santé ; je n'ai jamais eu, depuis, le moindre ressentiment d'obstructions.
M. Zell me dit alors qu'il ne faut pas prendre
de jus de raifort en été. Il me fit prendre des
jus d'herbes au printemps, composés ainsi :
Cerfeuil, pissenlits, fumeterre, pariétaire,
parties égales ; quatre cuillerées le matin, à
jeun, pendant six jours, ensuite cinq pen-

dant huit, et enfin six pendant six semaines.

On dit que le suc de bouleau est un excellent remède pour toutes les jaunisses. L'*ictère noire*, ou jaunisse noire, est la plus dangereuse et la plus difficile à guérir,

Pour les yeux.

Ne jamais lire ni écrire à une grande clarté; ne jamais se baigner les yeux dans les petites baignoires faites à cet effet, elles forment sur les yeux des espèces de ventouses qui peuvent nuire à la vue; d'ailleurs, il est dangereux de tremper l'œil ouvert dans quelque eau que ce puisse être. Il suffit de passer sur les yeux fermés une petite éponge imbibée d'eau fraîche et d'eau de roses, parties égales. Une très-bonne chose pour les yeux, est, en s'éveillant, de les humecter avec un peu de salive. Tout effort peut porter aux yeux, et leur est contraire. Une chose très-dangereuse aussi est, lorsqu'on a les yeux fermés, d'endurer une forte pression sur le globe de l'œil. Il faut ne jamais regarder fixement ou souvent de la neige, du feu, des éclairs, une vive lumière et la lune (1). L'humidité est très-contraire aux yeux, et par conséquent

(1) Il semble que cette douce clarté ne puisse être nuisible; cependant l'effet produit à la longue par la lune sur les vitres, verres de Bohême, etc., prouve une propriété corrosive qui justifie l'idée reçue, qu'il est dangereux de regarder long-temps de suite cet astre.

le lavage des cheveux et de la tête à tous les âges ; car, après avoir lavé les cheveux, on a beau les peigner, il y reste toujours une humidité pernicieuse pour les yeux et pour les dents.

Lorsqu'on a un véritable mal aux yeux, il faut laisser là les remèdes domestiques, et recourir sans délai aux gens de l'art. Nous avons de si grands oculistes, que l'on ne doit pas hésiter à les consulter, pour peu que le mal paroisse sérieux. Quand on veut se fortifier la vue, on laisse débouchée pendant trois jours une bonne bouteille de vin rouge, ensuite avec ce vin on se frottera le globe de l'œil fermé et le dessous de la paupière. Mais ce qui vaut infiniment mieux, c'est l'excellente eau anti-ophtalmique de Boissy, qui ne se trouve qu'à Genève, chez Peschier, pharmacien. Cette eau m'a rendu en quinze jours la bonne vue que j'avois eue jusqu'à l'époque d'un excès de lecture, à la lumière, d'un volumineux ouvrage manuscrit. Je voyois depuis ce temps, c'est-à-dire depuis quatre ans, une mouche noire, que nul remède n'avoit pu m'ôter, et dont l'eau de Boissy m'a débarrassée totalement en quinze jours, en m'en servant soir et matin, il y a de cela dix-huit mois : dans cet espace de temps, j'ai beaucoup écrit et peint en miniature, et ma vue est meilleure que jamais. Cette eau a l'odeur la plus agréable ; voici comme on s'en sert : On trempe un doigt dans le goulot de la bouteille, et à plusieurs reprises on passe ce doigt sur le globe de l'œil fermé et sous la paupière inférieure, soir et matin. Il faut que l'eau n'entre pas dans l'œil. J'ai éprouvé un effet si miraculeux de l'usage de cette eau, que si je pouvois la mettre à la mode, je croirois faire une bonne action, et rendre surtout un véritable service aux gens de lettres et aux peintres en miniature, qui presque tous ont la vue affoiblie.

Des dents et de leur conservation.

Il ne faut jamais dans la jeunesse faire nettoyer avec le fer, ou faire limer ses dents seulement pour les égaliser, avant l'âge de dix-huit ou dix-neuf ans. On ne doit avant cet âge employer le fer que pour limer une dent qui commenceroit à se gâter. Et si l'on est attaché à la conservation de ses dents, on doit même ne les jamais faire limer pour les égaliser, c'est-à-dire pour les rendre un peu plus belles. Tous les acides, l'oseille, le citron, blanchissent les dents, mais attaquent l'émail, ainsi que les poudres. Il faut ne se servir que d'opiat deux ou trois fois la semaine, et fait par un bon dentiste. Il est quelquefois nécessaire de se faire saigner les gencives quand elles sont gonflées, et qu'il n'y a point d'inflammation. Un peu d'eau-de-vie camphrée avec de l'eau est pour les dents ce qu'il y a de mieux. Il faut tous les matins et après le repas se laver les dents, et les nettoyer avec un cure-dent, nonde métal, mais de plume. Mâcher de la sauge tous les jours est un grand moyen de conservation; et même, dans les maux de dents, mâcher de la sauge verte, et la tenir long-temps dans sa bouche, apaise la douleur. Pour raffermir les gencives, il faut mâcher du cochléaria. On doit avoir l'attention de ne jamais faire éprouver aux dents une sensation brûlante ou glacée; il faut ne les laver qu'avec de l'eau fraîche, qui ne soit ni tiède ni à la glace. Du bon état des gencives dépend la bonté des dents. Voici un moyen sûr pour rendre les gencives parfaitement saines et belles : Prenez du sucre royal le plus beau possible, réduisez-le en poudre, passez cette poudre dans un tamis bien fin, ensuite nettoyez-vous les dents, et surtout frottez-vous bien les gencives avec cette poudre, et vos gencives deviendront d'une beauté parfaite au bout de douze ou quinze jours. On peut avoir foi à ce remède, j'en ai vu les plus étonnans succès. Il a été souvent employé sur mer pour guérir les gencives scorbutiques, qui, comme on sait, dans ce cas, ne viennent point d'un sang corrompu. Mais, je le répète, il faut que la poudre de sucre soit tamisée de manière à la rendre aussi fine qu'il est possible. On doit avoir soin de faire voir souvent ses dents à un excellent dentiste, afin qu'il ôte sans délai un point de carie s'il y en avoit; car, sans cela, ce point creuseroit et formeroit un trou qui gâteroit la dent. Souvent, faute de cette précaution, on perd ses dents promptement. Ces points de carie se forment entre les dents, ne se voient point, ne causent point de douleur ; il faut sonder les dents pour les découvrir; cependant on peut soi-même en être averti en se nettoyant les dents : si, en passant un cure-dent entre deux dents, le cure-dent accroche, il y a de la carie , si ce n'est pas quelque corps étranger ; alors il faut consulter un dentiste, et si la dent est attaquée, il faut que la lime y passe.

Quand on s'est fait limer ainsi une dent très-attaquée, c'est-à-dire dont le trou étoit profond, on peut la conserver un temps infini en prenant les précautions suivantes : Il faut tous les jours, entre cette dent et la dent voisine où se trouve un vide produit par ce qu'on a limé, introduire et laisser un petit morceau de coton bien imbibé d'eau-de-vie camphrée sans eau : on renouvellera ce coton plusieurs fois par jour, et l'on conservera toujours cette dent, que l'on perdroit promptement sans cette précaution.

CHAPITRE IV.

Des coups de soleil.

Pour les éviter, il faut avoir la tête couverte d'un chapeau blanc, et dont la forme soit très-élevée ; c'est-à-dire laisser un grand vide entre le chapeau et la tête. Les femmes, en outre, auront un parasol blanc (1). On traite les coups de soleil par les saignées et les rafraîchissemens de toute espèce, en boissons, lavemens, applications, bains, etc. Il faut boire beaucoup de lait d'amandes, de limonade, de petit-lait; il faut appliquer sur les tempes, le front, et même sur toute la tête, des linges trempés dans de l'eau fraîche et un peu de vinaigre rosat, ou dans du jus de pourpier, de laitue, d'artichaut sauvage, de verveine; si l'on fait usage du bain froid, on ne doit jamais l'employer qu'après les saignées (2).

(1) Le noir réfléchit si vivement l'ardeur du soleil, qu'il est étonnant qu'on n'ait pas imaginé de peindre en noir les murs de certains espaliers; ces murs deviendroient brûlans, et hâteroient beaucoup la maturité des fruits qui ont besoin d'un soleil ardent.

(2) Les rhumatismes violens se traitent aussi comme les maladies inflammatoires, par la saignée et les rafraîchissans. Le bain alors ne doit aussi jamais précéder les saignées ou quelque autre évacuation, sans quoi il augmenteroit le mal. Il ne faut pas, dans ce cas, donner de narcotiques, ni faire suer dans les commencemens; les sueurs alors sont pernicieuses, mais à la fin elles guérissent. Quand la personne n'est pas forte et sanguine, on ne la saigne point, on se contente de purger. Un moyen d'apaiser entièrement les douleurs de rhumatisme est de se faire repasser, à travers une flanelle, la partie souffrante, avec un fer aussi chaud qu'on le peut supporter, long-temps et à plusieurs reprises, dans l'espace de quelques heures.

Les noyés.

Ce n'est pas , disent les médecins, la quantité d'eau que les noyés ont avalée qui les fait périr , puisqu'à peine leur en trouve-t-on une pinte dans l'estomac ; mais c'est la pesanteur de l'eau , supérieure à celle de l'air. C'est à tort qu'on roule les noyés dans un tonneau , qu'on les suspend avec des cordes , qu'on leur tient la tête basse et renversée , etc. Quand le noyé est retiré de l'eau, on l'enveloppe dans des couvertures , on le porte dans un lit très-chaud , bien bassiné ; on l'y retourne, on l'agite de mille manières , on lui fait des frictions spiritueuses avec une flanelle bien imbibée d'esprit-de-vin camphré. Il faut que deux personnes à la fois fassent ces frictions , l'une d'un côté du corps , et l'autre du côte opposé. Ces frictions doivent être faites fortement et avec rapidité, sur les bras , surtout à l'endroit de la saignée , sur les cuisses et sur les jambes ; rien ne ranime mieux la circulation : il faut que les flanelles ne soient pas froides ; au lieu de coucher le noyé dans un lit , il seroit mieux encore de l'étendre , tout nu , couché à plat, dans une chambre bien chaude, sur un matelas chauffé , près d'un bon feu , dans des couvertures chaudes de laine , et là de lui faire les frictions. On fera passer , bouche sur bouche, de l'haleine chaude dans ses poumons , ou par le moyen d'un tuyau (1).

(1) Des médecins habiles prétendent qu'il vaut mieux que ce soit par une narine ; on bouche l'autre.

De temps en temps on fera passer dans sa gorge, successivement, une cuillerée de potion anti-apoplectique, du vin chaud, et même de l'eau-de-vie. On frottera aussi ses tempes avec des eaux spiritueuses ; on mettra dans son nez quelque esprit volatil, on lui donnera coup sur coup des lavemens de fumée de tabac ; à défaut de l'instrument d'usage, on remplira de tabac à fumer une pipe ordinaire, dont l'embouchure, qui doit être de corne, sera introduite dans le fondement ; après avoir bien allumé le tabac, on couvrira la tête de cette pipe de celle d'une pipe vide, tellement qu'en soufflant dans le tuyau de celle-ci on chasse la fumée du tabac de la pipe chargée dans les intestins, assidûment et vivement pendant des heures entières. Quand le pouls battra, que les extrémités ne seront plus froides, on fera une petite saignée (1). Il faut que tous ces secours soient administrés avec la plus grande promptitude ; c'est pourquoi nous ferons faire, sur le bord de notre étang, une petite baraque bien close, avec une cheminée, et remplie de tout ce qui est nécessaire au traitement des noyés ; matelas, couvertures, appareil de fumigations, drogues, etc. Comme il y aura dans nos jardins de grandes pièces d'eau, nous aurons, au rez-de-chaussée de notre château,

(1) D'autres condamnent la saignée, ou ne l'admettent, ce qui paroît très-raisonnable, que dans le cas où elle paroît indispensable par la grosseur des vaisseaux, la couleur violette du visage, etc.

une chambre consacrée au même usage ; ne servît-elle qu'une fois en cinquante ans, ou ne servît-elle jamais, doit-on négliger de l'établir, et l'imprévoyance dans ce cas n'est-elle pas coupable ? Combien de morts ont été causées par des négligences de ce genre ! Ne critiquons point, dans les maisons opulentes, les recherches du luxe, quand nous n'y voyons pas l'oubli du pauvre et de l'humanité. Mais on ne peut s'empêcher d'être scandalisé de la richesse d'un élégant château, situé près d'une grande route, sur le bord d'une rivière, lorsqu'en le visitant d'un bout à l'autre on n'y trouve ni la baraque des noyés ni la chambre de l'hospitalité. Au reste, comme on n'examine pas les maisons où l'on est reçu, supposez toujours, mes enfans, quand vous serez chez les autres, que ces pieux devoirs sont remplis ; car vous savez que la véritable bonté n'affiche rien, et qu'elle doit même cacher, quand elle le peut, les secours qu'elle prodigue à la souffrance, et l'asile qu'elle offre au malheur.

Des asphyxiés.

Lorsqu'on est parvenu à soustraire un individu à la vapeur du charbon, ou des caveaux méphitisés, il faut le transporter au grand air (1). Il faut asperger d'eau froide la face et la poitrine du malade, mais de loin et en

(1) Ce qu'il faut faire pour les enfans et les adultes qui ont des convulsions.

petite quantité. Il faut en outre mettre sous le nez du malade des linges trempés dans le vinaigre concentré, l'alkali volatil fluor, et antres liqueurs d'une vertu analogue. On provoque l'éternuement par des moyens connus; on passe ensuite au procédé de l'insufflation, qui consiste à transmettre de l'air asmosphérique dans la trachée-artère, en insinuant un tuyau dans la bouche, et en bouchant hermétiquement les narines; on tâche de faire avaler quelques gouttes d'oxycrat, ou de quelque boisson tonique et fortifiante.

De la rage.

Si l'on est mordu par un chien enragé, et qu'on soit privé du secours des gens de l'art, qu'on n'ait point d'alkali volatil, etc. , il faut d'abord laver la plaie, en l'écartant sous un tuyau de fontaine, ou de pompe, pendant deux heures; ensuite, laver avec du vinaigre tiède; prendre un ou deux gros de thériaque, et par-dessus boire de l'infusion de scordium, assez pour suer beaucoup; entretenir pendant quarante jours la suppuration de la plaie.

Voici le traitement que l'on suit ordinairement : On doit brûler la partie blessée avec un fer rougi au feu, ou avec un caustique capable d'exciter une escarre profonde qui embrasse la totalité de la blessure; on peut aussi provoquer et entretenir la suppuration par quelque emplâtre attractif, ou en laissant dans

la plaie un fragment de racine de gentiane,
d'aristoloche, etc.

On a proposé l'emploi de la préparation suivante, qui consiste à réduire en poudre, dans
un mortier bien sec, trente-deux grammes
de chaux vive récente; on la mêle avec autant
de savon, et on compose une sorte de pâte,
sans ajouter d'eau; on en applique une couche
sur toute l'étendue de la plaie, laquelle est
ensuite recouverte de linge ou de charpie.
Quelques heures après, il se forme une escarre propre à emporter dans sa chute le
venin qu'on a absorbé.

Les méthodes à suivre pour panser les blessures produites par un animal atteint de la
rage varient selon la profondeur et la grandeur de la plaie. Dans le cas d'une morsure
produite sur un endroit où il y a de gros vaisseaux, on examine si l'artère est encore recouverte de quelques portions de muscles et
de tissu cellulaire. Si cela est ainsi, on touche
légèrement la surface de la partie affectée
avec un pinceau trempé dans du muriate d'an-
timoine; on se borne à cette application pour
achever de détruire le venin. On dirige dans le
fond de la plaie un peu de poudre très-fine
de cantharides, que l'on contiendra par un
petit tampon de charpie. Le tout sera recouvert
d'un emplâtre vésicatoire et d'un bandage peu
serré; les pansemens qui suivent se font avec
la racine d'iris, de gentiane, et une feuille de
bette graissée de beurre frais. Quand la suppuration languit, on la ranime par la pom-

made épispastique, par des onguens aiguisés avec du sel ammoniacal, ou par une petite quantité de pierre à cautère; on atteint aussi le même but avec la lessive des savonniers; enfin, on attend cinquante jours avant de permettre la cicatrisation.

Indépendamment du traitement externe qu'on vient d'assigner, un traitement interne est le plus souvent jugé convenable. On songe, en conséquence, à entretenir les évacuations intestinales, à l'aide de clystères émolliens, de substances doucement laxatives; on plonge le malade dans un bain tiède. Certains médecins ont cru que l'ammoniac liquide pouvoit avoir un effet salutaire, à la dose de dix à douze gouttes, dans une infusion de feuilles de tilleul, ou de feuilles d'oranger (1).

Nos pères n'ont point connu tous ces remèdes, et pendant long-temps on s'est contenté d'envoyer à la mer ceux qui avoient été mordus par des animaux enragés. Il ne seroit pas impossible que l'eau salée de la mer fût un spécifique pour cette horrible maladie. Un remède aussi simple, le sucre pris intérieurement, en est un, suivant M. de la Condamine, contre la blessure des flèches empoisonnées par certains sauvages de l'Amérique méridionale. D'ailleurs, la révolution causée par la manière brusque dont on précipitoit dans la

(1) Il faut aussi en mettre sur la plaie. L'un des plus grands chimistes de nos jours (M. Sage) a fait sur ce remède les plus heureuses expériences. Il faut lire dans ses ouvrages ces détails intéressans.

mer, et la confiance qui tranquillisoit l'imagination, pouvoient prévenir la rage ; comme, dans l'antiquité, le saut de Leucade guérissoit de l'amour, quand on avoit le bonheur de ne pas se noyer. Quoi qu'il en soit, puisque ces bains de mer passoient généralement pour être contre l'hydrophobie un remède immanquable, il est prouvé, par cette seule opinion, qu'ils réussissoient presque toujours. On trouve à ce sujet une anecdote curieuse dans les Lettres de *Le Pays*, poète assez justement oublié, mais qui, fort à la mode de son temps, vivoit sous le règne de Louis XIII. Ce poète fut mordu par un chien enragé, ce qu'il raconte dans une lettre à un de ses amis, et avec le ton de la plus grande sécurité, en ajoutant qu'il va partir pour un port de mer. Arrivé là, il conte ce qui suit : il alla voir le médecin qui traitoit les hydrophobes, et qui lui dit qu'il alloit lui enseigner une manière certaine de connoître, dès le premier bain, s'il devoit craindre ou non que le virus eût passé dans son sang. Quand vous serez plongé dans la mer, poursuivit ce médecin, regardez tout de suite dans l'eau ; si la rage doit vous prendre vous verrez aussitôt au fond de l'eau l'image parfaitement distincte d'un chien furieux, la gueule entr'ouverte ; si vous n'avez pas cette vision, vous pouvez être certain que vous n'avez rien à craindre. *Le Pays* regarda dans l'eau, ne vit point de *chien furieux*, et, suivant la savante prédiction du vieux docteur, il n'eut point d'attaque, et vécut encore grand nombre d'années.

Il est vraisemblable que le vieux médecin, comptant sur la crédulité de ses malades, avoit inventé ce conte pour tranquilliser leur imagination. Mais il n'est cependant que trop prouvé que l'imagination seule, c'est-à-dire la crainte et la terreur, ne produisent pas l'hydrophobie, puisque les animaux et les enfans en ont si souvent été les victimes.

Comment expliquer encore tout ce qui se passoit en Flandre et à Saint-Hubert, à ce sujet, avant la révolution ? On ne peut nier des faits. En voici de certains, qu'il est impossible de contester, et que M. Bosquillon auroit dû recueillir dans l'ouvrage où il soutient que, pour les hommes, l'hydrophobie n'est jamais causée que par les terreurs de l'imagination.

En Flandre, à Bruxelles surtout, lorsqu'un individu, de quelque état qu'il fût, étoit mordu d'un chien enragé, il n'avoit confiance que dans le voyage de Saint-Hubert. On devoit y aller avant quarante jours écoulés depuis l'accident; mais si des affaires en empêchoient, on croyoit pouvoir retarder long-temps sans danger, en se faisant donner ce qu'on appeloit *un répit*, par l'archevêque de Malines. En effet, en exposant de bonnes raisons du retard, l'archevêque accordoit *un répit* de trois, de six mois, et quelquefois davantage. Parmi le peuple, cette coutume étoit établie et sans exception, et elle l'étoit, à très-peu d'exceptions près, dans la classe la plus élevée. Il falloit donc que l'expérience n'eût jamais détruit, par un fait avéré, cette croyance. Mon amie, madame la comtesse de Lannoy, avoit tellement cette confiance, que lorsque mademoiselle Pauline de Lannoy fut mordue à la main, de la manière la plus cruelle, par un chien enragé, elle demanda à l'archevêque *un répit* de plusieurs mois, l'obtint, et ne mena à Saint-Hubert cette fille si chérie que trois mois après l'accident. Je tiens ces détails de sa propre bouche. J'ai été plusieurs fois à Bruxelles avant la révolution, et l'on m'y a conté mille traits semblables. Le pouvoir de l'imagination peut les expliquer, ainsi que le fait suivant : Tous les gens traités à l'abbaye de Saint-Hubert croyoient, d'après l'assurance des religieux, qu'à l'avenir nulle morsure d'animal enragé ne pourroit leur communiquer la rage; en conséquence on les exhortoit à ne faire aucun remède, et à ne pas revenir à Saint-Hubert dans le cas d'un nouvel accident. L'hydrophobie n'est-elle donc dans les hommes que le fruit de la terreur ? Mais néanmoins n'est-il pas constaté que des personnes, malgré la plus grande sécurité, ont eu des accès d'hydrophobie ? Pour les enfans on pourroit dire qu'ils sont aussi très-susceptibles de frayeur. Comment expliquer aussi le phénomène de ces chiens *marqués* à Saint-Hubert, qui ne prenoient jamais la rage ? Il est de fait que, jusqu'à la révolution, le roi, tous les princes du sang, tous les grands seigneurs, et tous ceux qui avoient de grands

équipages de chasse, envoyoient leurs chiens
à Saint-Hubert pour y recevoir une marque,
qui, suivant l'opinion générale, préservoit de
la rage; on y envoyoit même un nombre prodigieux de troupeaux. Et comment cette
coutume se seroit-elle établie et maintenue si
le temps et l'expérience n'en avoient prouvé
l'efficacité?

Piqûre de la vipère.

Les médecins modernes proposent d'appliquer un caustique plus ou moins fort à l'endroit de la morsure, et de frotter le membre
blessé avec l'huile d'olives ; ils prescrivent
l'usage de l'ammoniac à l'intérieur. Au défaut
de cette substance, on peut user de la préparation suivante de M. Guyton de Morveau.
Cette préparation consiste à faire fondre, dans
une cuillerée d'eau fraîche, quatre grammes
de muriate d'ammoniac en poudre, et d'une
autre part à faire dissoudre deux grammes de
tartrite de potasse dans une pareille quantité
d'eau. On verse les deux liqueurs dans la
même fiole, et on administre une cuillerée à
café de ce mélange dans une boisson fortifiante.

C'est au Choco, surtout si célèbre par le
platine (1), dont il est la patrie, que se ren-
contrent les serpens les plus venimeux, et
c'est là que, depuis long-temps, on employoit
la plante nommée *guaco*, pour en guérir les

(1) Un métal.

morsures. Quelques nègres avoient ce secret, que M. Mutis, à force d'adresse, parvint à découvrir. Cette plante guérit non-seulement les morsures de ces serpens, mais préserve de leur venin (1).

Contre l'empoisonnement par l'arsenic.

Il importe, avant tout, de provoquer le vomissement, le plus promptement possible, chez les personnes qui ont avalé de l'arsenic, mais il faut s'abstenir des émétiques irritans. On a proposé, dans cette circonstance, d'administrer l'huile avec profusion. Il faut néanmoins se garder de recourir à ce liquide. En effet, l'expérience a démontré que les animaux auxquels on a fait avaler une préparation arsenicale, mêlée avec un corps gras, périssent beaucoup plus promptement que lorsqu'on se sert d'un véhicule aqueux. L'usage des huileux doit par conséquent être interdit dans les premiers temps de l'empoisonnement ; les substances mucilagineuses ou gélatineuses sont préférables. On adoptera en conséquence le lait, l'eau de gruau d'avoine, l'infusion de graine de lin, la décoction de racine de guimauve, etc.

Vert-de-gris.

Quand le poison vient d'être avalé, il faut en provoquer le vomissement par une grande

(1) J'ai placé dans mon ouvrage des *Plantes usuelles* les détails les plus curieux sur cette plante, détails tirés de la Thérapeutique de M. Alibert.

quantité d'eau tiède, qui a le double avantage d'affoiblir le poison en le délayant, et de déterminer sa sortie en mettant en jeu l'action contractile des organes gastriques. Lorsque l'empoisonnement dont il s'agit a été effectué depuis plusieurs heures, on prescrit l'emploi des boissons mucilagineuses, des clystères émolliens, dans le cas où l'on soupçonneroit que le poison a pu passer dans le canal intestinal. Les bains tièdes, la saignée, etc., peuvent également remédier aux symptômes qui sont la suite de l'empoisonnement.

Du plomb. Colique de peintre.

Le plomb est un des poisons les plus terribles qui puissent affecter l'estomac et le canal intestinal. Ce sont les peintres, les artistes, qui travaillent sur le plomb, qui en sont principalement affectés, ainsi que ceux qui font inconsidérément usage du vin sophistiqué par la litarge.

Le traitement adopté pour la colique de plomb n'est encore déterminé que d'après une sorte d'empirisme. « Le point essentiel, disoit Bordeu, seroit de déterminer les vrais signes qui indiquent ou contre-indiquent soit les purgatifs, soit l'opium, les vésicatoires, soit encore l'expectoration. » Dans cette incertitude, on a varié infiniment les méthodes curatives. Celle qui est le plus communément usitée à l'hôpital de la Charité de Paris est une méthode drastique. Nous allons la faire connoître.

Premier jour du traitement. Lavement purgatif, composé ainsi qu'il suit : Dans une décoction faite avec une demi-once de feuilles de séné, on fait dissoudre une égale partie de sulfate de soude ou de magnésie, casse en bâton, deux onces ; vin émétique, trois onces. Pour boisson, l'eau de casse, préparée d'après le procédé qui suit : Faites bouillir dans une pinte d'eau une demi-once de feuilles de séné, jusqu'à réduction de moitié, une once et demie de pulpe de casse, trois gros de sulfate de soude ou de magnésie, deux grains de tartrite antimonié de potasse : cette boisson est prise le matin. Le soir, lavement anodin, avec des proportions égales d'huile de noix et de vin, et un gros de thériaque intérieurement, un bol fait avec un gros et demi de thériaque et un grain d'opium.

Second jour du traitement. Le matin, eau composée avec six grains de tartre stibié pour trois verres d'eau. Durant le jour, une tisane sudorifique ; on soumet à l'ébullition, dans trois pintes d'eau, une once de gaïac, de sassafras, de squine, de salsepareille. Quand la décoction est près de sa fin, on ajoute une demi-once de feuilles de séné, et la même quantité de sulfate de soude. Le soir, clystère anodin, comme la veille, et même prise d'opium et de thériaque.

Troisième jour du traitement. On revient au clystère purgatif du premier jour, et à l'eau de casse composée ; on fait aussi usage de la tisane sudorifique et légèrement purgative, du lavement calmant, ainsi que du bol de thériaque et de l'opium.

Quatrième jour du traitement. On administre la purgation, dont voici la formule : Faites un verre de décoction avec trois gros de feuilles de séné ; on ajoute deux onces et demie de pulpe de casse, deux ou trois gros de sulfate de magnésie ou de soude, un grain de tartre stibié, deux gros de confection hachée, une demi-once de vin stibié, tisane sudorifique et laxative. Le soir, clystère analogue aux précédens, lavemens anodins, thériaque et opium.

Cinquième jour du traitement. On répète le lavement purgatif, l'eau de casse, la tisane sudorifique ; et le soir, le clystère calmant, ainsi que le bol thériacal et opiacé. Cette méthode est singulièrement modifiée, selon le tempérament, l'idiosyncrasie, les localités, etc. ; car toutes ces causes peuvent imprimer d'autres caractères, et nécessiter des moyens souvent contraires. Tels étoient les procédés anti-phlogistiques suivis par Tronchin, Tissot, et par beaucoup d'autres.

Extrait de la Thérapeutique de M. Alibert.

CHAPITRE V.

Pour les ulcères de la bouche.

Prenez feuilles de chicorée, feuilles de plantain, feuilles de rue, autant de l'un que de l'autre ; miel, une cuillerée ; eau de fontaine, ce qu'il faut.

Préparation : Faites bouillir dans un pot ou poêlon, avec de l'eau de fontaine, toutes ces feuilles l'espace d'un quart - d'heure ; ajoutez-y le miel, et puis l'ôtez de dessus le feu ; gargarisez la bouche de cette décoction et en frottez l'ulcère, et même avec les feuilles que vous aurez fait cuire.

Pour les brûlures.

Frottez la place avec du jus d'oignon ; et pour ôter la marque de la brûlure, appliquez-y une pommade faite d'huile, de cire et de jaunes d'œufs durcis au feu ou sous les cendres : ou bien mettez l'endroit où vous vous êtes brûlé dans de l'eau de savon, pendant un quart-d'heure, s'il se peut.

Autre.

Prenez vinaigre, eau de roses, jus de poireau, huile d'olives, autant de l'un que de l'autre. Préparation : Battez bien le tout ensemble, et en faites une espèce d'onguent, que vous appliquerez sur les brulûres ; l'huile d'olives et l'eau de roses battues ainsi ensemble, tremper un linge dedans, et l'appliquer sur la brûlure, est un remède merveilleux.

Contre les cors des pieds.

Il y a fort peu de personnes qui ne sachent, par expérience, les incommodités que causent les cors des pieds. Voici un remède facile et assuré pour les guérir : Prenez cire neuve jaune, un quart ; poix-résine, un quarteron ; térébenthine, un quarteron ; beurre frais, un quarteron. Faites bouillir ces drogues dans un pot pendant un quart-d'heure ; conservez cette mixtion, et en mettez souvent sur vos cors, qui guériront en peu de temps.

Pour faire l'huile de Monsieur (1)*, propre à apaiser toutes sortes de douleurs.*

Il faut tirer de l'huile des olives sauvages, lorsqu'elles sont vertes, et tirer cette huile sans feu, comme on tire l'huile vierge ; puis faire des infusions dans ladite huile de fleurs de roses, lorsqu'elles sont en boutons et à demi-écloses ; nuit et jour il faut faire lesdites infusions, tant que les roses durent, sous un

_____

(1) Ainsi nommée de Monsieur, frère de Louis XIV. Cette recette est de madame Fouquet.

fourneau de digestion, dans un vase d'argent : les infusions se font de trois heures en trois heures ; l'on ôte les roses qui ont bouilli, avec une cuillère percée, on les met dans des sacs de grosse toile, on les presse pour en faire sortir l'huile et le jus ; tout ce qui en sort, on le met dans ledit vase ; il faut laisser la dernière infusion dans l'huile, que l'on met après dans des bouteilles de verre, dans lesquelles on ajoute de la bonne essence de roses.

Cette huile apaise toutes sortes de douleurs, étant appliquée aussi chaude que l'on peut la souffrir ; et afin qu'elle fasse plus d'effet, il faut y mettre du marc de roses, et l'envelopper avec un linge chaud, et renouveler cela à proportion que l'on sent la douleur en quelque lieu que ce soit. Elle est fort bonne aussi pour prendre contre le poison, il en faut prendre trois ou quatre cuillerées un peu tièdes.

Pour la coqueluche des enfans.

Il faut leur faire prendre un peu d'ipécacuanha pendant quelques jours, et une infusion de thym ; tous les matins trois tasses, et un régime sévère.

Pour les engelures.

Un remède sûr est de mettre sur les engelures des oignons cuits sous la cendre, le plus chaud possible, et de les assujettir avec des bandes de toile. Mais il est important de savoir qu'il y a beaucoup de danger à faire passer les engelures aux enfans ; c'est une humeur qui, détournée, peut causer les plus grands ravages.

Pour les entorses.

Prenez son de froment, bien purgé de la farine, demi-livre ; eau commune, deux tiers ; vinaigre un tiers. Mêlez ensemble les drogues ci-dessus sur un peu de feu, jusqu'à consistance de bouillie ; faites un cataplasme, que vous appliquerez sur la partie souffrante, deux fois le jour.

Pour la gangrène.

Prenez mastic bien net, deux onces ; encens blanc, deux onces ; girofle, deux onces ; galanga, deux onces ; cannelle, deux onces ; cucubes, deux onces ; bois d'aloès, une once ; térébenthine de Venise, deux onces ; miel blanc, une once ; eau-de-vie bien rectifiée, quatre livres.

Mettez en poudre tous les susdits ingrediens ; cela fait, vous les mettrez avec la térébenthine, le miel et l'eau-de-vie, dans une cornue de verre ; bouchez-la bien, et la laissez infuser pendant vingt-quatre heures ; faites distiller cela ensuite au bain-marie, jusqu'à ce que vous en ayez tiré deux sortes d'eau, dont l'une sera claire et l'autre blanche ; lesquelles eaux vous mêlerez bien ensemble et les conserverez.

Lorsqu'on se sert de cette eau, il la faut faire tiédir, et en laver chaudement la partie affligée, y mettre dessus de la charpie, ou un linge trempé dans ladite eau ; ne rien changer que six heures après, et réitérer.

Si vous voulez pousser la susdite matière sur le sable, après votre eau tirée, vous en ferez une huile vulnéraire, qui est excellente, particulièrement pour les vieilles plaies et ulcères invétérés.

Pour les goîtres.

Prenez racines de bryone, coupez-les en pièces, et faites-les cuire avec de l'oing de pourceau, à petit feu, jusqu'à ce qu'elles soient en pâte ; faites-en un cataplasme, et l'appliquez sur le mal ; changez-en une ou deux fois le jour, et vous serez guéri dans quinze ou seize jours ; il faut que le malade garde le lit, et qu'il boive toujours du vin ; il faudra le purger avec un hydragogue.

Le meilleur de tous les remèdes pour les goîtres est d'aller dans un pays chaud sur le bord de la mer.

Pour les écrouelles.

Il faut avant tout purger le malade deux fois dans quatre jours, avec trois drachmes de séné en infusion, sans autre chose ; savoir, le premier jour, le quatrième, et le cinquième jour.

Il faut commencer par lui donner du jus de souci ; savoir : trois doigts pour les grandes personnes, et deux doigts pour les jeunes, avec un verre de vin blanc à proportion, et continuer tous les matins à jeun en se levant, jusqu'à ce que le malade soit guéri.

Il ne faut rien manger que deux heures après, ni ne manger aucun fruit cru, ni rien d'épicé, ni de trop salé, durant tout le temps de l'usage du remède.

Manière de tirer le jus de souci.

Prenez tout le souci, hormis la racine, c'est-à-dire les feuilles, fleurs et duvet (pourvu que le duvet soit tendre, car s'il étoit dur il ne pourroit pas s'écraser et boiroit tout le jus ; quand il n'y auroit point de fleur, il n'importe) ; pilez-le dans un mortier de marbre, avec un pilon de bois ; exprimez-en le suc avec les mains : coulez-le, laissez-le un peu reposer, et ensuite donnez-le à boire comme nous l'avons dit.

Il faut remarquer premièrement que chaque matin il faut préparer de nouveau jus de souci ; car il se corrompt facilement, et ne peut être gardé jusqu'au lendemain sans porter préjudice au malade.

Secondement, qu'on trouve du souci en tout temps, hormis peut-être dans les grandes gelées.

Troisièmement, qu'il faut purger le malade de huit jours en huit jours.

Quatrièmement, qu'il faut tenir les endroits où est le mal fort chaudement, le bien envelopper et le frotter tous les jours avec de l'esprit-de-vin, du plus rectifié que l'on pourra trouver.

Composition de l'emplâtre manus Dei, *ou emplâtre divin.*

Prenez galbanum. . . . . 1 once 2 drachmes.
Ammoniac. . . . . 3 onces 3 drachmes.
Opoponax. . . . . 1 once.
Vinaigre blanc bien fort. . 1 quarteron.
Huile d'olives. . . . . . 2 livres.
Litarge d'or. . . . . . . 1 livre 1 once.
Vert-de-gris. . . . . . . 1 once.
Cire neuve. . . . . . . 20 onces.
Aimant fin du Levant. . 2
Mastic. 1
Oliban. 2
Bdellium. . . . . 2 onces.
Myrrhe. . . . . 1 once 2 drachmes.
Encens. . . . . 1 once 2 drachmes.
Aristoloche ronde. . . . 1

Première préparation.

Il faut prendre le galbanum, l'ammoniac et l'opoponax (qui sont trois gommes), et les piler dans un mortier de bronze, chauffant de temps en temps le pilon, qui doit être de fer ; et lorsqu'elles seront pilées, il faut les faire tremper avec le vinaigre blanc dans un pot vernissé , d'une grandeur convenable , les y laisser pendant deux jours et deux nuits, et les y remuer deux ou trois fois chaque jour avec une spatule de bois : si ce temps ne suffit pas, et que les gommes ne soient pas fondues , il faut les y laisser plus long-temps ; et lorsqu'elles seront fondues , il faut mettre le tout dans une bassine un peu plus grande que le pot , de peur que rien ne se répande en les remuant : il faut mettre ensuite cette bassine sur un petit feu de charbon, comme si l'on vouloit faire un sirop, et le faire cuire en remuant toujours, jusqu'à ce que le vinaigre soit consommé de la moitié, ou environ.

Cela fait , vous coulerez le tout par une étamine, ou toile neuve, de sorte qu'il ne reste aucune substance. Après avoir passé le tout , vous le remettrez sur le feu , et le ferez encore bouillir dans la même bassine, jusqu'à ce que les gommes soient cuites , et que le vinaigre soit tout-à-fait consommé ; pour le connoître vous en mettrez sur une assiette une ou deux gouttes avec une spatule, et si cela s'épaissit, et qu'il prenne corps, vous ôterez la bassine de dessus le feu , et la laisserez refroidir.

Seconde préparation.

Vous prendrez la litarge d'or et le vert-de-gris, l'un et l'autre bien pulvérisés et tamisés, les mettrez avec l'huile d'olives dans une autre bassine à part, et les ferez cuire sur un petit feu, remuant sans cesse avec une spatule de bois ou de fer, de peur que la litarge ne s'amasse en un morceau, continuant ainsi jusqu'à ce que ces drogues soient bien liées et incorporées ensemble; cela étant, vous augmenterez le feu, et les ferez cuire jusqu'à ce qu'elles viennent de la couleur d'un rouge brun : alors vous y mettrez de la cire neuve, coupée en petits morceaux, et la ferez fondre dans les drogues déjà cuites, remuant toujours avec la spatule jusqu'à ce qu'elle soit fondue, et un peu cuite; puis vous ôterez le tout du feu, le laisserez un peu refroidir, et prendrez l'autre bassine où sont les gommes, déjà cuites ou froides; vous la mettrez sur un petit feu pour le faire résoudre doucement, remuant toujours avec la spatule : quand elles seront fondues, vous les viderez dans l'autre bassine (que vous aurez mise hors du feu pour la faire un peu refroidir), et remuerez aussi sans cesse, pour incorporer tout cela ensemble.

Troisième préparation.

Il faut prendre l'aimant bien pulvérisé (quelques-uns, au lieu de deux onces, en mettent quatre), et le mettre dans la bassine où sont les autres drogues que vous avez mises hors du feu; car, sur le feu, l'aimant feroit à l'instant enfler, écumer et tomber les drogues ; c'est pourquoi il faut couler doucement avec un cornet de papier, et le faire filer par-dessus en remuant toujours, Après que vous aurez ainsi incorporé l'aimant seul, pendant l'espace de deux ou trois *pater* à dire, vous prendrez les autres poudres, savoir : le mastic, l'oliban, bdellium, myrrhe, encens et l'aristoloche ronde, et les mêlerez bien ensemble sur une grande feuille de papier ; et ensuite vous les mettrez dans un cornet de papier, et les verserez petit à petit par la pointe du cornet dans la bassine, afin qu'elles coulent aussi menu que le sable d'une horloge, pendant qu'un autre remuera toujours pour les incorporer, jusqu'à ce que l'onguent soit noir et rouge : pour connoître s'il est assez cuit, vous en mettrez sur un ais de noyer, ou sur une table frottée de vinaigre ; et s'il s'y endurcit, c'est une marque qu'il est assez cuit. Alors il faudra avoir une grande table de noyer ou de marbre, et la bien arroser de vinaigre, puis y verser l'onguent dessus : étant froid, vous l'assemblerez avec vos mains trempées dans du vinaigre, et en ferez des rouleaux de la grandeur que vous voudrez, que vous rangerez sur un ais aussi arrosé de vinaigre ou d'huile, les laisserez essuyer à l'air, en un lieu où le soleil ne donnera point, et puis en envelopperez chaque rouleau séparément dans du papier, sans qu'ils se touchent l'un l'autre.

Madame Fouquet assure que les vertus de cet onguent sont admirables et propres à tout, et qu'il peut se conserver *cinquante ans* sans rien perdre de ses propriétés ; voici, suivant madame Fouquet, la manière de s'en servir :

Il est à remarquer que cet emplâtre se peut garder cinquante ans sans se gâter, et sa vertu est toujours la même.

Il ne faut pas s'en servir qu'il n'y ait trois mois, pour le moins, qu'il soit fait.

On ne l'étend pas sur du linge, parce qu'il perceroit, mais sur du cuir ou de la futaine, avec des doigts mouillés de vinaigre commun, ou de la salive à jeun.

On ne doit mettre ni tente ni charpie dans la plaie ; et quand on l'applique il faut auparavant essuyer doucement avec du linge, et chaque fois bien nettoyer l'emplâtre, qui peut servir cinq ou six fois sans le renouveler.

Notez premièrement que si la plaie est profonde il seroit bon d'y mettre un peu de charpie ;

Secondement, que le premier emplâtre qu'on applique sur la plaie ne doit être levé qu'après vingt-quatre heures ; et ceux qu'on met ensuite le doivent être après douze heures ;

Troisièmement, que le malade ou blessé ne doit manger ni ail, ni oignon, car il seroit plus tôt guéri dans huit jours, en s'en abstenant, que dans deux mois s'il en mangeoit.

Cet emplâtre est bon : pour toutes sortes d'enflures ;

Pour mûrir et guérir toutes sortes d'apostumes, glandes, chancres et fistules ;

Comme aussi sur les morsures de bêtes enragées et venimeuses ;

Pour les coups de flèche ;

Pour réunir les nerfs coupés, en quelque manière que ce soit ;

Et pour les écrouelles.

Pour la peste il faut que l'emplâtre soit mis de bonne heure sur le bubon ou charbon, qui ne passera pas outre.

Pour les ulcères, vous y mettrez de l'emplâtre ci-dessus dit.

Pour la teigne des enfans.

Pour les hémorroïdes.

Peur les tumeurs et ulcères qui surviennent aux mamelles des femmes ;

Pour le mal de dents, il faut appliquer de cet emplâtre sur la tempe, ou derrière l'oreille du côté souffrant.

Pour les rhumatismes ;

Pour les nerfs affoiblis et pour la paralysie, il faut en appliquer sur les parties affligées.

Pour les tumeurs appelées loupes, il faut y laisser long-temps l'emplâtre.

Pour la brûlure, il faut mettre six grains de sel écrasé dans deux cuillerées de vinaigre, le faire tiédir pour fondre le sel, et laver d'abord avec cela la brûlure, et puis y mettre l'emplâtre dessus.

Il est encore bon à beaucoup d'autres maux.

Ses vertus s'étendent même jusqu'aux maladies des animaux ; car il excelle pour le farcin des chevaux ; il faut percer le bouton avec un fer chaud, raser le poil de la largeur du bouton, et y appliquer l'emplâtre.

Poudre de Carignan pour les convulsions des enfans.

Gui de chêne. . . . .
Racine de fraxinelle. . . . . . .
Corne de cerf préparée, de cha-
que. . . . . 4 décagrammes.
Racines de pivoine.
Carbonate d'ammoniac, de chaque 2
Karabé. 2

Pulvérisez séparément chacune de ces substances, mêlez-les ensuite très-exactement, et conservez-les dans un bocal que vous tiendrez hermétiquement bouché, et que vous placerez dans un lieu sec.

Cette poudre réussit fort bien dans les convulsions des enfans; on la fait prendre dans du lait de la nourrice aux enfans à la mamelle, ou dans du lait de vache à ceux qui sont sevrés; on la leur fait prendre dans du bouillon, dans de l'eau distillée de fleurs d'oranger, dans une infusion de fleurs de tilleul ou dans de l'eau pure, et jamais dans du vin, à la dose ci-après prescrite :

A l'âge d'un an et avant. . . . 1 gram.
A deux ans. 2
A trois ans. 3
A quatre ans.. 4

A tous les autres âges cette dernière dose est la plus forte.

Il faut observer de donner cette poudre

avant que l'accident prenne, ou quand il est passé, et jamais dans le temps de l'accident même.

On peut répéter la dose plusieurs fois par jour s'il en est besoin, en observant toujours le temps de l'accident à venir ou passé.

Cette recette a été donnée par la princesse de Carignan, qui l'a fréquemment mise en usage, et toujours avec les plus heureux succès. Elle lui avoit été remise par un de ses médecins, qui en avoit fort souvent éprouvé les effets avant de la donner à la princesse.

Voici la recette d'un sirop avec lequel madame Fouquet prétend qu'on peut se passer toute sa vie de médecin, de chirurgien, d'apothicaire, etc.; comme il me paroît innocent, je le transcris ici :

Prenez suc de mercuriale. . . .	8 livres.
Suc de bourrache.	2
Suc de buglose..	2
Miel de Narbonne.	2
Racine de gentiane.	1 quarteron.
Racine de flambe..	1 demi-livre.
Vin blanc..	3 chopines.

Mettez dans un pot ou vaisseau convenable le suc de mercuriale, de bourrache, de buglose et de miel, et lui faites prendre un bouillon; passez-le ensuite par la chausse d'hypocras, pour le bien clarifier; cependant vous mettrez infuser à part, dans le vin blanc, pendant vingt-quatre heures, la racine de gentiane et de flambe, l'une et l'autre

coupées par tranches, l'agitant souvent ;
passez-le ensuite par un linge, sans l'ex-
primer, et mêlez cette colature avec les
sucs ci-dessus ; faites-la cuire en consistance
de sirop, et ayez soin de l'écumer sur la fin ;
conservez-la, et vous en servez comme il est
dit ci-dessus. Il faut faire ce sirop au mois
de mai, où les herbes sont dans leur force.

Boisson anti-phlogistique de Stahl.

Prenez orge mondé. . . . . 2 onces.
Faites bouillir jusqu'à ce qu'il soit
   crevé, dans suffisante quantité
   d'eau.
Ajoutez à la colature (qui doit être de
   deux livres), nitrate de potasse. . 1 gros et demi
Sirop de vinaigre. . . . . 2 onces.

On en prend une tasse toutes les heures.

Mixtion rafraîchissante.

Prenez eau de fontaine. . . . . 5 onces.
Nitrate de potasse. . . . . 1 gros.
Sirop de groseilles. . . . . 1 once.

Une petite tasse d'heure en heure.

Le sirop de nymphéa est aussi très-rafraî-
chissant.

Contre les meurtrissures du visage, ou autre part.

Il faut prendre de la racine de bryone, la
piler dans un mortier, et en mettre sur les
meurtrissures.

Pour ôter du visage des enfans, ou autre part, les marques ou taches de naissance.

Prenez une once de bourrache, ôtez-en le cœur (c'est une corde ou filet qui se trouve au milieu), faites-les tremper dans du vinaigre rosat, du plus fort; bassinez-en souvent les marques avec une éponge que vous y tiendrez mouillée autant qu'il se pourra, et toujours, s'il se peut, pendant quelque temps. Ces marques ou enlevures s'en iront peu à peu par succession de temps.

Pour arrêter le vomissement.

Prenez un linge, mouillez-le dans de l'eau fraîche; étreignez-le un peu, et l'appliquez au cou du malade. Cela est expérimenté, dit madame Fouquet.

Autre pour le même sujet.

Il faut prendre une drachme de sel d'absinthe, une cuillerée de suc de limon ou de grenade; mêler cela ensemble et l'avaler.

Vin d'absinthe.

On fait infuser à froid, pendant vingt-quatre heures, six gros de grande et de petite absinthe séchée, dans quatre livres ou deux pintes de vin blanc; on coule ensuite avec expression.

Si l'on faisoit cette infusion dans du bon vin de Tokay, on auroit alors ce qu'on appelle en Angleterre *worm-wood*, que nous prononçons *vermouth*, excellente liqueur et très-stomachique.

Bouillon pour la poitrine.

Chair de veau bien dégraissée. . .   1 once.
Cuisses de grenouilles.   24
Vingt pignons doux (1).
Orge perlé. . . . .   1 cuillerée.

Bouillon de tortue.

On choisit une tortue de médiocre grosseur, par exemple, pesant environ douze onces avec l'écaille; on la retire de son écaille, on en sépare la tête, les pieds et la queue ; on prend la chair, le sang, le foie et le cœur, et on fait cuire le tout ordinairement avec un jeune poulet, et des plantes et racines propres à remplir l'intention du médecin. Ce bouillon est bon pour le sang et pour la poitrine. Il faut en prendre un à jeûn tous les jours, et un le soir en se couchant quand on ne soupe pas, et pendant trois semaines ou un mois, et même plus long-temps s'il fait du bien.

Bouillon sec, extrait de bœuf, tablettes de bouillon.

On a imaginé d'extraire les principes de la viande, et de les rapprocher assez par l'éva-

(1) Qu'il faut bien se garder de confondre avec les pignons d'Inde, violent purgatif.

poration de l'eau qui a servi à leur extraction, pour leur faire acquérir une consistance assez ferme pour être transportés au loin avec facilité, et sans crainte qu'ils puissent s'altérer.

On épuise tous les principes de la viande par des ébullitions réitérées jusqu'à ce qu'elle n'offre plus qu'un squelette fibreux, qui n'ait plus de saveur. Mais il est bon de remarquer que les viandes de bœuf, de mouton, contiennent très-peu de gélatine, par proportion à la quantité d'extractif qu'elles fournissent, et que si on ne leur ajoutoit pas de veau qui abonde en gélatine, on n'obtiendroit qu'un véritable extrait de bœuf et de mouton, qui attireroit l'humidité de l'air, laquelle déformeroit bientôt les tablettes, et les exposeroit à se couvrir de moisissures, et ensuite à la putréfaction.

Voici quelle est la formule des tablettes de bouillon :

On prend pieds de veau n° 4.
Cuisse de bœuf. . . . . 12 liv. — 6 kilog.
Rouelle de veau. . . . . . 3 liv. — 15 hectog.
Gigot de mouton. . . . . . 10 liv. — 5 kilog.

On fait cuire le tout dans suffisante quantité d'eau dans des vaisseaux fermés, et par ébullition légère toujours égale, on épuise tous les principes de la viande par des ébullitions réitérées ; on dégraisse toutes les liqueurs, on les clarifie, et on les rapproche jusqu'à ce qu'étant refroidies elles aient acquis une consistance gélatineuse assez ferme ;

alors on coupe par tablettes, et on fait sécher celles-ci au grand air, dans un lieu sec, à l'abri des intempéries.

Elles deviennent très-solides, d'un facile transport, et elles peuvent se garder très-long-temps sans s'altérer. Une demi-once (quinze grammes) de ces tablettes, dissoutes dans l'eau avec suffisante quantité de sel, forme un très-bon bouillon.

On vend à Berlin non des tablettes de bouillon, mais des pots de gelée de bouillon faits pour se conserver long-temps, pour être transportés au loin, et pour faire du bouillon. Etant à soixante lieues de Berlin, j'en ai fait venir plusieurs grands pots qui m'ont duré trois mois, et je n'ai jamais pris de meilleur bouillon que celui qui se fait avec cette gelée, dont on met une bonne cuillerée à bouche dans une écuelle ordinaire remplie d'eau chaude ; on délaie cette gelée dans de l'eau, et en quelques secondes on a un bouillon parfait.

Décoction diurétique.

Prenez racines de persil.	1 once.
Graine de racine sauvage. . . .	3 gros.
Feuilles de pariétaire.	1 demi-once.
Nitrate de potasse..	1 gros.
Eau commune..	4 liv.

Faites bouillir tous ces médicamens jusqu'à réduction de moitié, hormis le nitrate de potasse, qu'on ajoute quand la décoction est faite ; ensuite on passe.

Restaurant de Boërrhaave.

Prenez une livre d'eau, faites-la bouillir; quand elle bout, mettez un quarteron de pain bis rassis, et deux onces de raisin de Corinthe bien lavé; laissez bouillir le tout trois quarts-d'heure, en remettant de l'eau à mesure que le bouillon réduit. Au bout de trois autres quarts-d'heure, ajoutez trois cuillerées à bouche de sucre en poudre, et un morceau de cannelle en bâton de la longueur de la première phalange de l'index; laissez encore bouillir ce mélange un quart-d'heure; passez le tout dans une étamine, ajoutez dans chaque tasse une cuillerée à café de vin de Madère ou de Malaga, si vous en avez de bien bon. On prend, à des distances convenables, deux ou trois tasses par jour de ce restaurant.

Purgations.

Une once de crême de tartre non soluble dans une pinte d'eau, avec le jus d'un citron et un peu de sucre; en boire trois tasses les matins, tant que cette eau dure. Si l'on avoit un véritable besoin d'être purgé, cette boisson ne pourroit servir que de préparation. Elle n'est bonne qu'à faire couler doucement la bile, à relever l'appétit, et à prévenir le besoin d'une médecine plus forte.

Purgation douce.

Parties égales de crême de tartre et de fleurs de soufre, une cuillerée à café dans une demi-tasse d'eau. Prendre ce mélange chaque matin, pendant trois ou quatre jours.

Purgation pour les enfans, à la suite du dévoiement.

Un gros de rhubarbe mis dans une grande théïère avec de l'eau froide, qu'on laisse infuser pendant la nuit. On en prend un bon verre le lendemain à jeun, et pendant les deux ou trois jours suivans.

Autre purgation pour un enfant de huit à dix ans.

Prenez une once de manne en sorte, un gros de follicule de séné, et un gros de sel de Glauber : faites infuser le tout pendant la nuit dans une tasse d'eau bouillante, et passez le matin à travers un linge pour l'usage. Pendant l'effet de médecine, on fera prendre du bouillon aux herbes.

Purgation très-douce.

Sel de seignette une demi-once, fondu dans trois verres d'eau de veau ; chaque verre pris à une demi-heure de distance. Si deux

verres purgeoient cinq ou six fois, il ne faudroit pas prendre le troisième. Il ne faut
boire, quand on a pris médecine, que lorsqu'on a été une fois. Ce qu'il y a de meilleur
à boire est de l'eau de veau, alternativement
avec un bouillon léger aux herbes. Quand la
médecine a produit tout son effet, il faut
prendre un verre de sirop de gomme ; l'estomac alors a besoin de mucilage. On mangera
peu ce jour-là, et des alimens très-légers. On
évitera le grand air, et surtout l'air froid ou
humide. On ne prendra jamais de médecine
sans préparation, c'est-à-dire sans avoir pris
trois jours avant de l'eau de chicorée avec
quelques gouttes de citron dans chaque tasse,
et des lavemens d'eau de son passé. Il faut
encore un peu de diète le lendemain d'une
médecine, et prendre un remède de graine
de lin. Les personnes qui ont mal aux nerfs
doivent éviter de se purger avec des sels ;
celui de Glauber est l'un des plus doux. Il
faut toujours prendre les sels par verrée et
dans de l'eau de veau. On ne doit manger
que sept heures après avoir pris sa médecine,
à moins qu'elle n'ait produit très-promptement son effet.

Si une médecine faisoit trop aller, c'est-
à-dire plus de douze ou treize fois, et qu'on
se sentît affoiblir et de la colique, on l'arrê-
teroit en prenant un lavement d'eau, dans
laquelle on auroit délayé un ou deux jaunes d'œufs.

Marmelade de M. Zanetti (1), pour les rhumes catarrheux.

Prenez manne en larmes nouvelles, deux onces ; sirop d'althéa de Fernel, une once et demie ; casse cuite, une once ; huile d'amandes douces, une once ; beurre de cacao, six gros ; eau de fleurs d'oranger double, une demi-once ; kermès minéral, quatre grains. On fait, suivant les règles de l'art, un mélange du tout. Cette préparation exige, de la part des pharmaciens, beaucoup de soins et d'attention. Les malades doivent en prendre trois cuillerées à café par jour, c'est-à-dire une le matin à jeun, une vers midi, et la troisième le soir en se couchant ; ils boiront, par-dessus, une tasse de légère infusion de fleur de mauve édulcorée avec du sirop de guimauve.

Ce remède incise, atténue, divise et fond l'humeur pituiteuse, qui cause la plupart des rhumes violens ; il les guérit, il les prévient, et empêche qu'ils ne prennent le caractère de gravité qui appartient aux affections catarrheuses.

Lavement pour les personnes constipées.

On met dans les lavemens une cuillerée de miel ; mais le meilleur de tous, à cet effet,

(1) Membre du collége de pharmacie, rue Ste-Marguerite, n° 36.

est celui-ci : Prenez une botte de poireaux, coupez tête et queue, c'est-à-dire tout le vert, ne gardez que le blanc ; faites bouillir ces petits morceaux blancs, ensuite passez.

Pour les poux à la tête.

On ne parlera point ici de la maladie pédiculaire, qui demande les secours de la médecine. Il n'est question, dans cet article, que des poux qui sont pris essentiellement en voyage, à la promenade, dans des voitures publiques, etc. L'onguent gris les fait mourir sûrement ; mais ce remède, dans lequel il entre du mercure, n'est pas sans inconvénient. En voici un tout aussi certain, et qui n'a aucune espèce de danger ; il est même très-bon pour les cheveux, qu'il fait croître et qu'il épaissit.

Mettez des jaunes d'œufs dans de l'huile d'amandes douces ; mêlez bien ces jaunes avec l'huile, de manière que cela forme une espèce de pommade liquide, et inondez-en la tête, après avoir peigné les cheveux à fond ; mettez par-là-dessus un bonnet de nuit ; recommencez la même chose trois soirs, en vous couchant. Pour plus de sûreté, il faudroit garder le bonnet de nuit trois jours, et remettre du mélange le matin, après avoir été peigné.

Pour faire mourir les punaises.

Prenez de la coloquinte.. . . . . 2 onces.
De la rue. 2
Vinaigre.. . . . . ce qu'il faut.

Préparation.

Mêlez cela avec du vinaigre fort , et en lavez bien les endroits où il y en a. Le fiel de bœuf, détrempé avec du fort vinaigre , est très-bon aussi pour les faire mourir.

Pour les punaises , lorsqu'elles se mettent dans un lit.

Il faut mettre, dès le matin, dans les endroits où il y en a le plus, les feuilles de la grande consoude ; elles s'y attacheront toutes , et l'on enlèvera ces feuilles.

Pour se garantir des punaises dans les auberges , il faut 1° tirer hors des rideaux le lit ; 2° ne point se servir des couvertures de l'auberge ; 3° inonder les matelas d'eau de Cologne ; 4° mettre quatre petits morceaux de camphre aux quatre coins du lit, sous le matelas sur lequel on couche ; et si l'on reste dans l'auberge plus d'un jour , laver le bois de lit avec une forte eau de savon.

Pour faire mourir les puces.

Prenez un seau d'eau, mettez-y une livre de couperose blanche ; quand elle sera fondue, aspergez de cette eau la chambre.

Thé de Saint-Germain.

Semences d'anis vert. . . . . . . 2 livres.
Bois de bouleau avec son écorce.. 2

Santal blanc. . . . . 1 demi-liv.
Semences de pourpier.. . . . . . 2 livres.
Séné. 1

Mêlez le tout en poudre très-fine ; on en prend une bonne cuillerée à café dans trois tasses d'eau bouillante.

De la conservation des cheveux.

Quand les enfans ont le front grand , et qu'on veut rapprocher leurs cheveux, le meilleur moyen est de leur mettre aux racines des cheveux du front, tous les soirs, un peu de suif de chandelle, et pendant long-temps.

Le suc des filamens de la vigne fait croître les cheveux.

Quand les cheveux tombent, il faut les poudrer avec une poudre fine , dans laquelle on aura broyé du sel.

Manière de faire de l'eau-de-vie camphrée.

Prenez deux gros de camphre , triturez-les dans un mortier de marbre , dans une cuillerée d'eau-de-vie ; continuez la trituration jusqu'à ce que tous les grumeaux disparaissent, et que le mélange ait l'apparence d'une crême ; ajoutez graduellement de l'eau-de-vie, jusqu'à concurrence d'une chopine ou demi-bouteille. Pour une pinte ou une bouteille d'eau-de-vie, il faut quatre gros de camphre.

Jus d'herbes.

Prenez, par exemple, deux poignées de pissenlits et deux poignées de cerfeuil ; séparez, et sans les laver, les racines et la terre; mettez le tout dans un mortier de marbre, et pilez fortement jusqu'à ce que le tout ne fasse qu'une pâte molle ; exprimez alors fortement à travers une étamine, pour en retirer le suc dans un vase propre, qui ne soit pas de métal. Ensuite, remettez les plantes dans le mortier pour les piler de nouveau ; puis, repassez-les dans l'étamine pour achever d'en épuiser tout le suc ; filtrez enfin ce suc à travers un filtre (1) de papier gris sur un entonnoir de verre. Ce suc est dépurant et apéritif; il convient dans la chlorose, l'empâtement du foie, l'épaississement des humeurs et les maladies de peau. La dose est depuis quatre jusqu'à huit cuillerées à bouche : on peut le prendre un mois ou six semaines.

Manière de prendre l'éther.

Prenez un morceau de sucre, gros comme une grosse noisette, sur lequel vous verserez cinq ou six gouttes d'éther ; on peut aller jusqu'à douze ; faites mâcher et avaler promptement ce morceau de sucre, observant de

(1) Un filtre est un espèce d'entonnoir de papier gris plissé.

donner en même temps un autre morceau de sucre, sur lequel il n'y ait rien; la même chose pour les gouttes d'Hoffmann. — N. B. On peut donner l'éther dans de l'eau pure ou du thé, ou thé de mélisse, et pourvu que ce ne soit pas dans une liqueur spiritueuse, à la dose de douze à vingt-quatre gouttes, dans une petite tasse d'eau sucrée.

Recette pour les yeux.

Prenez d'eau distillée de rose et de
   plantain, de chaque . . . . . 1 once.
De mucilage de psyllium. . . . 2 gros.
De teinture de safran. . . . . . 6 gouttes.

Mêlez le tout.

CHAPITRE VI.

Eaux sulfureuses. Barége.

VILLE de la vallée du même nom, département des Hautes-Pyrénées, à quatre lieues de Bagnères, et à deux cent dix lieues de Paris ; ses eaux thermales sont au nombre de trois, distinguées par les noms de chaude, tempérée et tiède ; il y a en outre cinq bains situés au bas de Barége : 1° le bain de l'entrée ; 2° le grand bain, ou bain royal ; 3° le bain du fond ; 4° le bain Colard ; 5° le bain de la chapelle.

Ces eaux sont renommées pour les maladies de la peau, les affections catarrhales, les maladies laiteuses, l'ictère ou jaunisse, les plaies d'armes à feu, etc. ; elles sont dangereuses dans les anévrismes, dans les palpitations qui dépendent des maladies organiques du cœur, dans les plaies pénétrantes de poitrine, dans la phthisie tuberculeuse, chez des sujets épuisés, etc.

Saint-Sauveur.

Bourg situé dans la vallée de Luz, près de Barége, département des Hautes-Pyrénées. Ces eaux doivent être considérées comme annexes de celles de Barége, et se trouvent dans une plus agréable situation.

Propriétés médicinales. La position si heureuse des eaux de Saint-Sauveur pourra leur donner un jour beaucoup de célébrité ; mais leur basse température ne les rend propres que pour l'usage intérieur, car on préférera toujours celles de Barége ou de Bagnères de Luchon pour les bains.

Bonnes.

Petit village à sept lieues de Pau, près la vallée d'Ossan, département des Basses-Pyrénées. Ces eaux, qui sont nommées dans le pays *aigues - bonnes*, s'écoulent par trois sources.

Les vertus efficaces des eaux de Bonnes

acquirent une grande renommée par les bons effets qu'elles produisirent sur les soldats béarnais blessés à la bataille de Pavie, et qui avoient été conduits par Jean d'Albret, grand-père de Henri IV. On leur donna à cette époque le nom d'eaux d'arquebusade. Elles sont très-utiles dans les affections chroniques des viscères abdominaux, les maladies cutanées, et spécialement dans les affections commençantes de poitrine, suite des catarrhes négligés.

Cauterets.

Village de la vallée de Lavedan, au pied des Pyrénées-Occidentales, à sept lieues de Barége, département des Basses-Pyrénées. On y trouve plusieurs sources : 1° celle de la Raillère, qui est la plus fréquentée, elle est tiède ; 2° la fontaine du Pré ou de Courbère ; 3° celle de Bayard ; 4° celle de Mahourat, ou du Mauvais-Trou ; 5° celle des OEufs ; 6° celle des Bois. Les bains sont aussi distingués par des noms différens.

Les effets salutaires des eaux de Cauterets n'ont pas été constatés d'une manière aussi éclatante que ceux des eaux de Barége ; elles ne laissent pas néanmoins d'avoir un degré d'utilité tout aussi éminent. Ces eaux présentent en outre des avantages qui leur sont particuliers ; elles se trouvent dans un climat plus doux que Barége ; elles sont situées sur un sol plus agréable, et ont des sources tellement considérables , qu'une seule suffît pour alimenter plus de bains et de douches que Barége. Théophile Bordeu recommande spécialement les eaux des sources de la Raillère et de Bayard , dans les vomissemens nerveux et la phthisie catarrhale. On peut aussi les administrer dans les affections chroniques des viscères abdominaux , dans les maladies cutanées , les blessures anciennes et les cicatrices.

Bagnères de Luchon.

Bourg situé dans la vallée de Luchon , département des Hautes-Pyrénées , à deux lieues des frontières d'Espagne ; on y comptoit douze sources : 1° celle de la Salle ; 2° de la Grotte ; 3° des Romains, 4° des Roches ; 5° de la Reine ; 6° la Douce ; 7° la Chaude à droite ; 8° la Chaude à gauche , etc. La onzième et la douzième sont froides ; il n'y a plus maintenant que sept sources.

Les eaux de Bagnères de Luchon ont des vertus qui se rapprochent beaucoup de celles de Barége , de Cauterets, etc.

Cambo.

Bourg situé au pays de Labour , à trois lieues de Bayonne , département des Basses-Pyrénées , a trois sources , dont deux sont chaudes et l'autre froide.

Elles ont les mêmes propriétés que les eaux sulfureuses en général.

Aix-la-Chapelle.

Ville du département de la Roër, à douze lieues de Cologne. Les eaux thermales de cette ville jouissent depuis très-long-temps d'une grande réputation.

Les eaux d'Aix-la-Chapelle jouissent de vertus très-énergiques, et leur administration présente les mêmes avantages que celles des eaux de Barége, de Bagnères de Luchon, etc. Les bains sont très-utiles, surtout contre les anciennes douleurs de rhumatismes et les douleurs qui sont la suite de blessures.

Saint-Amand.

Ville du département du Nord, à trois lieues de Valenciennes ; a des eaux sulfureuses thermales qui ont quelque réputation ; la principale source est connue sous le nom de fontaine de Bouillon, analogue aux précédentes.

On administre ces eaux intérieurement, dans quelques maladies chroniques, telles que les catarrhes anciens de la vessie, les affections calculeuses des reins, les engorgemens du foic, l'ictère, etc. On loue spécialement les bains des Boues, qui ont produit quelquefois d'excellens effets dans les roideurs des articulations, quelques espèces de paralysies, et dans l'atrophie des extrémités.

Ax.

Ville située dans le département de l'Ariége, à quatre lieues de Tarascon. Les sources qui jaillissent des montagnes graniteuses qui environnent la ville sont très-nom-breuses; on en a compté jusqu'à cinquante-trois; il paroît que ces eaux étoient connues dans les temps les plus reculés; on a trouvé un monument qui prouve qu'il existoit anciennement sur l'emplacement des sources une léproserie qui avoit été bâtie en 1200. Un des bains a conservé le nom de bain des Lépreux : les sources des eaux d'Ax ont été distinguées par les noms des lieux où elles sourdent, et l'on en a fait trois divisions; celles du Teix, celles de l'hôpital, et celles du Couloubret. La réputation des eaux d'Ax est loin d'être aussi célèbre que celle des eaux de Barége ou de Bagnères de Luchon. Néanmoins leurs propriétés sont tout aussi efficaces, et le grand nombre de sources offre un avantage qu'on ne trouveroit peut-être nulle part, puisqu'on peut modifier à volonté la force de ces eaux, selon les maladies contre lesquelles on veut les administrer. Le docteur Pilhen établit, dans son ouvrage, toutes les règles relatives à l'administration de ces eaux, et spécifie parfaitement les cas qui indiquent l'emploi de telle ou telle source. Ainsi les eaux de la source des Causus, qui sont très-actives, conviennent dans l'asthme humide , les affections catarrhales chroniques des poumons , dans les engorgemens chroniques du foie , l'ictère , dans quelques espèces de dartres rebelles , ou dans les gales invétérées. Celles de la source de Canalette conviennent mieux aux maladies cutanées récentes , et aux engorgemens commençaus des viscères abdominaux. Les eaux du bain Fort , qui appartiennent aux sources du Couloubret , jouissent de vertus très-énergiques , et sont très-appropriées pour les maladies des articulations , la goutte , les ankiloses , les tumeurs articulaires , les paralysies , etc.

Digne.

Ville du département des Basses-Alpes , à sept lieues d'Embrun , a plusieurs sources et des bains à des températures différentes.

Propriétés médicinales. On vante les effets des eaux de Digne contre la paralysie , l'asthme , les douleurs articulaires.

Gréoux.

Village du département des Basses-Alpes , à deux lieues de Manosque. Les eaux minérales sont près de la rivière de Verdou ; elles ont acquis une espèce de célébrité depuis quelques années.

Les auteurs qui ont écrit sur les eaux de Gréoux les ont fortement préconisées contre la paralysie , les douleurs et les engorgemens des articulations, etc., et ils ont loué leur usage à l'intérieur, dans le cas de foiblesse de l'appareil digestif, dans l'hypocondrie dépendante de quelques engorgemens abdominaux, la phthisie catarrhale, etc.

Bade.

Est une des plus anciennes villes de la Suisse, située sur les bords de la Limmat, à quatre lieues de Zurich. Son nom vient de Baden, qui signifie bain. Les diverses sources thermales se trouvent près d'une plaine située au nord de la ville. Ces sources sont au nombre de cinq : trois fournissent deux réservoirs qui sont publics ; les deux autres alimentent trente à quarante bains particuliers. Celle qui est la plus abondante et la plus intéressante est désignée sous le nom de Sainte-Vérenne ; elle jaillit du fond d'un réservoir situé au milieu de la place publique. Au milieu de ce réservoir on voyoit, il y a peu de temps, une colonne surmontée d'une déesse Hygie, avec une inscription romaine. Tacite nous apprend que la splendeur dont la ville de Bade jouissoit dans l'antiquité étoit due principalement à ses bains. Elles ne sont vraiment salutaires que pour quelques maladies chroniques, notamment pour les douleurs rhumatismales, les sciatiques nerveuses, les engorgemens des articulations, les difformités rachitiques de la colonne épinière, etc.

Leuck ou Locche.

Petite ville du Valais, à six lieues de Sion, située sur la rive droite du Rhône, dans une vallée dont le fond est sillonné de torrens sur les bords desquels ont trouve des pâturages et des champs cultivés. Les glaciers se prolongent jusque là. C'est au pied même de ces glaciers que sont les sources d'eaux thermales (1). Les bains de ces eaux sont surtout propres à combattre les affections cutanées, rebelles, et spécialement quelques espèces de dartres, les douleurs rhumatismales ou arthritiques, les engorgemens des articulations et les paralysies, etc. Ces eaux, prises à l'intérieur, produisent aussi des effets très-marqués dans quelques maladies chroniques.

Wisbaden.

Ville d'Allemagne, à deux lieues de Mayence et à sept de Francfort ; possède des sources de diverses natures. Celle qui se trouve à l'une des extrémités de la ville offre le spectacle singulier d'une eau sans cesse agitée et comme bouillante. Les eaux sulfureuses de Wisbaden sont renommées en Allemagne et sont assez fréquentées. On les

(1) Les environs de Leuck sont très-beaux, mais le lieu lui-même est affreux ; il est au fond d'un précipice ; on n'a pour habitation que des cahutes de bois, etc.

recommande dans les mêmes cas que ceux qui réclament l'emploi des eaux sulfureuses en général. On trouve encore aux environs de Wisbaden une source d'eau sulfureuse froide et quelques sources d'eaux gazeuses.

Aix au Mont-Blanc.

Ville située au Mont-Revel, à deux lieues de Chambéry, département du Mont-Blanc, a plusieurs sources qui ont été courues et fréquentées des anciens. La construction des bains remonte jusqu'au temps des Romains; ils furent réparés par l'empereur Gratien.

Les eaux d'Aix sont efficaces dans le traitement de quelques maladies de la peau, dans la roideur des articulations, la paralysie, etc. Elles conviennent aussi contre les douleurs des anciennes blessures.

Arles.

Les eaux d'Arles sont utiles dans les rhumatismes chroniques, les anciennes plaies d'armes à feu, la paralysie, etc.

EAUX SULFUREUSES FROIDES.

Enghien ou Montmorency.

Petite ville à quatre lieues de Paris, département de Seine-et-Oise, sur une colline. La source est presque au milieu de la vallée, et sort d'entre les pièces de bois du pilotis de l'étang : on l'appelle ruisseau puant.

Sans avoir des propriétés aussi prononcées que les eaux sulfureuses thermales, l'eau d'Enghien produit cependant des effets très-efficaces dans plusieurs maladies. Elles conviennent dans les engorgemens chroniques des viscères abdominaux, dans les foiblesses d'estomac. On en a retiré également quelques bons effets dans quelques maladies du système lymphatique, comme les engorgemens des glandes et les affections cutanées, etc.

EAUX ACIDULES.

On désigne sous le nom d'eaux acidules ou gazeuses celles qui offrent les caractères suivans : elles ont un goût aigrelet et piquant, ne manifestent aucune odeur, dégagent beaucoup de bulles lorsqu'on les agite, lesquelles s'échappent avec une sorte de frémissement; forment un précipité blanc avec l'eau de chaux; rougissent la teinture de tournesol.

EAUX ACIDULES THERMALES.

Néris.

Bourg sur le bord du Cher, département de l'Allier, à une lieue de Mont-Luçon. Les sources sont au nombre de quatre : 1º le Grand-Puits ou Puits de César; 2º le Puits de la Croix ; 3º le Puits-Carré ; 4º la nouvelle source. Les eaux de Néris étoient connues très-anciennement. Les Romains les fréquentoient beaucoup; on y voit encore les vestiges d'un cirque qu'ils y avoient construit. La haute température des eaux de Néris est une des principales causes des propriétés énergiques qu'on leur reconnoît. On recommande les bains contre les douleurs rhumatismales, la paralysie; on les conseille quelquefois contre la goutte atonique, et presque toujours avec succès.

Mont-d'Or.

Haute montagne dans le département du Puy-de-Dôme, à huit lieues de Clermont. Les sources d'eaux minérales se trouvent dans un village nommé Bain, situé près de la montagne; elles sont au nombre de trois : 1° le bain de César; 2° le bain de la Madeleine; 3° le bain des Chevaux. Non loin du bain de César on voit deux autres sources acidules, mais froides. On a préconisé les eaux du Mont-d'Or contre un grand nombre de maladies, de même que les autres eaux thermales. Leurs bains sont avantageux contre la roideur des articulations, les douleurs arthritiques, les rhumatismes chroniques, la paralysie des membres. Administrées à l'intérieur elles produisent d'excellens effets dans l'atonie des organes digestifs, etc. On les conseille quelquefois aussi avec succès dans les catarrhes pulmonaires chroniques.

Châtel-Guyon.

Village à une lieue de Riom, département du Puy-de-Dôme. On y compte cinq sources qui sourdent près du village.

Les eaux de Châtel-Guyon ont quelque renommée dans les départemens qui les avoisinent. On les emploie en général dans les affections scorbutiques, dans les inflammations chroniques et muqueuses, etc.

Clermont-Ferrand.

Ville capitale du département du Puy-de-Dôme, à trente lieues de Lyon et à quatre-vingt-seize de Paris. On y remarque trois sources d'eaux minérales : 1° la fontaine de Jaude ; 2° celle de Saint-Alyre ; 3° et celle de Saint-Pierre. Cette dernière n'existe plus. Les propriétés toniques des eaux de ces deux sources sont assez marquées. On les emploie dans la chlorose, l'engorgement du foie, les diarrhées chroniques, dans la débilité de l'appareil digestif, etc. On les prend seulement à l'intérieur.

Saint-Marc.

Chapelle qui est près du village de Chamalières, à un quart de lieue de Clermont, département du Puy-de-Dôme ; on y voit deux sources désignées sous le nom de grande et de petite. Le vallon dans lequel elles se trouvent situées offre un aspect charmant et très-pittoresque.

On regarde les eaux de Saint-Marc comme très-efficaces dans la langueur des organes digestifs, qui est fréquemment la suite des fièvres muqueuses continues ou intermittentes. Elles sont aussi très-salutaires dans certaines convalescences longues et pénibles, la chlorose, les affections catarrhales chroniques, etc. On emploie les bains avec assez de succès contre la roideur des articulations, la paralysie, les rhumatismes chroniques, etc.

Dax.

Capitale du département des Landes, sur l'Adour, à soixante lieues de Bayonne et de Bordeaux. Les bains des eaux de Dax sont utiles dans les rhumatismes chroniques, la roideur des articulations, etc.

EAUX ACIDULES FROIDES.

Châteldon.

Petite ville à trois lieues de Cusset et de Vichy, et à huit lieues de Clermont ; il y a deux sources : 1° celle des vignes, au bas d'un côteau ; 2° celle de la Montagne.

On peut présumer, d'après quelques observations peu exactes à la vérité, qu'elles ont été salutaires dans l'incontinence d'urine, la foiblesse des organes digestifs, etc.

Bar.

Village près Saint-Germain-Lambron, à neuf lieues de Clermont ; on y voit plusieurs sources, dont trois seulement sont abondantes ; elles sortent d'un petit monticule.

On loue les eaux de Bar dans les engorgemens chroniques des viscères abdominaux. Monnet assure qu'elles ont quelquefois opéré la curation des fièvres intermittentes qui avoient résisté au quinquina.

Saint-Myon.

Village situé sur une éminence, à un quart de lieue d'Artonne et à deux lieues de Riom, département du Puy-de-Dôme ; plusieurs sources jaillissent au pied de la colline.

La réputation de ces eaux n'est pas aussi répandue qu'elles mériteroient de l'être. Hoffmann les loue beaucoup dans plusieurs de ses ouvrages. On sait que le grand Colbert leur accordoit une grande confiance. Des observations recueillies avec soin constatent qu'elles sont très-avantageuses dans l'atonie de l'appareil digestif, dans les engorgemens des viscères abdominaux, dans les affections catarrhales chroniques, etc.

Médague.

Les eaux de Médague sourdent dans une prairie sur les bords de l'Allier, près du bourg de Josse, département du Puy-de-Dôme, à trois lieues de Clermont; on y voit deux sources; elles sont très-efficaces dans les engorgemens chroniques des viscères du bas-ventre, dans les inflammations lentes de la membrane muqueuse intestinale ; elles ont quelquefois arrêté des fièvres intermittentes rebelles.

Vic-le-Comte.

Petite ville à cinq lieues de Clermont, département du Puy-de-Dôme : les eaux s'écoulent par deux sources : 1° la fontaine de Sainte-Marguerite, située sur la rive droite de l'Allier; 2° la fontaine du Tambour, qui se trouve sur la rive gauche de cette rivière.

On regarde l'eau de la fontaine Sainte-Marguerite comme tonique, et on l'administre dans la débilité de l'estomac, la chlorose, l'engorgement du foie, etc.; celle de la fontaine du Tambour est légèrement purgative.

Mont-Brison.

Ville du département de la Loire, sur la petite rivière de Vézizé, à quinze lieues de Lyon et à cent lieues de Paris. Les trois sources qu'on remarque près de la ville sont : 1° la source Romaine, qui se trouve voisine des vestiges d'un temple de Cérès ; 2° celle de l'Hôpital, ou des Ladres ; 3° celle de la Rivière.

La renommée des eaux de Mont-Brison

paroît remonter à un temps reculé, et leur réputation n'est point déchue de nos jours ; on les préconise contre plusieurs maladies.

Celles de la source de l'Hôpital sont très-utiles dans les cas d'engorgemens des viscères abdominaux, les affections scrophuleuses ; on loue l'eau de la source Romaine contre la leucorrhée constitutionnelle, l'aménorrhée, accompagnée d'un état de langueur et d'un affoiblissement général, etc.

Saint-Galmier.

Petite ville située sur le penchant d'un coteau près de la Coyse, département de la Loire, à trois lieues de Mont-Brison : la source se nomme Font-Forte; elle est sur le bord de la rivière.

Les médecins qui ont observé les effets des eaux de Saint-Galmier assurent que leur usage est très-salutaire dans les maladies catarrhales des vieillards, les affections calculeuses des reins.

Langeac.

Ville du département de la Haute-Loire, à sept lieues du Puy, et à dix-sept de Clermont. La source se trouve dans une prairie près de la ville.

Elles sont spécialement utiles dans la langueur des organes digestifs, les engorgemens chroniques du foie, les affections catarrhales des vieillards.

Pougues.

Bourg au pied d'une montagne, près de la rive droite de la Loire, à deux lieues de Nevers, département de la Nièvre : la source se trouve à quelque distance du bourg.

On les a administrées avec succès dans les affections calculeuses des reins, dans les engorgemens chroniques de la rate, dans quelques fièvres quartes rebelles, dans l'hypocondrie, dépendante des lésions organiques, etc.

Seltz.

Ville de France, dans le département du Bas-Rhin, à neuf lieues de Strasbourg.

On les administre avec succès dans le scorbut, la fièvre adynamique, l'affoiblissement des organes digestifs. Dans quelques cas ces eaux augmentent considérablement la sécrétion des urines.

Sulzmatt.

Village du département du Haut-Rhin, à quelques lieues de Colmar. On trouve près de ce village six sources, qui sortent du pied de la montagne de Heidenberg; on les nomme : 1° la fontaine Acide, 2° celle de Cuivre, 3° la Purgative, 4° la Sulfureuse, 5° la fontaine d'Argent, 6° la fontaine d'Or.

Les renseignemens les plus exacts que nous

ayons sur les eaux minérales de Sulzmatt sont dus à Meglin. On trouve dans son ouvrage plusieurs observations intéressantes sur les effets efficaces qu'elles ont produits dans quelques maladies chroniques, semblables à celles dont j'ai fait mention dans l'histoire des propriétés médicinales des eaux acidules froides.

EAUX FERRUGINEUSES.

Vichy.

Petite ville sur la rive droite de l'Allier, à quinze lieues de Moulins et à six de Gannat, département de l'Allier. Les sept sources qu'on y remarque se trouvent près de la ville ; on les nomme : 1° la source de la Grande-Grille, 2° celle du Puits-Carré, 3° celle du petit Puits-Carré, 4° la fontaine Saurin, 5° celle du Gros-Boulet, 6° la source du Petit-Boulet, 7° la fontaine des Célestins.

On les recommande avec raison contre les engorgemens du foie et de la rate. Elles ont aussi été employées avec succès dans les cas de concrétions biliaires, dans les coliques néphrétiques. On administre les eaux de Vichy seulement à l'intérieur (1).

(1) Madame de Sévigné, écrivant de Vichy, dit dans une de ses lettres qu'elle a plongé une rose épanouie dans une fontaine bouillante sans que cette fleur ait souffert la moindre altération.

Bourbon-l'Archambault.

Petite ville du département de l'Allier, à soixante-cinq lieues de Paris et à sept lieues de Moulins.

Les bains de marbre, les conduits en pierre et en plomb, et les médailles qu'on a trouvées dans les fouilles qu'on a faites, semblent prouver que la plupart des travaux exécutés pour la distribution des eaux doivent être attribués aux Romains. Gaston d'Orléans, frère de Louis XIII, fit faire plusieurs améliorations à ces bains et la piscine. Plusieurs autres constructions avantageuses ont été exécutées depuis à différentes époques ; et maintenant on doit considérer les bains de Bourbon-l'Archambault comme un des établissemens thermaux de la France les plus utiles. Les bains et les douches ont des effets qui diffèrent à raison de la température à laquelle on les emploie ; le livre intéressant de M. Faye renferme une série d'observations recueillies avec le plus grand soin sur les effets des eaux de Bourbon-l'Archambault, dans un grand nombre de maladies chroniques. C'est ainsi qu'elles ont guéri des fièvres intermittentes et rémittentes, méningo-gastriques et adénoméningées, qui avoient résisté aux moyens ordinaires. On les a données avec un égal succès contre le catarrhe chronique de la vessie, les rhumatismes chroniques, goutteux, le flux hémorroïdal excessif et irrégulier, plusieurs névroses, telles que l'hypocondrie, la mélancolie, l'hystérie, diverses espèces de paralysie, les maladies cutanées, spécialement les dartres et la gale invétérée, les affections scrophuleuses; elles ont aussi des succès très-marqués dans quelques maladies externes, telles que la rétraction musculaire à la suite des plaies d'armes à feu, quelques suites de fractions, de contusions violentes, de luxations, d'entorses, etc.

EAUX FERRUGINEUSES ACIDULES FROIDES.

Spa.

Bourg du département de l'Ourthe, situé à six lieues de Liége, et au sud-est de cette ville. Des forêts épaisses l'environnent, et ces forêts sont elles-mêmes bornées par de hautes montagnes. On observe aux environs de Spa six fontaines ou sources qui sont très-renommées : 1° celle dont on parle le plus est le Pouhon; on dit que sa dénomination vient du mot *pouhir*, qui veut dire puiser. Elle est placée au sein même du village; 2° la Geronstère, située dans une forêt au midi de Spa; 3° la Sauvenière, à une demi-lieue du bourg; 4° la fontaine de Groisbeeck, 5° le Tonnelet, 6° le Watroz. Les deux premières sources sont connues depuis un temps immémorial.

Forges.

Bourg à quatre lieues de Rouen, département de la Seine-Inférieure, possède trois sources désignées sous ces noms : 1° la Reinette, 2° la Royale, 3° la Cardinale. Elles sourdent dans un vallon près du bourg.

Comme les eaux ferrugineuses en général, celles de Forges sont un excellent tonique, qui convient au flux de ventre chronique. C'est surtout contre la stérilité que quelques auteurs les recommandent.

Aumale.

Petite ville du département de la Seine-Inférieure, près de la rivière de Brêle, à quatorze lieues de Rouen. Les trois sources ferrugineuses froides qu'on y observe sont dans une prairie. Ces fontaines sont : 1° la Bourbonne, 2° la Savary, 3° la Malon.

Il paroît qu'elles sont plus énergiques que celles de Forges; mais du reste elles conviennent dans les mêmes cas.

Rouen.

Ville capitale du département de la Seine-Inférieure, à vingt-huit lieues de Paris. Les sources qui se trouvent dans la ville et les environs sont très-nombreuses.

Les eaux des fontaines de la Marecquerie

sont les seules dont l'usage soit répandu à Rouen. Ces fontaines sont formées de trois sources : 1° la Royale, 2° la Dauphine, 3° la Reinette.

Plusieurs praticiens recommandables de Rouen ont loué ces eaux contre les fièvres intermittentes rebelles, l'engorgement du foie, l'ictère, quelques éruptions cutanées, etc.

BOURBON-L'ARCHAMBAULT.

Fontaine de Jonas.

A une très-petite distance de la ville de Bourbon se trouve la fontaine de Jonas, dont la découverte est assez récente. La source s'écoule d'une masse granitique.

On combine très-avantageusement l'usage intérieur des eaux de la fontaine de Jonas avec celles des bains chauds de Bourbon-l'Archambault. M. Faye les recommande dans les coliques néphrétiques, le diabétès, les fièvres intermittentes rebelles, et quelques affections cutanées, etc.

Saint-Pardoux.

Ce hameau se trouve à trois lieues de Bourbon-l'Archambault, département de l'Allier ; la source jaillit en bouillonnant dans un petit réservoir carré.

On les administre souvent, et avec un succès marqué, dans les hydropisies qui sont la suite

III. 8

des fièvres intermittentes, des affections catarrhales chroniques.

Chapelle-Godefroi.

La Chapelle-Godefroi est située sur la rive
gauche de la Seine, à une demi-lieue de No-
gent, département de l'Aube; on y voit deux
sources dont l'une jaillit avec beaucoup d'im-
pétuosité; on les a peu employées.

Bussang.

Village situé dans les montagnes des Vosges, à dix lieues de Plombières, près des sources de la Moselle. En remontant cette rivière
on trouve cinq sources d'eaux ferrugineuses :
1° l'Ancienne; 2° la fontaine d'En-Haut; on
n'a point donné de nom aux trois autres.

Plusieurs médecins ont écrit sur les vertus
médicinales des eaux de Bussang, et tous s'accordent à les regarder comme un excellent
tonique, dont l'emploi est surtout utile dans
les catarrhes chroniques de la vessie, dans les
affections calculeuses de ce viscère, la langueur des forces digestives, le flux dysenté-
rique chronique.

Tongres.

Ville très-ancienne, située sur les bords de
la petite rivière de Geer, à trois lieues de
Mastricht. Les sources sont au nombre de

deux : 1° la fontaine de Saint-Gilles ; 2° la deuxième source n'a point de nom. Leur emploi est indiqué dans les cas de foiblesse des organes digestifs.

Saint-Gondon.

Petite ville du département du Loiret, près des rives de la Loire, à trois lieues de Sully. La source d'eau minérale est peu éloignée de la ville. Les eaux de Saint-Gondon peuvent être très-avantageuses dans la foiblesse de la vessie, ou dans le catarrhe chronique qui attaque cet organe chez les vieillards. Dans quelques cas elles peuvent être purgatives.

Noyers.

Ce bourg, à cinq lieues de Montargis, département du Loiret, est situé entre deux collines. Au bas de celle de l'ouest jaillit une source d'eau minérale.

M. Gastellier regarde les eaux de Noyers comme toniques, fébrifuges, etc.

Contrexeville.

Village à six lieues de Bourbonne et à quatre de Mirecourt, placé dans un vallon près de la source d'eau minérale ferrugineuse, département des Vosges. Ses eaux sont très-salutaires dans les affections lymphatiques, scrophuleuses, etc.

Fontenelle.

L'abbaye de ce nom se trouvoit près de la Roche-sur-Yon, à dix lieues de Nantes, dans le département de la Vendée. La source ferrugineuse coule dans un pré.

Ces eaux sont regardées, par les médecins des contrées environnantes, comme très-efficaces dans le cas d'atonie des viscères digestifs, d'engorgemens lymphatiques, et contre quelques maladies de la peau.

Watweiler.

Cette petite ville du département du Haut-Rhin se trouve au pied des Vosges, sur le penchant d'un coteau. Il y a deux sources d'eaux acidules ferrugineuses froides.

La même analogie se retrouve encore dans leurs vertus. On les emploie dans les engorgemens des viscères, les maladies lymphatiques, etc.

Ferrières.

Petite ville du département du Loiret, située sur la rivière de Cléry; elle est à deux lieues et demie de Montargis, à quatre lieues de Nemours, et à huit lieues de Fontainebleau.

M. Gastelier a donné avec succès les eaux de Ferrières dans la dysenterie chronique, l'ictère qui suit l'engorgement du foie.

Segray.

La fontaine d'eau minérale de ce nom est à une demi-lieue de Pithiviers, département du Loiret, dans un vallon charmant, environné de collines couvertes de vignes et de bois.

Les eaux de Segray jouissent d'une réputation méritée. On les vante surtout dans la chlorose et dans quelques maladies de langueur. Plusieurs médecins avoient avancé qu'elles avoient une propriété lithontriptique très-marquée.

Passy.

Bourg près de Paris, sur la rive droite de la Seine. Les sources qui y sourdent se distinguent en anciennes et en nouvelles.

On s'accorde généralement sur les eaux médicinales de Passy. Elles sont excellentes, dit M. Alibert, dans les cas où il y a langueur de l'appareil digestif, dans la chlorose, les hémorragies passives, les affections scorbutiques, les engorgemens des viscères abdominaux, etc. Elles doivent être rangées parmi les eaux minérales ferrugineuses dont les vertus sont les plus puissantes.

Provins.

Petite ville du département de Seine-et-Marne; elle est située à douze lieues de Meaux et à dix-neuf de Paris.

L'usage des eaux de Provins n'est pas très-répandu : ces eaux ont cependant des propriétés très-énergiques ; on les emploie dans l'hypocondrie, suite des lésions organiques de quelques viscères abdominaux, les fièvres intermittentes rebelles, et dans les convalescences accompagnées d'un état de langueur.

Alais.

Ville du département du Gard, au pied des Cévennes, à quatorze lieues de Montpellier, et à cent quarante de Paris. Les fontaines minérales de Daniel sont à un quart de lieue de la ville ; elles sont formées de deux sources : 1° la Comtesse, 2° la Marquise.

Sauvages recommande l'emploi de ces eaux dans les maladies bilieuses, la dysenterie chronique, l'ictère, etc.

Cransac.

Bourg du département de l'Aveyron, à six lieues de Villefranche et à la même distance de Rodez. Les deux sources sont distinguées seulement par les noms de Vieille et de Nouvelle.

Ces eaux sont administrées avec beaucoup de succès dans les engorgemens abdominaux.

Sermaise.

Bourg sur la rive de la Saulx, à huit lieues de Châlons, dans le département de la Marne ;

la source des eaux ferrugineuses se trouve près d'un bois, à un quart de lieue du bourg.

Les eaux de Sermaise sont toniques : on en vante les effets dans les affections calculeuses des reins et de la vessie, dans la chlorose, etc.

EAUX FERRUGINEUSES SULFATÉES.

Vals,

Bourg du département de l'Ardèche, à six lieues de Privas et à huit du Puy. On y voit six sources qui sont entre le bourg et le torrent de la Volane : 1° la source de la Madeleine ; 2° la Marie ; 3° la Marquise ; 4° la Dominique ; 5° la Saint-Jean ; 6° et la Camuse.

Les éloges que les auteurs donnent aux eaux de Vals sont justement mérités ; on en préconise l'emploi dans plusieurs maladies chroniques, notamment dans les hémorragies passives, le scorbut, etc.

Eaux salines.

On distingue les eaux salines thermales et les eaux salines froides : telle est la division la plus communément établie.

EAUX SALINES THERMALES.

Plombières.

Petit bourg situé dans le département des Vosges : il est entouré de rochers et de montagnes, et éloigné de Nancy d'environ dix-sept lieues. On loue ordinairement les eaux de Plombières comme jouissant d'une vertu éminente dans le traitement des obstructions des viscères, dans les hémoptysies, etc. Je crois qu'on les a beaucoup trop louées dans la curation des affections psoriques, etc. Sous ce point de vue, elles sont très-inférieures aux eaux de Barége; elles sont néanmoins très-convenables dans quelques occasions pour assouplir la peau et apaiser les irritations dont elle est atteinte.

Luxeuil.

Petite ville du département de la Haute-Saône; elle est située au pied de la montagne des Vosges, à douze lieues de Besançon. Il y a cinq bains, communément désignés ainsi qu'il suit : 1° le bain des femmes; 2° le bain des hommes; 3° le bain neuf; 4° le grand bain; 5° le petit bain, qu'on appelle aussi le bain de Cuvettes. Il y a encore trois autres sources, dont la plus remarquable est celle qui est désignée sous le nom d'*eau des yeux;* elle est thermale.

On administre les eaux de Luxeuil dans les rhumatismes chroniques, dans les paralysies, les catarrhes, les maladies nerveuses, les obstructions des viscères abdominaux.

Bourbonne-les-Bains.

Petite ville du département de la Haute-Marne. Elle est située à sept lieues de Langres, à dix lieues de Chaumont et à soixante-huit lieues de Paris ; on y remarque plusieurs sources d'eaux minérales qui ont subi divers changemens par les réparations successives qu'on y a faites : ces bains sont très-anciens.

On a loué les eaux de Bourbonne pour combattre les obstructions chroniques des viscères, les paralysies longues et anciennes, les coliques et les rhumatismes, les maladies de la peau, etc.

Sylvanès.

C'est un petit bourg du département de l'Aveyron, éloigné de Vabus d'environ trois lieues, à six lieues de Lodève. On les administre intérieurement et en bains.

Employées dans les mêmes maladies que celles de Bourbonne-les-Bains.

Bains.

C'est un bourg du département des Vosges ; il n'est qu'à trois lieues de Plombières, près de la rivière de Coiné ; il ne faut pas confondre les eaux de ce bourg avec celles d'un lieu de ce nom qui se trouve dans le département des Pyrénées-Orientales, où il y a aussi des eaux minérales. Le bourg dont il s'agit renferme un grand nombre de sources ; ces sources sont : 1° la source du Château , 2° la Grande source ; 3° la source Romaine , 4° la fontaine des Vaches ; 5° il y a une source qui n'a pas de nom particulier, et qu'on administre intérieurement ; 6° la source de Saint-Colombeau.

Ces eaux sont toniques ; elles conviennent dans les paralysies et les rhumatismes chroniques. J'ai vu un dartreux qui s'étoit guéri par l'usage de ces eaux.

Lamotte.

Petit village situé dans le département de l'Isère, à six lieues de Grenoble. La source de ces eaux est sur le bord du Drac, près d'un château qui porte le même nom que le village. On les administre pour les affections rhumatismales , etc.

Balaruc.

Bourg du département de l'Hérault, à quatre lieues de Montpellier. Ces eaux thermales offrent principalement quatre bains, que l'on désigne sous les noms : 1° de bain de la Source; 2° de bain de l'Hôpital; 3° de bain de la Cuve; 4° de bain de Vapeur, etc. On les emploie surtout contre la paralysie et le rhumatisme ; administrées à l'intérieur, elles produisent des effets purgatifs.

Saint-Gervais.

Ces eaux ont été découvertes tout récemment ; elles sont situées près de Saint-Gervais, dans le département du Léman, se trouvent éloignées de Genève d'environ onze lieues, et à deux lieues de Sallanches. Ces eaux, qu'on pourra administrer en bains de vapeurs, en bains d'immersion, en douches ou intérieurement, ont des propriétés analogues à celles de Bourbon et de Balaruc.

Bagnères.

Cette petite ville est à quatre lieues de Barége, et à vingt-trois lieues de Toulouse. Le nombre des sources est très-considérable ; parmi les remarquables il faut principalement distinguer celles d'Artiguelongue, qu'on désigne aujourd'hui sous le nom d'eaux minérales de Pinac, du nom du médecin qui les dirige, et qui a fait sur leurs vertus une multitude de recherches intéressantes. Depuis long-temps ces eaux sont fréquentées et en grande vénération.

Bordeu les recommande dans le relâchement des poumons, les obstructions des viscères abdominaux.

Aix.

On sait que cette ville du département des Bouches - du -Rhône est à seize lieues d'Avignon. Tous les auteurs font mention de la source principale de ces eaux, que l'on désigne sous le nom de fontaine de Sextius.

On les emploie fréquemment contre les maladies de la vessie.

EAUX SALINES FROIDES.

Pyrmont.

Pyrmont est situé dans le royaume de Westphalie, près de la grande rivière du Weser. Les eaux minérales coulent dans le vallon le plus riant et le plus fertile. Il existe à Pyrmont une fameuse caverne qu'on nomme la *caverne vaporeuse.* Elle a été observée par beaucoup de naturalistes voyageurs, qui y ont constaté la présence de l'acide carbonique, et qui lui ont trouvé la plus grande analogie avec celle de la grotte du Chien. En effet, l'homme, les quadrupèdes, les oiseaux, les insectes mêmes ne sauroient y vivre sans être frappés de stupeur et de suffocation. Les bougies, les torches allumées s'y éteignent d'une manière soudaine, etc. Pyrmont a plusieurs sources : 1º la source anciennement désignée sous le nom de fontaine Sacrée ; c'est celle qui fournit journellement l'eau que boivent les malades, parce qu'on la voit sourdre du sein de la terre avec un bruit extraordinaire ; 2º la source où l'on se baigne ; on la qualifie du nom de fontaine bouillonnante (*fons bulliens*) ; 3º l'Aigrelette, qu'on assure avoir des caractères tout différens des autres eaux de Pyrmont ; 4° il en est une qu'on avoit trop négligée jusqu'à ce jour ; on l'appelle la nouvelle source ; elle est située à un quart de lieue de Pyrmont ; 5° il existe aussi, dans l'endroit même où est la fontaine principale, la source des Yeux, ainsi désignée à cause de l'usage particulier que l'on en fait ; 6° la source Aérienne, ou la source du Bain Inférieur ; elle n'est guère en usage. Toutes les sources dont nous venons de parler forment une sorte d'amphithéâtre autour de la montagne de Kœnigsberg ; beaucoup d'auteurs pensent qu'elles en tirent leur origine. Ces eaux jouissent d'une faculté éminemment tonique.

Pouilhon.

Grand bourg du département des Landes, entre les rivières de Leüi et du Gave, à deux lieues de Dax, et à sept de Bayonne. La source qui fournit ces eaux est très-considérable ; elles jaillissent en bouillonnant.

Raulin a consacré un long article sur les eaux de Pouilhon, et il n'hésite pas, après les avoir comparées à celles de Seydschutz et de Sedlitz, à leur donner la préférence sur ces dernières. Il vante surtout leurs propriétés contre les dérangemens de l'estomac, les vomissemens habituels, la dyspepsie, les engorgemens du foie, etc. Elles ont une action purgative très-déterminée.

Sedlitz.

Village de Bohême, dans le cercle d'Elnbogen.

Les eaux de Sedlitz sout amères et salées, mais moins que celles de Seydschutz ; elles sont froides , limpides et pétillantes.

Il n'est point d'eau minérale dont l'usage soit plus répandu que celle de Sedlitz; c'est le purgatif le plus en vogue. On les emploie dans tous les cas où l'on veut produire une purgation légère et peu abondante, ou lorsque l'âge et la délicatesse du tempérament ne permettent point l'administration de moyens plus énergiques. En général , elles conviennent dans les engorgemens des viscères abdominaux , l'embarras gastrique intestinal , l'ictère , etc.

Seydschutz.

Bourg de Bohême , qui se trouve peu éloigné de Sedlitz.

Hoffmann considéroit les eaux qui y sourdent comme appartenantes à la même source que celles de ce dernier village.

Elles conviennent, en général , dans les mêmes cas que les eaux de Sedlitz.

Epsum.

Village dans le comté de Surry, en Angleterre , à sept lieues de Londres. C'est de la source qui s'y trouve qu'on extrait le sel qui se débite dans toute l'Europe sous le nom de sel d'Epsum.

La vertu laxative des eaux d'Epsum est moins marquée que celle des eaux de Seyds-chutz et de Sedlitz ; néanmoins elles sont indiquées dans les mêmes cas.

Eau de mer.

L'eau de mer vient naturellement se placer dans l'ordre des eaux salines ; elle a néanmoins des caractères propres qui peuvent la faire distinguer de celles-ci. Les médecins de l'antiquité faisoient, à ce qu'il paroît, un fréquent usage de l'eau marine. Hippocrate la faisoit prendre en lavemens ; Celse en vante les bons effets contre plusieurs maladies ; et Dioscoride parle d'une préparation fort usitée, dans laquelle on faisoit entrer cette eau. Plusieurs modernes ont rappelé l'attention des praticiens sur l'emploi de l'eau de mer ; mais c'est surtout Russel qui a publié des vues très-ingénieuses sur ce point.

Les observations les plus exactes qui aient été recueillies sur les vertus médicinales de l'eau de mer sont dues aux médecins anglais. Cette eau doit figurer parmi les moyens les plus énergiques qu'on peut employer dans le traitement des maladies lymphatiques. On a vu des affections scrophuleuses invétérées, et des rhumatismes chroniques, des exanthèmes cutanés très-rebelles, tels que la lèpre squammeuse, la gale, quelques espèces de dartres, se dissiper par l'usage de l'eau de mer prise à l'intérieur ou en bains. Russel, qui l'a administrée dans ces diverses maladies, en a obtenu des succès très-satisfaisans, notamment dans les tumeurs scrophuleuses et les ulcères de même nature.

Indépendamment des sources nombreuses dont on vient d'offrir un court tableau, on pourroit indiquer encore les eaux minérales d'Ortez, de Gan, de Lurde, de Villefranche, dans le département des Basses-Pyrénées; celles de Molitz, dans le département des Pyrénées-Orientales; celles d'Ussat, dans le département de l'Ariége; d'Encause, dans le département de la Haute-Garonne; de Nîmes, de Fonsanche, de Pomaret, de Bagnols, dans le département du Gard; de Verdusan, dans le département du Gers; de Font-Caconada, dans le département de l'Hérault; de Chaudes-Aigues, de Jaleirac, etc., dans le département du Cantal; de Miers, dans le département du Lot; de Martres-de-Veire, dans le département du Puy-de-Dôme; de Valotte, de Hucheloup, de Niderbroun, dans le département des Vosges; de Mont-de-Marsan, dans le département des Landes; de Jouhe, dans le département du Jura; de Pont-à-Mousson, d'Eulmont et de Toul, dans le département de la Meurthe; de Château-Thierry, dans le département de l'Aisne; de Dieu-le-fit, dans le département de la Drôme; de Vesoul, dans le département de la Saône; de Sainte-Parise, dans le département de la Nièvre; de Bourbon-Lancy (1),

____

(1) Ces eaux sont excellentes pour les rhuma-

dans le département de Saône - et - Loire ; de Sail-les-Châteaux, de Morand, dans le département de la Loire ; de la Plaine, dans le département de la Loire-Inférieure ; de Jarville, dans le département d'Eure - et-Loir ; de Joannette, dans le département de Maine-et-Loire ; de la Roche-Pozay, dans le département d'Indre-et-Loire ; de Caen, dans le département du Calvados ; de Bagnolles, dans le département de l'Orne ; d'Abbeville, dans le département de la Somme ; de Premeau, de Sainte-Reine, dans le département de la Côte-d'Or ; de Monestier, de Briançon, dans le département de l'Isère ; de Toncy, dans le département de l'Yonne ; d'Allancourt, dans le département de la Haute-Marne ; de Roye, dans le département de l'Oise ; d'Abbecourt, dans le département de Seine-et-Oise, etc. J'aurois pu citer encore avec des éloges mérités les eaux d'Avenheim, dans le département du Haut-Rhin ; les eaux de Holz et de Châtenoy, dans le département du Bas-Rhin ; de Lannion, dans le département des Côtes du Nord, etc.

tismes, pour les impotens, etc.; elles sont chaudes, on s'y baigne, et on en boit ; elles fortifient l'estomac. Elles sont situées dans la ville même ; le pain fait à Bourbon - Lancy est excellent et passe pour être le meilleur du Bourbonnais, ce qu'on attribue aux eaux minérales avec lesquelles on le pétrit toujours dans ce lieu. La ville est située dans un fond, mais on y trouve de très-bons logemens, de la société, d'excellens médecins, et les environs en sont charmans.

Si l'on quitte la France pour se transporter dans d'autres empires, on s'aperçoit que la nature a partout prodigué les eaux minérales pour le bonheur et la conservation de l'espèce humaine : l'Angleterre s'enorgueillit, avec juste raison, des bains de Bath, qui n'ont rien perdu de leur antique célébrité ; de ceux de Bristol, de Tunbridge, de Buxton et de Matlok. On estime les eaux minérales de Cheltenham, celles d'Harrowgatt, et surtout celles de Scarborough, qui sont le refuge des Anglais mélancoliques, et qui ont été tant préconisées par la célèbre Fleming. Qui ne sait que l'Allemagne contient à elle seule plus d'eaux minérales que toute l'Europe ? On a fait mention des eaux de Wisbaden, de Pyrmont ; mais on auroit pu s'étendre aussi sur les eaux de Carlsbad, de Saint-Charles, de Tœplitz ; sur celles de Schwalbach, de Wildangen, de Gastein, etc. Il ne faut pas non plus passer sous silence les bains maritimes d'Obberau, de Necklenbourg. La Suisse n'a pas seulement les eaux de Louesche et de Bade, dont nous avons fait mention ; elle possède aussi les bains sulfureux d'Alvenow, ceux de Pfeffers, etc.; les eaux acidules de Saint-Maurice, dans la vallée d'Engaddine, etc. De quel intérêt eussent été pour nous les eaux minérales de l'Italie, si féconde en merveilles de tous les genres, si nous avions entrepris leur histoire dans cet ouvrage ! Lorsqu'on traite des bains d'Ischia, des eaux de Gurgitelli, de Pisciarelli, de Citara, de Capoue, de Castiglione, d'Olmitello, etc., la matière devient inépuisable, et l'on peut s'aider à ce sujet des savantes recherches faites par Cirillo, Andria, Attumonelli, et par beaucoup d'autres médecins et naturalistes recommandables. L'Espagne enfin, dont les provinces abondent en sources minérales ; que de recherches à faire sur les bains d'Arnedillo, d'Alhama, de Sacedon, de Ledesma, d'Archena, de Prexigouero, de Benzalema, de Boza, d'Alcanten, de Puerto-Ilano, d'Alange, de Ternel, de Parcuellos-de-Xicoca, de Barrauco, del Salto, de Fitero, de Lugo, de Trillo, de Fuencaliente, etc.!

On a tiré cet extrait de la *Thérapeutique* de M. Alibert.

L'auteur de ce petit traité sur les eaux minérales observe, avec sa sagesse accoutumée, qu'elles ne peuvent être véritablement salutaires que lorsqu'on se prépare à les prendre par un régime convenable, et que l'on suit aux eaux ce régime avec persévérance. La dissipation est nécessaire aux eaux, mais une dissipation sage, uniforme, réglée, et qui ne soit jamais fatigante. Il faut aussi que l'exercice y soit journalier, constant, et toujours modéré.

On auroit besoin d'un bon ouvrage complet et bien détaillé sur les eaux minérales. Il faudroit qu'il contînt aussi la description des lieux, des promenades, des ressources qu'on peut y trouver pour la table, le logement, etc.; des détails sur la salubrité de l'air, sur les eaux communes à boire, sur la partie la plus saine de la ville ou du village, etc. Par exemple, il y a à Spa un côté de la ville qu'il est très-fâcheux d'habiter, celui qui est adossé contre les montagnes; l'humidité en est telle que les champignons croissent dans les chambres. L'autre côté et le haut de la ville ont des logemens très-sains. C'est une chose bonne à savoir quand on fait retenir d'avance une maison. Lorsqu'un malade est affecté moralement par un grand chagrin, et qu'il est foible, exténué, et menacé de la consomption, quelque bonnes que soient pour son état les eaux qu'on lui prescrit, sa santé ne s'y rétablira pas si l'air en est trop vif ou trop humide, si le lieu est triste et les promenades difficiles et fatigantes. Il faut donc connoître toutes ces choses; tant d'eaux minérales ont à peu près les mêmes propriétés, qu'avec ces connoissances locales le médecin pourroit indiquer celles qui réuniroient toutes les qualités nécessaires à ses malades. Le défaut de cette espèce de connoissances a fait souvent commettre des fautes graves aux plus grands médecins. Il est certain, par exemple, que l'air de Nice est parfaitement pur, mais il n'est nullement bon pour les poitrines délabrées. Cependant, avant la révolution, presque tous les pulmoniques étoient envoyés à Nice, au grand étonnement des médecins de cette ville, qui de leur côté envoient à Lyon

tous ceux de leurs compatriotes qui sont attaqués de cette maladie.

Les eaux minérales artificielles ne rempla-
ceront jamais parfaitement les véritables : 1º la dissipation du voyage et le changement d'air sont, dans presque toutes les maladies chroniques, extrêmement utiles ; 2º l'obliga-tion de quitter les habitudes de la vie ordi-naire, celle de se coucher de bonne heure et de suivre un régime, ne le sont pas moins. Enfin, il est naturel d'avoir plus de confiance dans le travail en grand de la nature, que dans celui des hommes. Toute bonne ménagère sait qu'un bouillon, avec la viande la mieux choisie, ne vaudra rien s'il est fait en deux heures, et que ce même bouillon seroit ex-cellent s'il eût été fait à petit feu en huit heures. Qui nous prouve qu'il n'a pas fallu des siècles, ou du moins un temps très-long, pour donner aux eaux minérales toutes leurs propriétés jusqu'au vrai degré de perfection ? On peut bien dérober utilement quelques secrets précieux à la nature, mais l'art ne l'éga-lera jamais dans aucune de ses productions.

Au reste, les eaux minérales artificielles, auxquelles on a dû un grand nombre de gué-risons bien constatées, sont un supplément aux eaux minérales naturelles, qui honorera toujours la science et les travaux des chi-mistes et des médecins modernes.

Avant de quitter la médecine, je vais ex-traire de l'Encyclopédie un article assez curieux, intitulé *Rêve, médecine.* Ce qui m'y engage (quoiqu'au fond l'article me paroisse plus bizarre qu'utile), c'est qu'on y dit que ces observations, tirées des ouvrages de *Lomnius, sont toutes d'Hippocrate, et qu'elles méritent une attention singulière de la part des médecins.* Cependant une très-grande partie de cet article ressemble tellement aux contes des diseuses de bonne aventure, que, malgré mon respect pour Hippocrate, j'ai cru devoir la supprimer.

« Les rêves sont des affections de l'âme qui surviennent dans le sommeil, et qui dénotent l'état du corps et de l'âme, surtout s'ils n'ont rien de commun avec les occupations du jour ; alors ils peuvent servir de diagnostic et de pronostic dans les maladies. Ceux qui rêvent du feu ont trop de bile jaune ; ceux qui rêvent de fumée ou de brouillards épais abondent en bile noire ; ceux qui rêvent de pluie, de neige, de grêle, de glace, de vent, ont les parties intérieures surchargées de flegme ; ceux qui se sentent en rêve dans de mauvaises odeurs, peuvent compter qu'ils logent dans leur corps quelque humeur putride. Si l'on voit en rêve du rouge, c'est une marque qu'il y a surabondance de sang ; la mer agitée pronostique l'affection du ventre ; la terre couverte d'eau n'est pas un meilleur rêve, c'est une marque qu'il y a intempérie humide ; et si l'on s'imagine d'être submergé dans un étang ou dans une rivière, la même intempérie sera plus considérable. Voir la terre sécher et brûler par le soleil, c'est pis encore, car il faut que l'habitude du corps soit alors extrêmement sèche. Si l'on a besoin de manger ou de boire, on rêvera mets et liqueurs; si l'on croit boire de l'eau pure, c'est bon signe; si l'on en croit boire d'autre, c'est mauvais signe. Les monstres, les personnes armées, et tous les objets qui causent de l'effroi, sont de mauvais augure, car ils annoncent le délire; si l'on se sent précipité de quelque lieu élevé, on sera menacé de vertige, d'épilepsie ou d'apoplexie, surtout si la tête est en même temps chargée d'humeurs. »

CHAPITRE VII.

SECRETS DIVERS UTILES ET CURIEUX.

Moyen certain de faire venir des artichauts d'une grosseur extraordinaire.

Si une souche d'artichauts violets (la plus propre à cette opération) avoit plusieurs tiges, on les coupe, ne laissant que la tige la plus grosse ; on la dépouille aussi de toutes les branches latérales, avec les têtes d'artichauts qu'elles portent, ne laissant que celle qui est à l'extrémité de la tige. Ensuite, on perce avec une vrille, à un pied de terre, cette même tige, et on laisse pendant deux ou trois jours ce trou ouvert. Après cela on le ferme avec une cheville de bois, aussi hermétiquement qu'il est possible, en prenant bien garde néanmoins de ne pas enfoncer la cheville avec trop de force.

Ce secret a été éprouvé, à ma connoissance, avec un succès complet. C'est peut-être par quelque secret de ce genre qu'on est parvenu, aux environs de Gand, à faire produire à des cerisiers des cerises grosses comme de petites pommes. J'ai vu à Berlin, chez un célèbre fleuriste, des feuilles d'un cerisier que lui avoit envoyées l'un de ses correspondans de Flandre ; ces feuilles étoient d'une grandeur démesurée.

On prétend qu'en Italie les cultivateurs font à la tige des citrouilles une opération semblable à celle que je viens d'indiquer pour l'artichaut. On la pratique quand on s'aperçoit que les fleurs coulent, ou que les fruits déjà noués se fanent ; les accidens cessent, et des fruits superbes sont produits par cette opération, qui pourroit réussir de même sur les melons et les concombres. Il paroît que par l'application de ce principe on parviendroit à faire mûrir les raisins tardifs, tels que le muscat d'Alexandrie.

On obtient aussi des fruits sans noyaux, en privant un arbre d'une partie de sa moelle.

On fait grossir les racines de toute espèce de légumes, par une culture longue et assidue de la même plante dans un bon terrain.

*Pour faire revivre les couleurs des ta-
bleaux, ôter tout le noir et les rendre
comme neufs.*

Il faut mettre par - derrière la toile une
couche de la composition suivante :

Prenez deux livres de graisse de rognon de
bœuf, deux livres d'huile de noix, une demi-
livre de terre jaune, aussi à l'huile de noix :
faites fondre votre graisse dans un pot ; et
lorsqu'elle sera tout-à-fait fondue , mêlez-y
de l'huile de noix, ensuite la céruse et la
terre jaune ; vous remuerez le tout avec un
bâton pour faire mêler toutes les drogues :
vous emploîrez cette composition tiède.

Manière de fixer le pastel.

On prend deux gros de colle de poisson
coupée par petits morceaux , qu'on fait dissoudre dans une chopine d'eau commune très-
pure ; on mêle , dans une soucoupe , à une
portion de cette eau collée , le double de bon
esprit-de-vin ; ce mélange ne doit être fait
qu'à l'instant où l'on veut en faire usage ; on
trempe dans cette mixtion les crins d'une
vergette , et à l'aide d'une lame de fer qu'on
fait passer sur cette vergette , on produit
une vapeur ou rosée sur toute la matière ou
surface d'un tableau en pastel , ce qui pénètre le pastel et le fixe nécessairement. Cette
opération demande un peu d'habitude ; on

prétend fixer par le même procédé la poussière organique et fugace qui colore les ailes des papillons, et par là les mettre à l'abri de l'attaque des autres insectes destructeurs; mais il ne faut se servir que de l'esprit-de-vin camphré pour dissoudre cette colle, et n'employer cette liqueur qu'étant chaude, et à diverses reprises. Le secret pour fixer le pastel a été découvert par M. Loriot.

Quand on veut nettoyer légèrement les tableaux à l'huile, il suffit de les bien frotter avec le dedans d'une pomme de reinette coupée en deux.

Vernis d'ambre ou *véritable chinois, servan à vernir les chocolatières, cafetières et théières, même le bois.*

Ambre jaune.. . . . . 2 onces.
Vernis de peintre. 4
Huile de térébenthine. 4

Mettez l'ambre dans un pot de fer tout neuf; ne pilez point l'ambre; posez-le sur du charbon allumé, en faisant une espèce de fourneau à l'entour du pot, pour lui donner la chaleur plus forte et plus égale; couvre bien le pot, et le laissez comme cela, sans le découvrir, jusqu'à ce que vous voyiez une épaisse fumée qui sorte du pot; alors vous prendrez un tuyau de pipe tout neuf, et vous sentirez si la gomme est fondue; quand elle le sera, vous ôterez le pot du feu, vous le laisserez un peu refroidir, puis vous mettrez le vernis de peintre dedans peu à peu , en le tournant bien avec le tuyau de pipe , ensuite l'huile de térébenthine , jusqu'à ce que vous voyiez que le vernis soit clair et couleur de chocolat.

Pour faire le vernis de peintre.

Prenez une livre d'huile de lin et une once de litarge d'or, que vous mettrez ensemble bouillir dans un pot sur le feu un quart-d'heure ; ensuite passez-le dans un linge tout chaud , et mettez-le dans une bouteille , pour vous en servir quand vous voudrez , et bou-chez bien la bouteille.

Recette pour faire le vernis blanc de Spa.

Prenez un quarteron de sandaraque la plus blanche que vous pourrez trouver , que vous pilerez dans un mortier ; puis mettez-la dans une bouteille dont le fond soit plat , c'est-à-dire sans bosse , pour pouvoir l'agiter avec un petit bâton ; vous la mêlerez avec une chopine d'esprit-de-vin bien rectifié , et trois onces d'essence de térébenthine ; vous agiterez bien le tout ensemble jusqu'à dissolution ; puis vous le passerez à travers un linge dans une bouteille ; après quoi on peut s'en servir en en versant dans une tasse ; ayez soin sur-tout, si vous le mettez sur le feu , que le feu soit très-doux ; pour éviter les inconvéniens du feu , on peut le faire au soleil.

On donne sept ou huit couches de ce vernis, à un quart-d'heure d'intervalle de l'une à l'autre ; il faut le laisser sécher trois ou quatre jours ; on le frotte avec du petit jonc ou de la paille, et puis on le revernit encore d'une couche bien mince, et enfin on le polit six jours après avec de la craie de France et un morceau de vieux linge, jusqu'à ce que l'on voie qu'il est bien reluisant et parfaitement uni (1).

Nouvelle méthode de dorer.

Cette méthode simple consiste à faire infuser et digérer ensemble, pendant huit jours, dans une bouteille exposée au soleil, ou dans un lieu chaud, une once de succin, connu aussi sous le nom d'ambre jaune ; vingt grains de sang - dragon en larmes ; vingt grains de safran gâtinais ; le tout dans vingt onces d'esprit-de-vin. Après huit jours de digestion, on passe le vernis à travers un linge, et on le conserve dans une bouteille bien bouchée. Quand on veut s'en servir, on chauffe la pièce de métal qu'il faut dorer, et on applique le vernis dessus. En refroidissant, le vernis prend une belle couleur d'or, qui est très-solide. Quand on veut la nettoyer, on la lave dans l'eau tiède, sans craindre de la ternir.

(1) Ces recettes m'ont été données par un artiste étranger qui faisoit les plus beaux vernis.

Manière de faire des fruits artificiels et bons à manger. Recette inédite que j'ai achetée en Angleterre, et éprouvée en faisant de ces fruits d'une imitation parfaite à la vue et au toucher.

Prenez deux onces de corne de cerf râclée, avec une once de colle de poisson et trois onces de sucre fin, la moitié d'un citron et six clous de girofle, un peu de cannelle; il faut mettre le tout ensemble dans un pot avec une chopine d'eau, et le faire bouillir fort doucement pour faire une forte gelée; puis vous la filtrez en la passant dans un linge, et la partagez en trois parties; vous mêlez dans la première un peu de safran, dans la seconde un peu de gelée de groseilles, avec un peu de crépon rouge ou du carmin; puis dans la troisième un peu de jus de cerises noires ou la gelée du même avec de la fleur d'iris. Les *prunes* se font avec de la gelée rouge, on les saupoudre avec de la poudre de bluet.

Les *abricots* sont faits avec de la gelée jaune, et d'un côté trempés dans la rouge; on les étuve avec de la poudre à poudrer. Ils se font dans des moules.

Les *pêches;* on les mêle à moitié du jaune et moitié du bleu, et à la fin on les trempe dans le rouge des deux côtés; on coupe la raie qui se trouve dans le milieu d'un chardon bénit, on la met en poussière, on mêle cette poussière avec de la poudre blanche, et on en saupoudre la pêche ; les pêches se font dans des moules.

Les *cerises* se font avec de la gelée rouge ou de la gelée violette ; elles se font sans moules si l'on veut.

Tous les autres fruits sont faits selon leur couleur.

Les *groseilles;* l'on prend un petit morceau d'amande que l'on enfile dans une grande épingle ; on trempe cette amande, et on la trempe pour la première fois dans la gelée chaude, ensuite on met de la soie verte en croix sur ce noyau ; on y attache trois ou quatre grains d'anis, puis on les trempe et on tourne toujours pour que cela soit bien rond jusqu'à ce qu'elles soient à la grosseur nécessaire. On fait la grappe avec de la corde à violon ou du fil-de-fer. Quand la groseille est un peu refroidie on ôte la grande épingle, et on met la groseille à la grappe.

Le *raisin* est fait de même, le blanc avec de la gelée blanche, et le noir avec de la gelée rouge poudrée avec de la poudre de bluet.

Les *mirabelles* sont faites comme les abricots, de la même gelée.

Les *prunes de reine-claude* sont faites de la même gelée que les pêches, et trempées des deux côtés dans la rouge, et saupoudrées de poudre blanche.

Les prunes, les pêches, les abricots, les cerises sont faits dans des moules. Le raisin, les groseilles sont faits sans moules. On peut aussi faire les cerises et les petites prunes sans moule.

Pour avoir en un instant la copie exacte de la plus grande page d'écriture.

Procurez-vous de la bonne encre, et qui soit bien noire; mettez-y du sucre en poudre, ce qu'il en faut pour que l'écriture soit bien luisante : n'écrivez que sur du bon papier, et assez fort pour que l'écriture ne paroisse pas au revers de la feuille, et écrivez alors votre ouvrage comme à l'ordinaire. Quand vous voulez tirer votre copie, voici ce qu'il y a à faire : Procurez-vous du papier *non collé* et un peu fin; le papier connu sous le nom de *papier Joseph*, dont on recouvre les estampes dans les livres, est excellent pour cet usage. Avant de se servir de ce papier, il faut qu'il soit humide, mais non mouillé, à peu près dans le même état qu'est le papier ordinaire qui sert à l'impression : pour le mettre dans cet état, ce qu'il y a de mieux est de tenir le papier dans une cave si on en a une. Si on n'en a pas, il faut le mouiller légèrement, et ôter ce qu'il y a de trop humide entre deux morceaux de drap, ou bien en étendre plusieurs feuilles sur des cordes, jusqu'à ce que le papier s'écoule au point convenable. Au reste, l'expérience vous fera connoître ce point; appliquez ce papier humide sur la page que vous venez d'écrire avec l'encre ci-dessus; mettez fortement sous presse, et vous aurez dans un instant la copie de votre page écrite.

Pour resceller le verre, la terre, la porce-laine et la faïence.

Broyez ensemble de la chaux vive en poudre, du fromage mou et des blancs d'œufs avec un couteau sur une planche, et en induisez les morceaux cassés, puis rejoignez les pièces et les laissez sécher, après quoi vous nettoierez les vaisseaux. Cette colle ne se défait ni au feu, ni à l'eau chaude, ni à l'eau froide; gros comme une petite noix de chaux vive dans un blanc d'œuf. Si le vaisseau est gros faites votre colle moins liquide, en y mettant plus de chaux vive.

Autre recette pour la faïence.

Faites calciner des écailles d'huître, et les réduisez en poudre très-fine; passez au tamis de soie au point d'être impalpable, prenez un ou deux blancs d'œufs selon que vous avez de l'ouvrage : faites-en, après les avoir bien battus et laissé reposer, une pâte avec votre poudre, assez liquide, dont vous enduisez les morceaux cassés. Rejoignez les pièces cassées, les tenant bien serrées l'une contre l'autre; au bout de huit minutes elles sont reprises à ne pouvoir être séparées.

Pour conserver une fleur un grand nombre d'années.

M. Machy, apothicaire, me fit voir, il y a vingt ans, une belle jacinthe blanche double, qu'il possédoit depuis douze ans dans un bocal de cristal rempli d'une eau dont il ignoroit la composition; cette fleur étoit parfaitement fraîche et bien conservée. Un excellent chimiste pharmacien (M. Alyon) découvrit alors, par l'analyse, que ce secret consiste à étendre d'eau ordinaire de l'esprit-de-vin, jusqu'à ce qu'il ne porte que treize degrés et demi au pèse-liqueur de Baumé.

Encre blanche pour écrire sur du papier noir.

Il y a deux sortes d'encres blanches. La première consiste à mettre dans l'eau gommée une suffisante quantité de blanc de plomb pulvérisé, de manière que la liqueur ne soit ni trop épaisse ni trop fluide ; la seconde est plus composée, et elle vaut mieux ; la voici :

Prenez coquilles d'œufs frais, bien lavées et bien blanchies; ôtez la petite peau qui est en-dedans de la coque, et broyez-les sur le marbre bien nettoyé avec de l'eau claire; mettez-les ensuite dans un vase bien net, et laissez-les reposer jusqu'à ce que la poudre soit descendue au fond. Videz ensuite légèrement l'eau qui reste dessus, et faites sécher la poudre au soleil; et lorsqu'elle sera bien sèche, vous la serrerez proprement. Quand vous en voudrez faire usage, prenez de la gomme ammoniaque, de celle qui est en larmes et en morceaux ronds ou ovales, blancs dans leur intérieur, et jaunâtres au dehors, très-bien

lavée et émondée de la peau jaune qui la couvre. Mettez - la ensuite détremper l'espace
d'une nuit dans du vinaigre distillé, que vous
trouverez le lendemain de la plus grande
blancheur; vous passerez le tout ensuite à
travers un linge bien propre, et vous y mêlerez de la poudre de coquilles d'œufs. Cette
encre est si blanche qu'elle peut se voir sur le
papier.

Moyen de revivifier l'encre effacée.

Prenez un demi-poisson d'esprit-de-vin,
cinq petites noix de galle (plus ces noix seront petites et meilleures elles seront); con-
cassez-les, réduisez-les en une poudre menue;
mettez cette poudre dans de l'esprit-de-vin.
Prenez votre parchemin ou papier, exposez-
le deux minutes à la vapeur de l'esprit-de-
vin échauffé. Ayez un petit pinceau, ou du
coton; trempez-le dans le mélange de noix de
galle et d'esprit-de-vin, et passez-le sur l'é-
criture. L'écriture effacée reparoîtra, s'il est
possible qu'elle reparoisse.

Recette pour faire croître la semence plus vite et plus forte.

Faites fondre ensemble, dans un creuset,
deux parties de sel et une partie de salpêtre;
faites-les dissoudre dans dix fois autant d'eau
de pluie; mettez et laissez enfler vos semences
dans cette dissolution, et ensuite semez-les.

Pour désinfecter la viande.

Quand la viande sent mauvais on jette dans la marmite un gros morceau de charbon frais, bien allumé, et on le laisse bouillir avec la soupe. Il absorbe la mauvaise odeur, mais il ne sauroit rendre à la viande toute sa bonté naturelle.

On dit aussi que du charbon pilé (le plus frais fait est le meilleur)‚ mis sur une plaie, ou sur un cancer, en ôte la putridité, et prévient la gangrène.

Pour dessiner sans encre ni crayon, il faut frotter ce papier de tripoli, et dessiner avec une *aiguille de tablette.*

Encres de différentes façons; encre simple.

Six onces de noix de galle concassées, trois onces de vitriol, quatre onces de gomme arabique, le tout infusé dans quatre livres d'eau, ou deux pintes de Paris, près du feu ou du soleil, et sans gomme ni sucre; cependant elle est très-noire et fort bonne.

On fait de très-bonne encre commune avec une livre de petites noix de galle concassées; on en fait infuser dans quatre pintes de vin; on coule le tout, et l'on ajoute *quatre onces de vitriol d'Allemagne* sans gomme.

Pour empêcher le bois de prendre feu. Il ne faut que l'enduire d'alun.

Marbre blanc; pour le rétablir, ainsi que l'albâtre. Prendre pierre de ponce en poudre subtile, infusée dans du verjus l'espace de douze heures, et après en mouiller avec un linge ou une éponge l'albâtre ou marbre; il se blanchit parfaitement, en le lavant avec de l'eau claire et un linge; puis l'essuyer avec un linge blanc et sec.

Vernis d'or des Anglais. Les Anglais emploient, depuis long-temps, sur le cuivre jaune et sur l'argent, un vernis qui donne à ces métaux une couleur d'or, peu différente de la dorure en or moulu.

Deux onces de gomme laque, deux onces de karabé, succin ou ambre jaune, quarante grains de sang-dragon en larmes, demi-gros de safran, et quatre onces de bon esprit-de-vin; faire infuser et digérer le tout à la manière ordinaire, puis le passer par un linge, et le garder dans une bouteille bouchée de liége.

Lorsqu'on veut employer ce vernis il faut faire chauffer la pièce d'argent ou de cuivre, avant de l'appliquer dessus, de manière que la main ait peine à y tenir. Elle prend, par ce moyen, une couleur d'or, qu'on nettoie quand elle est sale avec un peu d'eau tiède.

Rouille. Elle se détache facilement quand on la frotte avec de l'huile.

Pour ôter les taches de fer sur le linge. Faites bouillir de l'eau dans un vaisseau, et exposez les taches à la fumée de cette eau; puis mettez dessus du jus d'oseille avec du sel; et le linge en étant bien pénétré, il faut le mettre à la lessive.

Ou bien brûler de l'oseille, en mettant la cendre dans l'eau, qui s'évapore au soleil;

il reste au fond un sel d'oseille qui ôte ces taches.

Quelquefois un papier à sucre suffit.

Ou encore mouiller le linge dans du jus de citron, dans du suc d'oseille, ou dans du vinaigre empreint de savon blanc.

Les taches de fruits sur le linge, la dentelle, la mousseline, s'ôtent en les mouillant et les exposant à la vapeur du soufre brûlant, soit d'une allumette, si elle est petite , soit d'un bâton de soufre allumé, si elle est grande; la vapeur enlève les taches en moins d'une minute. On lave ensuite.

Pour lever les taches de cambouis sur les étoffes. Mettre du beurre sur l'endroit, et le frotter; puis avec du papier gris et du feu dans une cuillère , lever le tout ensemble comme on lève une tache de cire.

L'eau-de-vie de lavande ôte toutes les taches de graisse sur le drap et la soie de toutes couleurs, excepté celles qui sont trop tendres.

Pour les taches nouvelles. On peut encore se servir de craie de Briançon, de pieds de mouton calcinés ou d'os de sèche en poudre, ou d'alun calciné, dont on couvre la tache , passant une cuillère d'argent remplie de feu par-dessus un papier brouillard entre deux. Pour ôter toutes sortes de taches sur le drap et sur la soie, de quelque couleur que ce soit, on prend une demi-livre de miel, un jaune d'œuf frais, et gros comme une noix de sel ammoniac; mêler bien le tout ensemble, et en mettre sur les taches des étoffes, et l'y

ayant laissé quelque temps, laver d'eau fraîche, et la tache ne paroîtra plus.

Pour ôter les taches d'huile. Couper du
savon blanc et le mettre dans une bouteille à
demi-remplie de lessive ; puis y jeter gros
comme une noix de sel ammoniac, deux jaunes
d'œufs frais, du suc de choux et du fiel de
bœuf à discrétion; enfin une once de tartre
en poudre subtile et tamisée ; ensuite bien
boucher la bouteille, et la tenir exposée au
soleil du midi pendant quatre jours ; puis
verser de cette liqueur sur les taches et les en
bien laver dedans et dehors, ensuite laisser
sécher, puis laver d'eau claire, et si l'on veut
avec du savon; étant sec, les taches n'y seront plus.

*Pour ôter les taches et dégraisser le ca-
melot, le baracan, la soie et le linge.* La
terre glaise, délayée avec de l'eau, étendue sur la tache ou graisse, et frotter étant
sèche.

Une carte ouverte en deux, et frotter avec
le dedans, ôte beaucoup de taches de graisse;
mais le papier à sucre vaut encore mieux.

*Pour ôter les taches de poix et de térében-
thine.* Bien enduire la tache de bonne huile
d'olives, et laisser un jour et une nuit sécher;
puis, avec de l'eau et du savon, dégraisser
entièrement l'étoffe.

La soude blanche et l'eau-de-vie ôtent les
taches sur les étoffes de laine et de soie: on
les peut fondre ensemble, et en faire de petites
boules portatives.

La pierre à détacher les habits se fait ainsi : on prend de la terre glaise , un quart de soude , et autant de savon blanc ; bien broyer d'abord la soude avec le savon sur un marbre avec un peu d'eau, comme on broie les couleurs; y mettre ensuite la terre glaise , et broyer de nouveau le tout ensemble pour bien amalgamer les trois ingrédiens ; faire de cette composition des boules ou des tablettes de telle forme et grosseur qu'on veut , et les faire sécher en consistance de pierre. On gratte ces boules avec un couteau , pour en appliquer de la poudre sur les taches ; en frottant cette poudre avec les doigts, on la fait pénétrer dans le drap ou l'étoffe , afin qu'elle puisse absorber la graisse ou l'huile qui a formé la tache ; on l'y laisse même quelque temps ; puis, en frottant l'étoffe dans ses mains, ou la battant avec une baguette , la tache disparoît avec la poudre. Si la tache est vieille , et la graisse ou l'huile trop incorporée dans l'étoffe , mettre de cette poudre dans de l'eau chaude sur une assiette, et en faire une pâte claire , qu'on applique bien chaude sur la tache ; la chaleur fait pénétrer cette pâte, qui absorbe la graisse ou l'huile ; on laisse le tout sécher à l'ombre ; on frotte l'étoffe avec les mains d'abord, puis avec la vergette : le tout disparoît. Cette composition , quand elle est bien faite , est d'un succès éprouvé.

Pour rafraîchir le vin sans glace. On bouche bien les bouteilles avec des orties ; on les enveloppe d'un linge mouillé ; on les expose ainsi au soleil ou au vent : quand le linge est sec, le vin est rafraîchi.

Si l'on jette dans un seau d'eau une bille de soufre, elle la rafraîchira : cette expérience est commode à ceux qui, voulant rafraîchir du vin en été, n'ont point de glace ; car pendant que les bouteilles qui les contiennent sont dans un seau d'eau, si l'on y met un bâton de soufre, on aura le moyen de boire frais sans le secours de la glace ; mais la même bille de soufre ne peut servir deux fois à cet usage, elle ne produiroit point d'effet à la seconde.

Faire bouillir de l'eau ; en remplir une bouteille qu'on met à la rosée pendant la nuit : ensuite, dès le matin, la couvrir de paille ou autrement, cette eau devient plus fraîche que la glace.

Ivoire. La manière ordinaire de blanchir l'ivoire sale est de l'exposer à la rosée du mois de mai ; mais cette méthode est sujette à bien des inconvéniens ; elle demande un assez long temps, et quelquefois même plusieurs années de suite, la rosée n'étant pas tous les ans abondante au mois de mai ; de plus elle ne pénètre pas exactement dans tous les replis et dans toutes les moulures de l'ivoire ; elle n'enlève point le jaune de la fumée qui s'y est incorporée ; enfin, le soleil qui frappe l'ivoire après une grande rosée peut y causer des gerçures, et augmenter infailliblement celles qui y sont.

Le procédé suivant n'a point tous ces inconvéniens ; il rappelle l'ivoire à sa blancheur naturelle, et l'opération ne demande pas plus de cinq ou six heures. On prend un petit cuvier, proportionné à la grandeur des pièces d'ivoire que l'on veut blanchir, au fond duquel doit être un trou, que l'on bouche avec de la paille, comme dans les cuviers ordinaires ; on met dans ce cuvier un morceau de pierre à chaux vive, et ensuite environ un quarteron de cendre de brandevinier ; c'est l'espèce de tartre qui se forme au fond des alambics ou chaudières dans lesquelles on distille de l'eau-de-vie ; on place ensuite dans le cuvier des bâtons en croix, au-dessus de la pierre à chaux, sur laquelle on place les morceaux d'ivoire que l'on veut blanchir ; car s'ils touchoient à la chaux vive, infailliblement elle les feroit lever par écailles ; on verse ensuite de l'eau sur la chaux, froide d'abord, ensuite tiède, puis enfin bouillante ; opération qu'on répète plusieurs fois ; la vapeur qui s'élève de la chaux, lorsqu'elle s'éteint, pénètre l'ivoire jusque dans ses plus petits replis, traverse ses pores, en détache la crasse la plus enracinée, aussi doit-on avoir grand soin de tenir le cuvier couvert, pour empêcher les vapeurs de s'échapper. On reprend la même eau qui s'est écoulée par le bas du cuvier, on la rejette de nouveau sur l'ivoire ; car cette eau de chaux, étant alors éteinte, peut baigner l'ivoire, qui, au bout de cinq ou six heures, est disposé à devenir de la plus grande blancheur ; on a alors une terrine pleine d'eau fraîche, et une vergette un peu rude, avec laquelle on brosse l'ivoire, en le trempant de temps en temps dans l'eau; alors l'ivoire devient du plus beau blanc dont il soit susceptible. Il ne faut pas cirer l'ivoire, mais le polir, en le frottant d'abord avec de la ponce broyée à l'eau, et ensuite avec un morceau de peau de buffle, un peu d'huile d'olives et du tripoli en poudre très-fine.

Préparation de l'ivoire. La dureté de l'ivoire et le beau poli dont il est susceptible l'ont fait regarder comme propre aux ouvrages les plus délicats ; mais la facilité qu'il a de se fendre le rend difficile à travailler. Voici un procédé par lequel on prétend rendre l'ivoire aussi maniable que le parchemin, sans craindre qu'il éclate : il n'est besoin, pour produire cet effet, que de le tremper dans la moutarde ; on l'y laisse plus ou moins de temps, suivant l'épaisseur de la pièce qu'on veut amollir ; l'ivoire devient, en peu de temps, mou et capable de recevoir telle forme qu'on veut lui donner : quand on l'a pétri, on le laisse sécher, il se raffermit et reprend sa première solidité, à mesure que l'humidité dont il est imbu s'évapore.

CHAPITRE VIII.

De l'agriculture.

L'ART de l'agriculture est le seul des arts qui soit également recommandable aux yeux de la religion, de la politique et de la morale naturelle. Cette seule réflexion suffit pour en démontrer la dignité et l'utilité infinie. *Osiris* chez les Egyptiens, *Cérès* et *Triptolème* chez les Grecs, *Janus* chez les Latins, et *Numa* chez les Romains, furent mis au rang des dieux, en reconnoissance des grands services qu'ils avoient rendus à l'agriculture.

Les premières enseignes des Romains furent les emblèmes de l'agriculture, réunis à ceux de la valeur : des poignées d'herbes et d'épis de blé attachées aux piques des guerriers.

Tous les grands hommes des beaux siècles de l'antiquité ont particulièrement aimé l'agriculture. Aussi, à la prise de Carthage, tous les livres qui remplissoient les bibliothèques furent donnés en présent à des princes amis de Rome ; cette capitale du monde ne se réserva pour elle que les vingt-huit livres d'agriculture du capitaine Magon. Décius Syllanus fut chargé de les traduire, et l'on conserva long-temps, avec un très-grand soin, l'original et la traduction.

Les principaux historiens de l'agriculture des Romains furent Caton, Varron, Columelle, Virgile, Pline, Palladius, etc.

Parmi nous, c'est dans les seizième et dix-septième siècles que chaque nation principale de l'Europe a produit un ouvrage classique en agriculture ; celui d'Herrera en Espagne, de Gallo en Italie, de Heresbach en Allemagne, de Harlib en Angleterre, et d'Olivier de Serres en France.

Notre nation peut s'enorgueillir encore d'avoir produit, sur la fin du siècle dernier, et au commencement de celui-ci, un grand nombre d'excellens ouvrages sur l'agriculture, parmi lesquels l'utile et savant dictionnaire intitulé *Nouveau Cours complet d'agriculture*, etc., sera toujours mis au premier rang des meilleurs livres.

Voici quelques préceptes d'agriculture des anciens :

Achetez d'un bon maître, dit Caton, il y a de l'avantage à acquérir un domaine en bon état. Bien des gens croient que l'on gagne à acquérir d'un propriétaire négligent, parce qu'il vend moins cher ; ils se trompent : l'acquisition d'un bien délabré est presque toujours un mauvais marché.

Ne bâtissez qu'après avoir planté, ou plutôt achetez la folie d'autrui, pourvu que l'entretien n'en soit pas à charge.

Ne méprisez pas légèrement les méthodes du pays.

Si vous avez la bienveillance du voisinage, vous vendrez mieux vos denrées, vous trouverez plus aisément des ouvriers ; s'il vous arrive un accident, on volera à votre secours.

Que tout soit achevé dans son temps : les travaux de la campagne sont tels , que si vous commencez une chose trop tard , tout le reste sera pareillement retardé. N'oubliez pas que le père de famille doit être vendeur et non acheteur ; il doit tirer de son fonds tout ce que le sol peut fournir pour ses besoins.

CHAPITRE IX.

Jardin de fleurs.

Voici encore un chapitre consacré à Julie. Qui peut lire avec plus d'intérêt qu'une jeune personne de quinze ans des détails sur l'usage et la culture des fleurs ?

Tout le monde sait que les fleurs proviennent ou de plantes ou d'oignons , et que tous les oignons et la plupart des plantes tirent leur origine des graines ; mais, dans les paragraphes suivans , nous indiquerons des moyens par lesquels on fait venir différentes sortes de fleurs plus promptement que de leurs graines. Les jardiniers fleuristes n'appellent fleurs que celles qui servent d'ornement et de décoration aux jardins ; tels sont les œillets , les tulipes , les renoncules , les anémones , les tubéreuses , etc. Ce qu'il y a de singulier , c'est que nous n'avons point de belles fleurs, excepté les œillets , qui originairement nous viennent du Levant.

Culture des fleurs.

C'est sur des couches, sur des planches, dans des pots et dans les plates-bandes des parterres, qu'on sème et qu'on élève des fleurs provenues de graines hâtives, et dont la bonté se reconnoît à leur pesanteur, qui les fait aller communément au fond de l'eau. La meilleure saison pour semer est depuis mars jusqu'en septembre : on sème à quatre doigts d'intervalle ; si c'est une terre meuble et facile à percer, on recouvre la graine d'un doigt de la même terre. Si on sème sur couche (lorsque le fumier a perdu sa grande chaleur), on la recouvre de deux doigts de terreau. On sème sur la fin d'août ce qu'on veut replanter avant l'hiver. On a soin d'arroser tous les jours avec de l'eau échauffée au soleil, et de couvrir les graines d'un doigt de paille longue ; mais quand elles sont levées, il faut les découvrir, et toutefois les garantir des gelées par des paillassons en dos d'âne. Si on plante des oignons de fleurs, il faut creuser la terre à un pied de profondeur, ensuite cribler de la terre maigre et légère sur la couche, en quantité suffisante pour remplir les sillons ou rigoles ; puis unir le tout avec le râteau, et y placer les oignons à une distance proportionnée, et à quatre doigts sous terre. Autour des bordures on peut mettre des anémones ou des tulipes, mais point de renoncules, car elles demandent à être seules, tant en pleine terre que dans les pots. Il faut être attentif à sarcler dans le temps où la rosée tombe, parce qu'on arrache mieux alors les racines des plantes inutiles ; il faut aussi avoir grand soin de faire la guerre aux limaçons, aux perce-oreilles, et autres insectes qui rongent les plantes.

On transplante les fleurs dans le printemps et dans l'automne, en pleine terre ou dans des pots ; mais on ne transplante qu'après la seconde année les oignons qui viennent de graine ; on les met alors en bonne terre neuve et légère, et on a des fleurs à la troisième année.

Pendant l'hiver, pour garantir les fleurs du froid, on les met dans une serre aérée : on les doit arroser légèrement après le lever du soleil. Dans l'été, il faut les défendre du trop grand soleil, et ne les arroser qu'après le soleil couché ; il faut que les plates-bandes soient toujours élevées vers le milieu, et que les pots soient percés par le fond, afin que l'eau s'écoule, et ne pourrisse pas, par son séjour, les pieds des plantes. A défaut de pots, on peut se servir de caisses plates et portatives, dont le fond ait été percé de plusieurs trous de tarière, et couvert de deux pouces de charbon de terre ou d'autres matières poreuses ; les petites caisses sont très-commodes, elles sont un berceau pour l'enfance des fleurs. Il est digne de remarque que la plupart des fleurs doublent facilement (à fleur double, *flore pleno*) par la culture, surtout dans le rosier. On peut même faire éclore en hiver, et le jour que l'on veut, la fleur d'une plante; pour cela on choisit sur la tige, dans le temps que les dernières fleurs paroissent, les boutons les mieux formés et prêts à s'ouvrir; on les coupe avec des ciseaux, observant de leur laisser une queue fort longue. On enduit l'endroit coupé avec de la cire, on laisse faner les boutons, puis on les enveloppe chacun à part dans un papier sec, et on les serre ainsi dans une boîte. Enfin, lorsqu'on veut jouir de la fleur, il suffit de couper dès la veille le bout garni de cire, et de le mettre dans un vase qui contiendra de l'eau chargée d'un peu de nitre; le lendemain on verra les boutons s'ouvrir, s'épanouir, briller de leurs vives couleurs et reprendre leur odeur naturelle.

L'époque de la fleuraison, comparée avec l'heure de la journée, offre des variétés curieuses; la plupart des plantes fleurissent indistinctement à toutes les heures; mais il en est plusieurs qui ouvrent et ferment leurs fleurs à une heure déterminée. La série de ces plantes, rangées d'après l'heure de leur fleuraison, constitue ce que Linnée a nommé *l'horloge de Flore*; ainsi, le *salsifis* s'épanouit entre trois et quatre heures du matin, le *nénuphar* à sept heures, le *pourpier* à onze, plusieurs ficoïdes à midi, le *silène noctiflore* entre cinq et six heures du soir, la *belle-de-nuit* entre sept et huit; le liseron à fleurs pourpres s'ouvre à dix heures du soir pour se refermer à deux heures après midi.

Le chaleur accélère, et le froid retarde l'époque de la fleuraison : sous ce point de vue, Adanson avoit eu l'idée de supputer le nombre de degrés de chaleur que chaque plante exige pour atteindre sa fleuraison, comme il l'avoit fait pour la feuillaison. Mais ces *thermomètres* et ces *horloges* dépendant des influences de la lumière, de l'air, etc., ne peuvent jamais être exacts.

Lorsqu'on veut retarder la fleuraison d'une plante, il suffit de lui enlever ses feuilles au printemps. On emploie ce moyen principalement pour le rosier, et alors il produit des roses pendant presque tout l'été et l'automne.

On a trouvé le moyen de faire des arbustes de plusieurs petites plantes, par exemple, de l'héliotrope ; on peut faire la même chose du réséda, en le dépouillant de ses petites branches et de ses feuilles jusqu'à une certaine hauteur de sa plus grosse tige. On fait aussi des rosiers des arbres très-élevés ; on a vu aux environs de Berlin des arbres de roses mousseuses aussi élevés que des pommiers. Les peintres de fleurs ont beaucoup de peine à bien grouper les fleurs pour les peindre d'après nature. On les arrange assez bien dans un vase, mais les fleurs tombantes sur le vase, et celles surtout qu'on veut peindre hors du vase et tombées sur la table, n'étant plus dans l'eau, se fanent si promptement qu'il est impossible, dans leur fraîcheur, de les laisser dans l'attitude convenable. Il est un moyen très-simple de les grouper comme on veut en leur conservant tout leur éclat. C'est de planter les queues dans de petits concombres, qui les entretiennent au moins aussi fraîches que l'eau. Ce petit secret est utile aussi pour transporter des fleurs d'un lieu à un autre. Il peut servir aussi dans des fêtes ; on formeroit ainsi des guirlandes de fleurs naturelles qui conserveroient beaucoup plus d'un jour toute leur beauté : il suffiroit d'enfiler des concombres dans un gros fil, et ensuite de piquer dans ces concombres des roses et d'autres fleurs à queues un peu fermes ; et en composant la guirlande, de bien cacher les petits concombres avec les feuilles et les fleurs (1). Voyez, au chapitre du *Cabinet d'Histoire naturelle*, la manière de dessécher les fleurs.

(1) **Si** l'on veut rendre d'un beau vert, sans la flétrir, une rose qu'on vient de cueillir, on la couvrira entièrement de tabac bien naturel, qui ne soit pas trop sec ; au bout de deux ou trois heures on la secouera doucement, elle sera fraîche et verte.

Voici un moyen sûr de faire revivre une fleur fanée du jour : Coupez le bout de la queue, et ensuite brûlez cette queue coupée à la bougie jusqu'à ce qu'elle s'enflamme ; alors mettez la fleur dans l'eau ; au bout de quelques heures elle aura repris toute sa beauté. Ceci ne peut se faire qu'une fois pour les roses, mais peut se faire avec succès deux et trois fois pour le réséda, les jonquilles, les narcisses, etc.

Multiplication des fleurs.

On multiplie les fleurs par différens moyens, 1° par les rejetons ou surgeons qui sortent du pied d'une plante, mais avec des racines ; ils reprennent aisément, et ce sont autant de nouvelles plantes ; 2° par les provins, qui sont les branches qu'on couche en terre, sans les séparer de leur mère-branche ; 3° par marcottes, qui sont de jeunes branches belles et fortes, qu'on fait tenir sur la plante qu'on veut marcotter, en y faisant une incision par le milieu près du nœud ; on tient l'incision ouverte par quelque brin de paille, puis on la couvre de quelque peu de terre, et on l'y arrête, de peur qu'elle ne se relève : dès que la marcotte a pris racine, on la coupe pour la séparer de la mère-plante ; 4° par les boutures, qui sont des branches à boutons qu'on prend sur quelque plante d'un arbuste, et qu'on fiche en terre sans autre apprêt : on doit chercher les plus vives, les tailler par le bout en pied de biche, les laisser tremper quelques jours dans l'eau, et les planter toutes fraîches ; c'est un moyen pour qu'elles produisent promptement des racines ; 5° par les tales, c'est une manière de multiplier propre seulement aux fleurs, et qui se pratique en éclatant leurs plantes ou racines ; 6° par les caïeux et œilletons, qui sont certains bourgeons que quelques plantes poussent de leurs pieds pour se régénérer.

L'intérêt et la curiosité ont fait trouver le moyen de panacher et de chamarrer de diverses couleurs les fleurs vivantes des jardins, comme de faire des roses vertes, jaunes, bleues (1), et de donner, en très-peu de temps, deux ou trois couleurs différentes à un œillet, outre son teint naturel. On pulvérise par exemple, pour cela, de la terre grasse desséchée au soleil ; on l'arrose ensuite l'espace de vingt jours d'une eau rouge, jaune, ou d'une autre teinture, après y avoir semé la graine de la fleur d'une couleur contraire à cet arrosement artificiel. On lit dans l'ancienne Encyclopédie que quelques personnes ont semé et greffé des œillets dans le cœur d'une ancienne racine de chicorée sauvage, qu'elles l'ont reliée étroitement, l'ont environnée d'un fumier bien pourri, et que par les grands soins du fleuriste on a vu sortir un œillet bleu, aussi beau qu'il étoit rare. D'autres ont enfermé dans une petite canne trois ou quatre graines de fleurs différentes, et l'ont recouverte de bon fumier : ces semences de diverses tiges, ne faisant qu'une seule racine, ont ensuite produit des branches admirables par la diversité des fleurs. Enfin, quelques fleuristes ont appliqué sur

(1) On prétend qu'on fait des roses vertes en greffant des roses sur le houx, et des roses noires en greffant sur le cacis. En Allemagne, au moyen de la greffe, on fait venir des roses sur un pommier ; et sur le même rosier, des roses de toutes espèces et de toutes couleurs.

une tige divers écussons d'œillets différens, qui ont poussé des fleurs de leur couleur naturelle, et qui ont charmé par la variété de leurs couleurs. Les fleurs en théâtre ou en parterre varient aussi par leur voisinage : si les poussières qui tombent des étamines sont portées par l'air sur le pistil d'une autre fleur voisine de même espèce, mais de différente couleur, les graines qui en proviendront produiront une nouveauté dans le coloris de la fleur future.

Les plantes qu'on dessèche sans les aplatir, sans les comprimer, et dans leur situation naturelle, sont communément celles dont les fleurs servent d'ornement, ou sur la tête des dames, ou sur les tables dans les desserts, ou dans les églises ; aussi, avant que de les sécher, l'art change souvent en des couleurs plus belles ou variées celles qui en sont susceptibles, avec les acides : c'est ainsi que l'esprit de nitre change en un beau jaune citron les fleurs blanches du *xeranthemum* (espèce d'immortelle) ; en un bel incarnat, les fleurs violettes d'un autre *xeranthemum*, et en beau rouge cramoisi les fleurs bleues de l'aconit, du pied d'alouette annuel, et de diverses gentianes. L'eau-forte ne leur causeroit aucun changement si elles étoient desséchées ; on les panache simplement en passant dessus un pinceau trempé dans l'eau-forte, ou bien on les change totalement en les plongeant en entier et renversées dans cet acide, sans y enfoncer leurs tiges, qu'il amolliroit et brû-

leroit : on les retire de même pour les sus-
pendre et laisser égoutter pendant quelques
instans, jusqu'à ce qu'elles aient pris assez de
couleur ; alors on les plonge dans l'eau claire,
pour leur enlever toute l'eau-forte, et on les
suspend pour la dernière fois, afin qu'elles
se sèchent entièrement.

Parmi les fleurs desséchées naturellement
ou par l'art, et qu'on veut chamarrer, il y
en a quelques-unes, surtout l'immortelle blanche, appelée éternelle ou bouton blanc,
qu'on trempe dans une eau de gomme épaisse,
pour les poudrer ensuite de diverses couleurs,
telles que le carmin, le vermillon, la laque-
colombine, pour le rouge ; pour le bleu,
l'azur, la cendre bleue et le tournesol qui s'y
applique liquide ; pour le jaune, la gomme-
gutte liquide ou la poudre d'or. On sèche
au soleil les fleurs ainsi saupoudrées, ensuite
on les retrempe dans de l'eau de gomme
arabique, ou dans le vernis de blanc d'œuf
édulcoré avec quelques gouttes de lait de
figuier ou de tithymale.

Les Napolitains, pour donner à leurs fleurs
artificielles les mêmes odeurs qu'ont les fleurs
naturelles, cachent un peu d'oléo-saccharum
dans le calice de la fleur artificielle : cet oléo-
saccharum est une huile essentielle combinée
avec du sucre ; car le sucre se charge de l'huile
aromatique, et lui donne des entraves qui
l'empêchent de se dissiper aussi promptement
qu'elle feroit sans cela ; c'est encore un moyen
pour rendre ces huiles miscibles avec l'eau.

On peut aussi déterminer l'odeur des fleurs naturelles et vives : il suffit d'arroser un terreau de vinaigre ambré et musqué, etc., avant d'y semer les graines et oignons également macérés dans cette même liqueur.

Fleurs des quatre-saisons.

Le retour du printemps est le retour des fleurs ; celles de cette saison sont : les tulipes hâtives, les anémones simples et doubles à peluche, les renoncules de Tripoli, les jonquilles simples et doubles, les jacinthes, le muguet, le lilas, les narcisses, la couronne impériale, l'oreille d'ours, la giroflée, les violettes de mars, la pensée, les pâquerettes et les primevères.

Celles qui ornent les jardins en été, c'est-à-dire en juin, juillet et août, sont : les tulipes tardives, les lis, les tubéreuses, les pavots, les hémérocales ou fleurs d'un jour, les martagons, qui ressemblent aux lis ; les œillets de diverses espèces, les giroflées jaunes, l'immortelle, les basilics, les pivoines, la croix de Jérusalem, la julienne, les roses.

Les fleurs d'automne sont : la tubéreuse, les balsamines, les reines-marguerites, les soucis doubles, les amarantes, les passe-velours ou queues de renard, les œillets d'Inde, les roses d'Inde, celles de tous les mois, les roses musquées, le safran automnal, le géranium couronné, les ombrettes, les carenthines simples et doubles de toutes couleurs, les immortelles, les chignacs, les belles-de-nuit, les thlaspis.

Celles d'hiver sont : les anémones simples, les jacinthes d'hiver, le cyclamum d'hiver, le laurier-thym, le perce-neige, les immortelles, les narcisses simples, le crocus printanier, les hépatiques, etc.

Nous devons observer ici qu'il est très-dangereux de se tenir enfermé dans un appartement où l'on auroit mis quantité de plantes aromatiques et de fleurs, pour récréer les yeux et flatter l'odorat : leurs émanations altèrent infiniment l'air d'une chambre étroite et bien close, elles le rendent délétère et dangereux : on sait que les roses, les fleurs de sureau et toutes les plantes odorantes, mises pendant deux heures sous une cloche de verre qu'on plonge dans une lame d'eau, que peut contenir le fond d'une assiette, rendent méphitique l'air qu'elle contenoit, au point qu'une bougie allumée, et plongée dans la masse de cet air, s'y éteindra à différentes reprises, et que des animaux qui séjourneroient trop long-temps dans sa sphère d'activité y périront asphyxiés comme dans l'air fixe et dans quelques eaux fluides aériformes. L'expérience a démontré aussi que les fruits du cognassier, du pommier, produisent sous la cloche le même effet; par conséquent, l'air d'une fruiterie qui seroit hermétiquement fermée seroit mofétique. Il n'en est pas de même de l'effet des plantes végétantes et livrées sur la terre au courant d'un air libre, c'est-à-dire atmosphérique; celles qui sont exposées au soleil tendent même à améliorer l'air.

Il seroit à désirer qu'on fît servir à la botanique l'art si perfectionné de faire des fleurs artificielles (1), pour faire des plantes en botaniste, c'est-à-dire qui ne soient pas doubles; il ne faut presque aucun des apprêts nécessaires pour les fleurs doubles; on n'a besoin que d'un ou deux gaufriers pour les feuilles de roses champêtres, et un très-petit nombre d'autres. Les nervures de presque toutes les fleurs des champs sont très-légères et se font avec une pointe de ciseaux. Voici comment on fait les fleurs : on prend un des

(1) L'auteur de cet ouvrage a fait, il y a vingt-trois ou vingt-quatre ans, près de mille plantes artificielles, presque toutes exotiques, qui formoient un cabinet qui a été vu par un grand nombre de personnes; ces plantes étoient d'une imitation que M. de Buffon trouva si parfaite qu'il parut regretter vivement de n'avoir pas de fonds pour faire cette entreprise en grand, au cabinet d'histoire naturelle; il auroit voulu faire une galerie remplie de ces fleurs, pour servir à l'étude de la botanique durant l'hiver. Pour conserver toujours ces plantes placées dans des caisses, il faut les couvrir de châssis de gaze ou de canevas, le tout recouvert d'enveloppes détachées de toile cirée, et quand on les découvre, ne pas les exposer au soleil.

On a vu à Paris, dans le même temps, une collection de fruits artificiels en pierre, parfaitement imités; elle appartenoit à un particulier nommé M. de *Saint-Germain*.

pétales, on le colle sur du papier avec un peu de gomme; quand il est sec, on le découpe, et sur ce patron on découpe sur sa batiste ployée en quatre ou même en six autant de pétales qu'on veut monter de fleurs : la même chose pour les feuilles; ensuite on fait les milieux, les tiges, et on monte les fleurs, suivant les procédés connus de cet art. Rien n'est plus agréable que de pouvoir se passer de gaufrier, d'emporte-pièce, etc., et seulement avec des ciseaux et une petite boule pour creuser les pétales, de faire, du jour au lendemain, et parfaitement, une jolie fleur qui n'est pas dans le commerce, et qu'on a cueillie dans les champs. En bornant cette imitation aux *plantes annuelles*, c'est-à-dire six ou sept cents plantes, on formeroit un cabinet aussi instructif qu'agréable, collection très-peu coûteuse, qu'une personne aidée par deux ou trois autres, à une ou deux heures de travail par jour, pourroit faire en moins de deux ans. Voici comment on encaisse, à peu de frais et avec une grande illusion, ces plantes artificielles : on a des caisses vertes; on les remplit de sablon jusqu'à trois doigts des bords, on établit sur ce sablon un carton peint en brun, qui en occupe toute la surface; alors on répand sur ce carton du marc de café séché, réduit en poudre, ce qui imite parfaitement le terreau; ensuite on fait sur le carton, avec une pointe de ciseaux, des petits trous à des distances convenables, suivant les fleurs qu'on veut placer, et puis on plante les fleurs dans cette caisse, et le sablon, dans lequel les queues enfoncent, les maintient ; si l'on veut mettre ces fleurs dans des pots, on suit le même procédé.

JARDIN POTAGER.

De l'exposition du potager.

La plus mauvaise est l'exposition du nord ; les meilleures sont, en général, celles du levant et du midi. On doit, au reste, avant de déterminer l'emplacement d'un potager, connoître, depuis deux ou trois ans, les vents dominans du climat, et surtout les points d'où partent les vents impétueux et les orages.

Le potager doit être placé près de l'habitation et près des dépôts de fumier ; malgré cela, il est bon que le maître puisse, de sa demeure, voir ce qui se passe dans son potager, et surveiller son jardinier.

Il est bon d'avoir son potager à la naissance d'un petit vallon, formant une espèce d'amphithéâtre circulaire ; cette situation offre différentes expositions, et multiplie les abris. Il faut bien prendre garde, cependant, que ce plan incliné soit, je ne dis pas rapide, mais même un peu au-delà de la pente très-douce ; les pluies entraîneroient l'humus, ou terre végétale, qui fait la base essentielle d'un bon jardin, et qui est le résultat des débris des végétaux, des animaux et des engrais. Une seule pluie d'orage, sur un terrain en pente, entraîne plus de terres végétales qu'il ne s'en forme dans une année.

Le sol du bas des vallons est toujours très-bon en général et très-productif, parce qu'il est engraissé par la terre végétale que les eaux ont fait descendre du vallon ; mais souvent ce local est marécageux. Le premier soin est donc d'ouvrir, autour du jardin, un fossé large et profond, afin 1° d'y recevoir la terre végétale entraînée du coteau ; 2° d'y contenir les eaux et les empêcher d'inonder le jardin ; 3° pour servir d'écoulement aux eaux du sol et l'assainir : avec de telles précautions on aura un fonds excellent. Cependant on a encore à redouter les funestes effets des brouillards, que les cultivateurs appellent les rosées. Dans une matinée toutes les plantes sont couvertes comme d'une espèce de rouille qui les fait périr, ou du moins les empêche de prospérer. C'est par la même raison que les légumiers, placés près des bois, ou entourés de hautes charmilles, etc., ne réussissent jamais aussi bien que ceux qui sont à découvert, et où les vents dissipent l'humidité vaporeuse de notre atmosphère. Dans les jardins ordinaires le niveau de pente est trop fort à deux pouces par toise.

Du sol d'un potager et de sa préparation.

Si l'on ne veut que des légumes remarquables par leur grosseur, on s'en procurera avec un fonds de terre de deux pieds environ, uniquement composé de débris de couches, de débris de végétaux, unis à beaucoup de fumier, et enfin avec de nombreux arrosemens. Ces légumes seront magnifiques à la vue, mais ils sentiront l'eau et le fumier : tels sont les laitues et les herbages qu'on cultive en Hollande.

Mais si l'on désire des légumes bons et bien savoureux, il faut avoir une terre franche, modérément fumée et arrosée.

Il faut encore, avant de fixer l'emplacement de son jardin et d'en tracer le plan, avoir égard à différentes circonstances, telles que les avantages et les inconvéniens du local, la position de l'eau, la facilité dans sa distribution, la commodité des charrois, le transport et le dépôt des engrais, etc.

Le local décidé et le plan tracé, il ne s'agit plus que de défoncer le sol, afin que dans la suite on soit en état de travailler partout également.

Les allées tracées, on enlèvera la couche supérieure de terre, et on la mettra en réserve ; on creusera les allées, afin de recevoir les pierres et cailloux qui se présenteront lors de la fouille générale.

Si le sol est marécageux, ou simplement humide, ces pierrailles sont très-utiles pour établir les écouloirs souterrains qui transporteront les eaux hors de l'enceinte.

L'emplacement doit être fouillé à trois pieds de profondeur. Il est inutile de faire fouiller les allées ; ce seroit une dépense superflue. On

commence par enlever la terre de la première
fouille, de trois pieds de profondeur sur quatre
ou cinq pouces de largeur, et on la porte à
l'autre extrémité du carré. Les brouettes sont
d'autant plus commodes pour cette opération, qu'elles peuvent être conduites par des
femmes ou des jeunes gens, dont les journées
sont moins chères. Lorsque le sol n'est pas
pierreux la bêche est préférable aux pioches,
ou à tels autres instrumens de ce genre, parce
qu'elle divise la terre, l'émiette et la nivelle
mieux, et plus régulièrement. L'ouvrier continue ainsi son travail, jusqu'à ce qu'il par-
vienne à l'extrémité du carré; là, il trouve la
première terre transportée, qui lui sert à remplir le vide formé par la dernière tranchée;
alors le carré est complètement défoncé, et la
superficie se trouve de niveau.

Dans les pays méridionaux, il convient de
défoncer à la fin de janvier ou de février,
afin que la terre ait le temps de s'approprier
les influences de l'atmosphère. Dans les provinces du nord l'automne est la saison favorable, la terre n'étant ni trop sèche ni trop
mouillée. Si elle est trop sèche, le travail est
long, pénible et coûteux; si elle est trop pénétrée par l'eau il est inutile de le commencer; on pétriroit la terre, on la durciroit et on
la tourneroit mal.

Le défonçage à trois pieds de profondeur
ne doit avoir lieu qu'autant que l'on se propose de planter des arbres fruitiers dans le potager; autrement la tranchée de deux pieds

est suffisante, parce que je ne connois pas de légumes à racines pivotantes qui plongent plus avant.

Si la fouille a été faite avant l'hiver, il faut couvrir le sol avec du fumier bien consommé, pour que les pluies et les neiges le détrempent et imbibent la terre de sa graisse. Si au contraire la fouille a été faite après l'hiver, il faut enterrer le fumier à quelques pouces de profondeur, afin que l'ardeur du soleil et le courant d'air ne détruisent et ne fassent pas évaporer ses principes vivifians. Je suppose que l'on aura le bon esprit de laisser à la terre, avant de chercher à en jouir, le temps d'être travaillée et pénétrée par les météores.

Après ces opérations, le jardinier divise ses carrés en tables ou planches. Si le jardin doit être arrosé par irrigation, il trace la place des rigoles; en un mot, il prépare le terrain pour recevoir des plants enracinés ou des semences. La commodité, la facilité dans le service, dans l'arrosement, le transport des fumiers, sont les seules considérations qui doivent diriger dans le plan d'un potager.

Du temps de semer.

Il est impossible de fixer une époque générale pour les semailles, à moins de se contenter d'écrire pour un canton isolé; encore nos conseils seroient-ils subordonnés à l'état variable des saisons. Nous considérerons les deux extrémités de la France, celles du midi et du nord. Les cultivateurs modifieront l'époque des semailles en raison de leur éloignement de ces deux points opposés, et surtout en raison des abris que la nature leur fournit. Lille en Flandre et Paris sont les exemples pour le nord ; Marseille et Béziers pour le midi. Les deux ** indiquent qu'il faut semer sur couches et sans cloches, pour le climat de Paris seulement ; la couche et la grande paille au besoin suffisent pour l'autre. La seule * marque que la graine demande à être semée dans un lieu bien abrité ; le reste sans * indique qu'il faut semer en pleine terre.

EPOQUES DES SEMAILLES.

JANVIER.

Climats de Paris et de Flandre.

** Fèves.	Chicorée sauvage.
** Laitues.	** Cardons.
** Melons.	** Concombres.
** Radis.	** Cerfeuil.
** Petites raves.	** Cresson alénois.
** Pourpier vert.	* Oignons de St-Antoine.

Climat des bords de la Méditerranée.

** Melons.	allemande.
** Concombres.	pomme de Berlin.
** Pourpier.	grosse rouge.
** Céleri.	jeune rouge.
* Radis.	coquille.
* Petites raves.	passion.
* Choux-fleurs hâtifs.	grosse blonde.

Laitues {

Laitues
grosse gorge.
Bapaume.
les Gênes.
l'Italie.
la royale.
la gotte.
chicon rouge.
panaché.
hâtif.
gris.
sanguine ou fla-
    gellée.
* Mâche.

* Cresson alénois.
* Cerfeuil.
Poireaux.
Oignons.
Choux blancs.
pommés.
de Milan.
verts.
rouges.
Fèves.
Pois.
Persil.
Échalottes.
Épinards.

FÉVRIER. *Paris.*

** Melons.
** Aubergine.
** Petites raves.
** Radis.
** Pourpier vert.
** Concombres.
** Oignons.
** Carottes.
** Choux de Milan.
** Choux-fleurs.
** Basilic.
** Couches à champi-
    gnons.
** Asperges.
** Haricots.

* Pois.
* Fèves de marais.
* Ail.
* Echalottes.
* Rocamboles.
* Ciboules.
* Oignons.
* Chicorée.
* Scarole.
* Chou frisé nain.
Epinards.
Cerfeuil.
Persil.
** Laitue du mois précé-
    dent.

Méditerranée.

** **Choux**
fleur.
brocoli.
cabu ou pommé.
de Milan.
de Strasbourg.

* Oignons d'automne.
Pois.
Fenouil.
Chervis.
Topinambours.

** Poivre d'Inde.   Pommes-de-terre.
** Aubergines.   Poirée.
** Courges.   Petites raves.
** Concombres.   Radis de toute espèce.
** Melons.   Persil.
** Céleri.   Salsifis.
** Basilic.   Cerfeuil.
Fèves.   Scarole.
Fournitures de salade.   Mâche.
Cardons d'Espagne.   Sénevé.
Haricots.   Panais.
Asperges.   Arroche.
Carottes.   Lentilles.

MARS. *Paris.*

** Couches à champi-   Radis.
   gnons.   Raifort.
** Melons.   Petites raves.
** Potirons.   Navets.
** Courges.   Pimprenelle.
** Concombres.   Pourpier vert.
** Choux-fleurs.   Poirée.
** Céleri.   Cresson alénois.
** Capucine.   Oignons.
** Basilic.   Epinards.
** Chicorée sauvage.   Fèves de marais.
** Fèves de marais.   Pois.
** Haricots.   Carottes jaunes et rouges.
*Laitues { Versailles.   Lentilles.
   la George.   Pommes-de-terre.
   la petite crêpe.   Estragon.
   le Bagnolet.   Chicorée sauvage.
Persil.   Moutarde.
Cerfeuil.   Chicorée.

Méditerranée.

Laitues { à coquille.	On peut encore essayer
de la passion.	des laitues des mois pré-
romaine.	cédens.
chicon vert.	Poireaux.
grison.	Oignons d'été.
d'Espagne.	Oignons d'automne.
d'Allemagne.	Échalottes.
panachée.	Aulx.
alphange.	Fèves.
Raifort.	Chervis.
Radis.	Cardons.
Petites raves.	Haricots.
Epinards.	Artichauts.
Persil.	Asperges.
Poirée.	Basilic.
Betteraves jaunes et rou-	Capucines.
ges.	Bourrache.
Pois { carrés.	Sarriette.
nains.	Carottes.
à parchemin.	Panais.
romains.	Scorsonère.
d'Angleterre.	Salsifis.
verts.	Céleri.
michaux.	Cerfeuil.
baron.	Chicorée de toute espèce.
à cul noir.	Pourpier.
de tous les mois.	Cresson alénois.
goulus.	Angélique.
Courges.	Petites raves.
Melons.	Pommes-de-terre.
Concombres.	Topinambours.
Estragon.	Pommes d'amour ou to-
Perce-pierre.	mates.
Navets.	Choux de toute espèce.
Radis.	Et même les choux-fleurs.

AVRIL. *Paris.*

Choux { de Milan. / fleurs.

** Céleri.
** Cardons.
** Potirons.

Chicorée.
Maïs ou blé de Turquie.
Cardons.
Haricots.

Pois { à cul noir. / goulus. / carrés.

Fèves.
Persil.
Carottes jaunes et rouges.
Laitue.
Chicorée sauvage.
Salsifis.
Betterave jaune et rouge.
Sarriette.

** Différentes laitues.
** Pourpier.
Choux de Milan.
Poirée.
Radis.
Petites raves.
Panais.

Laitues { de Silésie. / de Versailles. / d'Italie.

Choux { frisés. / nains. / fleurs durs. / de la Saint-Remi. / brocolis. / longs.

Céleri { plein. / branchu.

Cardons.
Potirons.
Concombres.

Méditerranée.

Laitues { la royale. / la crêpe blonde. / la petite rouge. / la capucine. / d'Autriche. / roulette verte. / tous les chicons.

Choux { fleurs. / * de Milan. / raves. / brocolis.

Oignons.
Chicorées-endives.
Epinards.
Persil.
Fèves.
Raiforts.
Radis de toute espèce.
Cardons.
Artichauts.
Haricots.
Oxée ou alleluia.

Pois { à cul noir. / nains. / goulus. / michaux.

Scorsonère.
Salsifis.
Pourpier.
Pommes d'amour ou to-
mates.

Anis.
Oseille.
Basilic.
Carottes.
Poivre d'Inde.
Aubergines.
Navets,
Fenouil.

MAI. *Paris.*

** Choux-fleurs.
Choux tardifs.
Cardons d'Espagne.
Melons.
Haricots blancs.
Fèves de marais.
Poirée.
Oseille.
Céleri.
Cerfeuil.

Laitues.
Pourpier doré.
Pois, et surtout le carré
blanc.
Choux divers.
Scorsonère.
Betteraves.
Concombres.
Cornichons.
Radis.

Méditerrannée.

Laitues { chicons de toute es- / pèce. / brune de Hollande. / petite crêpe.

Choux { de Milan. / fleurs tardifs.

Raves.
Pois à cul noir.
Epinards.
Raifort.

Laitues.
Pourpier doré.
Pois, et surtout le carré
blanc.
Choux d'hiver.
Scorsonère.
Betteraves.
Concombres.
Cornichons.
Radis.

JUIN. *Paris.*

Haricots.
Chicorée.
Mâche.

Poirée blonde et verte.
Pourpier doré.
Laitues.

Chicons verts.
Cerfeuil.

Choux { pommés hâtifs.
{ frisés hâtifs.
{ de Milan.

Pois { michaux.
{ suisses.

Radis.
Raves.
Raiforts.

Méditerranée.

Chicons de toute espèce.
Choux { verts.
{ de Milan.
{ brocolis.
Pois { nains.
{ à cul noir.
Toute espèce de radis, et
 surtout le gros radis
 noir de Strasbourg.

Epinards.
Haricots.
Concombres.
Carottes.
Basilic.
Chicorée-endive.
Scarole.
Pourpier doré.
Mâche.

JUILLET. *Paris.*

Oseille.
Poirée.
Cerfeuil.
Laitue royale.
Chicorée.
Pourpier doré.
Pois { michaux.
{ carrés.
Navets.

Radis.
Raiforts.
Raves.
Choux de Bonneuil.
Haricots.
Oignons blancs.
Ciboules.
Fraisiers des bois.

Méditerranée.

Laitues.
Ciboules.
Epinards.
Cerfeuil.
Endives de toute espèce.

Radis de toute espèce.
Haricots de toute espèce,
 excepté celui d'Espagne.
Navets.
Pourpier.

AOUT. *Paris.*

Cerfeuil.

Chicorée.

Poirée.

Epinards.

Navets.

Laitues d'hiver.

Mâches.

* Oignons blancs.

Raves.

Ciboules.

Oseille.

Choux :
- fleurs durs.
- pommés hâtifs.
- frisés hâtifs.
- de Milan.
- gros de Milan.
- de Bonneuil.
- d'Aubervilliers.

Salsifis.

Scorsonère.

Méditerranée.

Laitues :
- petite crêpe.
- grosse blonde.
- brune de Hollande.
- cocasse.
- coquille.
- la passion.
- laitue-épinard.

Chicons romains et verts.

Oignons d'été.

Choux :
- fleurs.
- cabus.
- de Milan.

Epinards.

Cardons.

Carottes.

Scorsonère.

Endives.

Chicorées.

Mâches.

Navets.

Raves.

Raiforts.

Radis de toute espèce.

SEPTEMBRE. *Paris.*

Raves.

Radis.

Épinards.

Mâches.

Oignons blancs.

Raifort.

Carottes jaunes et rouges.

Cerfeuil.

* Pois michaux.

Méditerranée.

Laitues {
à coquille.
de la passion.
pommées.
petite crêpe.
brune de Hollande.
la roulette.
la royale.
la Gênes.
chicon d'Allemag.
laitue-épinard.

Endives.
Chicorées.
Mâches.
Navets.
Radis.
Petites raves.
Épinards.
Oignons.
Ail.
Rocamboles.
Échalottes.
} à remettre en terre.

Choux-fleurs hâtifs.
Cerfeuil.

OCTOBRE. *Paris.*

Épinards.
Cerfeuil.
Mâches.
Radis.

Petites raves.
* Pois verts.

Laitues { romaine.
crêpe.

Méditerranée.

Choux { fleurs.
cabus.
* Fèves.
* Concombres.
Oignons.
Endives.
Chicorées.
Raiforts.
Mâches.

Cresson alénois.
Navets.
Radis.
Petites raves.
Epinards.

Pois { goulus.
barons.
michaux.
nains.

Coriandre.

NOVEMBRE, *Paris.*

Pois { verts.
dominés.
michaux.
} à semer en mannequin.

Méditerranée.

Laitues {	roulette.
	la George.
	la mignonne.
	de Silésie.
	panachée.
	de la passion.
	capucine,
	paresseuse.
	d'Autriche.
	crêpe verte.

* Chicons. -
Oignons.
Raiforts.
Radis.
Petites raves.
Epinards.
* Fèves.

Pois { michaux.
nains.
goulus.

DÉCEMBRE. *Paris.*

* Pois verts.

* Fèves de marais.

Méditerranée.

Laitues, les mêmes que
   dans le mois précé-
   dent, et en sus :
La rouge pommée.
La royale.

La Versailles.
Oignons.
Fèves.
* Radis.
* Petites raves.

On sera peut-être étonné de voir certaines espèces semées chaque mois de l'année, surtout dans les provinces méridionales, comme les radis, les épinards. Sans cette précaution on n'en auroit à cueillir que depuis le mois de septembre jusqu'en mars; alors les derniers et les premiers seroient trop durs après trois semaines ou un mois de leur semis. Si l'on veut jouir toute l'année, il faut semer souvent, parce que la grande chaleur fait promptement monter les plantes en graines.

Espèces de plantes potagères.

Comme elles sont en très-grand nombre, on peut les réduire en quatre ou cinq classes : 1° les racines, telles que sont les carottes, panais, navets, raves, betteraves, salsifis ; 2° les verdures, tels sont les choux, la poirée, la bourrache, les épinards, l'oseille ; 3° les salades, comme les laitues, la chicorée, le céleri, les mâches, les raiponces, le pourpier, le cerfeuil, l'estragon, la pimprenelle, la capucine ; 4° les légumes, pois, fèves, haricots, lentilles ; 5° les fruits de terre, tels sont les melons, les concombres, citrouilles, potirons, artichauts, asperges, cardes et cardons ; 6° les plantes fortes, comme oignons, ciboules, échalottes, rocamboles, ail, poireaux ; 7° les odoriférantes, comme le baume, la lavande, la sauge, le thym.

De toutes ces plantes on en laisse la plus grande partie dans la place où on les plante ; mais on transplante les cardes, les poirées, le céleri, les chicorées blanches, les laitues, les melons, les concombres, les potirons. On doit planter à leur saison chacune de ces plantes potagères : on plante les oignons, les fèves, poireaux, choux, chicorées et autres plantes qui ont peu de racines, en faisant un trou en terre avec un plantoir. On sème les autres plantes, ou en plein champ comme le blé, ou en rayons, c'est-à-dire en traçant avec un bâton des rayons sur des planches : on met ensuite un bon pouce de terre sur chaque planche, et on l'arrose tant qu'il fait chaud. Au reste il faut autant qu'il est possible varier les plantes sur le même terrain.

Un potager bien entretenu doit fournir à chaque saison certaines plantes. Ainsi, au printemps on doit y trouver des raves, des petites salades sur couches ; vers juin, toutes sortes de racines, des laitues pommées de plusieurs espèces ; toutes sortes de salades, des asperges, les premiers pois verts ; en automne, de la chicorée blanche, laitue royale et de Gênes, concombres, melons, carottes, panais, betteraves, choux-fleurs ; en hiver, des laitues plantées sur couche en automne, et mises sous cloche.

Les terres sèches et sablonneuses, ainsi que les pieds des murs du midi et du levant, sont bonnes pour les choses hâtives et les nouveautés du printemps ; les lieux les plus secs, lorsqu'on est réduit à en avoir, sont bons pour les chicorées, laitues, choux d'hiver, ail, échalottes, cerfeuil. Les terres grasses, fortes et humides, sont bonnes pour les légumes, qui y sont plus gros et plus nourris. Les tempérées entre le sec et l'humide, pour les asperges, le céleri, cardon, fraises. Les fonds humides et gras, qu'on doit auparavant dessécher et ameublir autant qu'il est possible, sont excellens pour toutes sortes de productions ; mais on doit y tenir les plantes plus éloignées que dans les lieux secs.

Durée des principales plantes potagères.

Les asperges durent dix à douze ans.
Les artichauts quatre à cinq ans.
Les framboisiers huit à dix ans.
Les fraisiers trois ans.
La poirée un an.
Les betteraves, cardons d'Espagne, carottes, chervis, choux pommés, choux de Milan, choux-fleurs, citrouilles, bourraches, potirons, panais, poireaux, environ neuf mois, c'est-à-dire depuis le printemps qu'ils ont été semés, jusqu'à la fin de l'automne. Les pois hâtifs sont en place six à sept mois ; les autres pois, quatre à cinq ; il en est de même des fèves ordinaires et haricots.

Les raves, pourpier, cerfeuil, cinq ou six semaines : ainsi l'on doit semer tous les quinze jours.

Les chicorées blanches, et toutes sortes de laitues, occupent leur place deux mois.

Les mâches et épinards occupent la place de toutes les plantes qui ne passent pas l'été ; ainsi elles sont en place l'automne et l'hiver ; les couches à champignons ne donnent de fruits qu'au bout de six mois, et laissent la place libre au bout de ce terme.

Du semis.

La sémination est uniquement l'ouvrage de la nature, qui disperse les graines à son gré lorsqu'elles sont mûres ; les semailles sont du ressort du laboureur ; ce qu'on appelle le semis appartient plus au jardinier et au forestier : on distingue dans la semence son écorce ou peau qui lui sert d'enveloppe , les deux lobes, la *plantule*, la *radicule*. Les lobes ou cotylédons sont appliqués l'un sur l'autre, ordinairement convexes à l'extérieur, aplatis du côté où ils se touchent ; mais intérieurement un peu concaves vers le point par lequel ils se tiennent et se réunissent. Ils sont très-visibles dans toutes les semences des plantes légumineuses au moment de leur germination ; ce sont les deux parties de la fève, des haricots , épaisses et charnues , qui sortent avec le germe : le germe est cette petite partie séparée des deux lobes , que l'on voit très-distinctement dans la châtaigne , etc. La partie supérieure de ce germe, qui pointe à l'extrémité de l'amande , est ce qui forme la radicule , et la partie inférieure de ce germe , renfermée au milieu des lobes , se convertit en plantule au premier développement qui sort de la terre.

Pour semer avec succès, il faut, outre la préparation du terrain , que les graines soient parfaitement mûres, qu'elles soient semées clair, pour que le plant, surtout celui qui doit être transplanté, pousse un bon chevelu au lieu d'une seule racine, qu'elles soient enterrées à une profondeur convenable : les trois premiers points n'ont pas besoin d'être expliqués.

Il est d'expérience que des mêmes graines enterrées à diverses profondeurs, les unes ne germent pas, d'autres germent ; mais la plantule périt sans pouvoir sortir de terre, et le plant se fortifie lentement et difficilement ; d'autres enfin germent promptement et donnent du plant vigoureux, ce sont les moins enterrées ; il est donc certain que la promptitude de la germination des graines, et les progrès du jeune plant qui en provient, sont à proportion inverse de la profondeur à laquelle on les a semées.

Ainsi les plus grosses semences, comme fèves de marais, châtaignes, amandes, etc., ne doivent pas être couvertes de plus de deux pouces de terre (un pouce à un pouce et demi est suffisant) ; d'abord, parce que la plante, étant obligée d'acquérir la force et la longueur nécessaires pour percer une plus grande épaisseur de terre, sa sortie seroit beaucoup retardée ; en second lieu, parce que la plante dont le tronc seroit trop enterré demeureroit foible.

Les autres graines s'enterrent à une profondeur proportionnée à leur grosseur ; ne les couvrant point trop, on emploie moins de graines, parce qu'elles lèvent toutes, et que le plant est plus vigoureux, sauf à rechausser celui qui en a besoin.

Mais si on les enterre très-peu, elles sont exposées à manquer de l'humidité nécessaire à leur germination. En les couvrant de terreau ou même de sable fin, dans les terrains forts et sujets à être criblés par les vers, on préserve la terre du desséchement; la plantule naissante est défendue des rayons meurtriers du soleil; elle jouit de l'air, et s'ouvre aisément un passage au travers de ces matières meubles et légères.

Lorsque j'ai dit que les graines doivent être semées à une profondeur proportionnée à leur grosseur, j'ai cru inutile d'ajouter et à la qualité du terreau, parce que personne n'ignore que dans une terre sèche et légère il faut les enterrer davantage que dans une terre humide et compacte.

Si l'on sème sur couches, il faut que les couches soient chargées de terre; dans le terreau pur, le plant fait des racines trop foibles pour pouvoir se soutenir ensuite en pleine terre.

Pour les graines fort menues, et surtout celles qui sont dures et lentes à germer, comme de raiponces, de fraisier, etc., il faut dresser, unir et ameublir la terre en pots ou autrement, suivant l'étendue du semis, lui donner une mouillure très-abondante, y répandre aussitôt les graines, tamiser par-dessus un peu de poussière ou du terreau fin, qui à peine couvre et cache les graines; jeter sur le tout un paillasson, de la paille, du fumier court, ou mieux de la mousse, une épaisseur de deux ou trois doigts; au travers de cette couverture et sans la retirer, donner de petits arrosemens assez fréquens pour entretenir l'humidité. Lorsque le plant commence à paroître, on retire les couvertures ; mais on l'abrite contre le soleil, et on le mouille souvent, jusqu'à ce que toute la graine soit levée. Cette pratique est très-bonne pour toutes les graines fines. Il y en a même, telles que celles de saule, de bouleau, d'aulne, de peuplier, sur lesquelles il ne faut point tamiser de poussière ; elles veulent demeurer nues sur la terre.

Depuis mai jusqu'en septembre, il faut semer à l'ombre les graines de presque toutes les plantes qui doivent être repiquées, comme choux, laitues, chicorées, etc., et même plusieurs qui doivent demeurer en place, comme raves, radis, roquette, cresson, etc. Dans les terrains sujets aux petits pucerons qui coupent les germes naissans de ces plantes, et qui en dévorent les cotylédons, il faut donner à ces semis des arrosemens légers, mais fréquens, et aussitôt tamiser de la cendre ou de la suie de cheminée, afin qu'elle s'attache à la terre et au plant mouillé.

S'il y a des courtilières dans un terrain, il faut faire, en pots ou en terrines, tous les semis qui ne sont pas étendus.

A défaut de couches, il faut amender et ameublir quelque coin de terre douce et bien exposée, pour repiquer les jeunes plants délicats, et les lever le plus en motte qu'il est possible, lorsqu'on les met en place. Couper ou retrancher partie des feuilles et des racines du plant qu'on pique et qu'on met en place, est une pratique absurde.

Nous allons donner la note la plus suc-
cincte possible des plantes les plus essentielles,
et de leur culture, en suivant l'ordre alpha-
bétique, pour que les recherches soient plus
faciles.

Absinthe.

L'absinthe vient de semence que l'on sème
en février et en mars, et de plant enraciné ou
boutures : c'est la voie la plus ordinaire ; on
la lève au mois d'octobre, et on la replante
en bonne terre. Elle s'accommode de tout
terrain et de toute exposition, et préfère
la mi-ombre.

Ail.

C'est par ses gousses qu'on le multiplie ; on
les met en terre au mois de mars, à quatre
pouces de profondeur et autant de distance.
En juillet, quand la tige commence à jaunir,
on les lève de terre, on les met sécher dans
un lieu sec.

Anis.

On sème la graine en planches au printemps, ou mieux en bordures dans une terre
légère, bien labourée, entretenue humide
jusqu'à ce que la graine soit levée ; éclaircissez
le plant lorsqu'il est fort, sarclez-le, arrosez-
le dans les sécheresses. Au mois de septembre,
la graine étant mûre, on coupe les tiges à
rase-terre ; les pieds repoussent au printemps
suivant, et donnent une seconde récolte.

Arroche.

On en sème la graine clair au printemps ; elle lève promptement, et monte en graine dès les premières chaleurs.

Artichauts.

Il y en a de trois sortes : les verts ou blancs, qui viennent les premiers ; ce sont ceux dont on fait le plus d'usage. Étant bien cultivés, ils deviennent très-gros ; ils ont les feuilles larges et résistent au froid. Les violets sont plus délicats, ils ont la pomme en pyramide ; on les fait sécher pour les mettre dans les ragoûts. Les rouges sont fort petits et ont la tête ronde ; on les mange à la poivrade. La manière la plus ordinaire de multiplier les artichauts est par œilletons : ce sont des productions que les vrais pieds d'artichauts ont jetées ; on les sépare de leurs souches avec les racines, et on les plante au mois de mai, un seul ou deux dans un trou profond d'un pied. On doit auparavant avoir fouillé la terre à trois pieds de profondeur, dressé les trous par rang au cordeau, et les avoir espacés de trois pieds ; chaque planche ne doit avoir que deux rangs. En les plantant il faut les couper à sept pouces de long, les mettre à trois ou quatre pouces en terre, les arroser, les labourer deux ou trois fois l'an, les couper, vers le mois de novembre, à un pied de haut, et

les butter, les couvrir de feuilles et de litière
sèche, les découvrir peu à peu à la fin de
mars ; alors on les œilletonne ; on laisse sur
pied les plus beaux œilletons, et on arrache
les autres. Parmi ceux-ci on choisit les plus
forts, c'est-à-dire ceux qui ont le talon blanc
avec quelques racines, pour planter. Cette
opération étant faite, on recouvre les artichauts
de bonne terre mêlée de fumier ; on laboure
le carré, ce que l'on réitère à la mi-mai, et
on les arrose une ou deux fois la semaine.
Avec ces soins, les artichauts plantés au printemps peuvent donner du fruit en automne ;
on doit les renouveler tous les trois ans.

Les terres qui conviennent le mieux aux
artichauts sont les fortes et pierreuses exposées au midi, et fournies de sucs abondans ;
car l'artichaut est une plante fort vorace. Ils
viennent encore plus promptement dans une
terre légère et sablonneuse qui a beaucoup de
fond, mais c'est lorsqu'on a auprès des eaux
en abondance pour les arroser dès qu'ils en
ont besoin ; alors on peut en avoir deux fois
l'année.

On appelle cardes d'artichauts les côtes de
cette plante ; quand elles sont blanchies, après
qu'on les a enveloppées de paille, on s'en sert
à la cuisine comme des cardes d'Espagne.

Asperges.

On les multiplie de graines qui se sèment
au printemps et en plein champ, dans un carré

de terre choisie et préparée avec du terreau ; ensuite on herse la terre avec le râteau; on doit arroser le plant dans les chaleurs. Au bout de deux ans on les lève de terre, et on les replante vers le mois d'avril : on fait pour cela des planches, larges de trois pieds, dans lesquelles on fait des tranchées d'un pied de profondeur, en sorte qu'elles forment de petits sentiers élevés en dos d'âne. On y met des racines d'asperges, qui sont des filamens attachés à une petite tête, à la distance d'un pied l'une de l'autre, et on les couvre de quelques pouces de terre. 1° Si le terrain étoit humide, il ne faudroit pas de tranchées; car alors on doit tenir les asperges hautes; 2° on doit les arroser pendant les chaleurs, et leur donner un petit labour avec le râteau vers le mois de mars; 3° on peut réitérer tous les ans le labour en pareil temps, et le faire de trois ou quatre pouces, recouvrir les asperges d'un peu de terre avec du menu fumier. Un tel plant peut durer quinze ans, mais on ne doit cueillir d'asperges qu'au bout de quatre ans si l'on veut en avoir de grosses.

Si le terrain n'est pas de bonne qualité, on doit remplir le fossé avec des terres qu'on a ramassées dans un bois, en râclant les feuilles, la mousse et les petites broussailles qu'on a laissées pourrir avant de s'en servir : cette terre vaut mieux que tous les fumiers et les terreaux , qui ne produisent jamais de bonnes asperges.

Basilic.

En février et mai on sème la graine sur couche ; plus tard en pleine terre. Lorsque le plant a cinq ou six feuilles, on le repique dans une terre légère , meuble, entretenue humide par de fréquens arrosemens.

Betterave.

C'est une plante annuelle ; celles qui ont la chair la plus rouge sont les meilleures : on ne les multiplie que de graines, que l'on sème vers la fin de février, clairement ; elles veulent une terre bien amendée ; on doit les éclaircir si elles viennent trop drues.

Bourrache.

Ses feuilles sont violettes, longues ; on en garnit les salades ; elle se multiplie de graines. Pour la cultiver, il suffit de la sarcler et de la serfouir de temps en temps. Il faut semer tous les mois pour n'en pas manquer, parce qu'elle monte en graine promptement. On coupe les tiges un peu avant la maturité de la graine , pour qu'elle ne se répande pas, et on les expose au soleil pour qu'elle achève de mûrir.

Capucine.

On la sème au printemps sur couche ; on la replante au pied d'un mur exposé au midi.

On doit lui donner un appui pour soutenir le
montant, l'arroser en été. Les fleurs servent
à garnir nos salades; les boutons de ces fleurs
s'appellent câpres; on les fait confire au vinaigre avant qu'ils s'épanouissent. On la sème
en pleine terre, et elle réussit très-bien. La
graine se confit ainsi que le bouton de sa
fleur. Il faut la prendre avant qu'elle commence à se détacher elle-même de sa queue.

Cardon d'Espagne.

Il se multiplie de graine qui est de la grosseur d'un grain de froment. On la sème depuis la mi-avril jusqu'à la mi-mai, en pleine
terre, bien meuble, dans de petites fosses de
six pouces de profondeur et larges d'un bon
pied, dans chacune desquelles on en met; et
quand elles sont levées, on n'y en laisse que
deux ou trois.

On peut les semer aussi sur la couche; en ce
cas, les planches doivent être de quatre pieds
de large et de bonne terre bien labourée.
Lorsqu'on les transplante, on les met dans des
trous profonds et larges d'un pied. On doit
arroser les cardons avec soin, et les labourer
deux ou trois fois l'an. Lorsqu'ils sont bien
hauts on les lie avec de la paille, et on les
butte d'un pied de terre.

Carottes.

Il y en a de blanches longues, de blanches
rondes, de jaunes longues ou rondes; les

jaunes sont les meilleures. Elles ne viennent que de graine. On les sème sur planche au mois d'avril : quand elles sont levées on doit les sarcler avec soin, et les éclaircir si elles sont trop dures. Pour les faire grossir, on en coupe les montans à un demi-pied de terre vers la mi-août. Les terres dont le grain est léger, un peu sablonneux, point trop froid, et très-profondes, sont les plus favorables aux carottes. C'est une mauvaise méthode de replanter les carottes ; car alors elles repoussent des racines latérales qui sont défectueuses. Pour conserver les carottes et les panais pendant l'hiver, il faut les cueillir avant les grandes gelées et par un temps sec, et les enfouir dans des fosses de sept à huit pieds de profondeur. On jette auparavant un peu de paille dans le fond du trou, et on arrange les carottes par couches, à côté les unes des autres, en les entremêlant d'un peu de paille, et ainsi de suite, jusqu'à la hauteur de trois ou quatre pieds. Cela fait, on recomble le trou avec la terre qu'on a ôtée, mais après l'avoir bien pilée ; et on observe qu'il y en ait trois ou quatre pieds d'épaisseur par-dessus les carottes, afin que la gelée ne puisse pas pénétrer. Par ce moyen on peut en conserver toute l'année d'excellentes.

Céleri.

On le multiple de graine qui est jaunâtre et fort menue ; on la sème sur couche ou en plein champ dès le mois d'avril. Au mois de juin on lève le céleri, et on le replante en pleine terre, sur une planche de quatre pieds de large et creuse, dont la terre doit être bien amendée. On laisse entre deux planches pleines une planche vide, sur laquelle on met des laitues ou de la chicorée. On doit beaucoup arroser le céleri. Lorsqu'il est assez fort pour le faire blanchir, on le lie de trois liens de paille par un temps sec; on le butte avec la terre de la planche qu'on a laissée vide de chaque côté, et on coupe l'extrémité; mais on ne doit le faire blanchir qu'à mesure qu'on veut le consommer en salade. Pour le garantir de la gelée on doit le couvrir de fumier sec, après l'avoir lié de deux ou trois liens. Dans les terres humides, on ne creuse point les planches.

Cerfeuil.

On le sème sur planches et en rayons, ou bien en bordure, depuis le commencement du printemps jusqu'à la fin de septembre; tout terrain labouré lui convient : il se multiplie de graine que l'on fait bien sécher avant de la serrer. On doit en semer tous les mois pour en avoir toute l'année. Lorsqu'il est grand, on coupe les feuilles pour qu'il en repousse d'autres.

Chervis.

On mange les racines de cette plante, qui sont faites en forme de petits navets longs. On la multiplie de graine qui est noirâtre et piquante à la langue. On la sème vers la fin de février, par rayons ou autrement, sur du terreau très-fin, ou de bonne terre bien meuble. On la cultive comme la betterave. Elle vient encore mieux de plant.

Chicorée.

Il y en a de plusieurs sortes; la blanche, qu'on appelle menue, est la meilleure; elle est tendre, frisée, et blanchit fort bien. La scarole est estimée ; la verte est plus sauvage. On les perpétue toutes par le moyen de la graine. On les sème ordinairement en juin et juillet ; c'est le moyen d'en avoir en septembre pour l'automne. Si l'on en veut avoir de bonne pour l'hiver, on doit la semer depuis la mi-août jusqu'à la mi-septembre, du moins dans les terres sablonneuses.

On en fait de grandes planches de cinq à six pieds de large, pour les replanter au cordeau, et au mois de septembre on sème la graine fort clair. On doit avoir soin d'éclaircir le plant quand il lève trop dru ; il a besoin d'être souvent arrosé et sarclé. Comme les chicorées craignent beaucoup le froid, on doit les couvrir avec du grand fumier sec. Pour les faire blanchir on les lie de deux ou trois liens ; et pour les conserver plus long-temps on les enterre dans du sablon, dans une cave ou dans une serre, la racine en haut.

Si l'on veut en avoir dans toutes les sai-

sons, on doit en semer tous les quinze jours,
depuis le mois de mai jusqu'aux premiers
jours d'août. A l'égard de la chicorée sauvage,
on la sème à la fin d'avril en terre légère, et
à la mi-mai en terre forte. On la mange en
été, jeune coupée, après l'avoir fait tremper
quelques heures pour lui ôter son amertume.

Choux.

Le chou, en général, demande une terre
abondante en sucs, et qui ait beaucoup de
fond, sans être trop humide. On sème les
choux blancs au mois d'août, et même plus
tôt, si le terrain est froid. Lorsqu'ils sont levés
d'un demi-pied, on les transplante en pépinière, et dans la suite on les replante dans
une terre bien fumée, à deux pieds l'un de
l'autre ; on les arrose et on les sarcle. Les
choux de Milan ou choux frisés, qui se mangent en hiver, se sèment sur couche au mois
de mai et dans tous les mois de l'année,
jusqu'en octobre, et on les cultive comme
les autres.

Les choux blonds se sèment sur terre, vers
la fin du mois de mai. On doit planter jusqu'au
collet toutes sortes de choux, leur couper le
pivot, butter le pied de terre, et les arroser
pendant les chaleurs. Pour en avoir de la
graine, il faut attendre au bout de l'année
qu'ils ont été plantés ; on en met pour cela
un certain nombre dans un endroit à l'écart
et exposé au soleil ; et depuis les mois de mai

ou de juin jusqu'en juillet, ils montent en graine; cette graine est rousse et grosse comme des têtes d'épingles.

Pour conserver les choux pendant l'hiver, on pratique des trous en forme de puits, de quatre pieds de profondeur; on en garnit le fond avec de la paille, et par un temps sec on y met les choux fraîchement cueillis, la tête en bas et à côté les uns des autres : on met une couche de paille sur chaque couche de choux, et une forte couche de paille sur le dernier lit de choux, et on couvre le tout avec deux pieds de terre un peu pilée.

Les choux-fleurs sont les choux les plus délicats, et dégénèrent en raison de ce qu'ils s'éloignent des pays méridionaux. Il faut en renouveler la graine tous les ans; la bonne est de couleur vive, pleine d'huile et bien ronde; on la sème sur couche dans le mois d'avril, et on les cultive comme les autres.

Ciboule.

On la multiplie de graine, qui est grosse comme de la poudre à canon, un peu plate d'un côté et demi-ronde de l'autre. On la sème sur planches, pendant toute l'année, hors les grands froids.

Citrouille.

Avant de semer la graine, on doit la faire tremper dans l'eau pour avancer le germe.

Quand on veut replanter les citrouilles , on fait des trous fort éloignés les uns des autres, on les couvre de beaucoup de fumier, et on a soin de les bien arroser; c'est à la fin du mois d'août qu'on les cueille.

Concombre.

La graine se sème sur couche et sur du terreau, en novembre et décembre ; on place quinze ou vingt grains sous chaque cloche , on les replante trois semaines après sur une couche neuve , et au bout d'un mois sur une troisième. On les tient couverts jusqu'à la fin de mai.

Cresson.

Il faut semer souvent le cresson , parce qu'il monte promptement en graine; le mettre à l'ombre pendant l'été, et le mouiller fréquemment.

Échalotte.

On la cultive comme l'ail.

Épinards.

Ils se multiplient de graine, semée à la mi-août sur une planche bien labourée, dans des rayons profonds de deux doigts, éloignés d'un pied l'un de l'autre, et couverts de terre. Ces rayons sont une espèce de petite rigole qu'on tire au cordeau sur des planches pour

y semer des graines ; on les sarcle, on les
arrose. Les premiers semés peuvent être coupés à la mi-octobre, les seconds après l'hiver, et les derniers plus tard. Dans l'été, on
les sème tous les quinze jours, parce qu'ils
ne se coupent qu'une fois. Il faut alors semer
à l'ombre et mouiller fréquemment.

Estragon.

Il se multiplie de graine et de plants enracinés. On le plante au mois de mai, et on
l'espace de quelques pouces.

Fenouil.

Il sert à faire l'eau de fenouillette : sa tige
est droite et cannelée, et haute de quelques
pieds; elle vient de graines et en toutes sortes
de terres. On la sème en planches ; on la
recueille au mois d'août; elle repousse après
qu'on l'a coupée.

Fèves.

Vulgairement nommées fèves de marais à
Paris et dans les environs , parce qu'on les
sème dans des potagers qu'on désigne sous
le nom de marais. Cette dénomination , prise
à la lettre, seroit funeste au cultivateur, s'il
semoit ses fèves dans un sol trop humide
et marécageux. La fève aime les terres substantielles , bien fumées et bien travaillées ;

elle ne réussit pas aussi bien dans le sol léger ou trop compact. Il faut la garantir des effets des gelées, et veiller à ce que les mulots et autres animaux ne la détruisent pas. Dans les provinces du midi, on sème également les fèves en janvier et en février ; les premières ne germent pas plus tôt que les secondes ; mais elles végètent mieux dans la suite, et le fruit en est plus beau. Dans les provinces du nord, on peut encore semer en mars et en avril.

Dès que le plant est de quelques pouces de hauteur, il faut piocheter le sol et le relever contre le pied. La plante bien chaussée produit beaucoup plus ; elle demande à être rigoureusement sarclée ; lorsque les pucerons attaquent les plantes, il faut supprimer les sommités des pousses auxquelles ils s'acharnent. C'est le seul cas, je crois, qui autorise à pincer, et non la crainte que ces sommités ne consomment inutilement la sève. A mesure qu'on pince les sommités chargées de pucerons, il faut les jeter dans un panier et les porter au feu, afin de détruire ces insectes autant qu'il est possible. Lorsque l'on aura cueilli en vert les principales gousses, si on coupe les tiges près de terre, on aura une seconde récolte de fèves, surtout si l'on a l'attention de recouvrir cette tige avec un peu de terreau, et de la travailler tout autour.

On laissera sécher sur pied les plantes qu'on réserve pour graines, et on choisira toujours

les plus belles pour cet usage. Elles seront
arrachées de terre par un temps sec et beau,
ensuite battues, et les fèves conservées dans
un lieu sec. Elles germent aussi bien à la
seconde année qu'à la première.

Fraisier.

Il y a la fraise rouge, qui donne le plus,
et la blanche. La fraise de bois est la meilleure ; la fraise se multiplie de plants enracinés ; il ne faut ni trop ni trop peu les
arroser, et on doit les labourer et les sarcler de temps à autre. Si l'on veut avoir beaucoup de fraises, il faut renouveler le plant
tous les deux ou trois ans, et ne conserver
que les traînasses qui sont nécessaires au
plant. Les fraisiers demandent une terre légère.

Haricots.

Légume très-connu qui vient sur une petite
plante dont les feuilles approchent de celles
du riz, et qui portent des gousses où la graine
est renfermée. On les plante en avril et mai,
après les avoir fait tremper dans l'eau, afin
qu'ils lèvent plus vite. On les mange avec
les gousses quand ils sont dans leur primeur ;
mais dès qu'ils deviennent durs et blanchâ-
tres, on les sépare de leurs gousses. Les trois
espèces principales sont : les haricots gris sans
parchemin, qui filent, très-abondans et très-
délicats ; les haricots blancs communs, les

haricots noirs et hâtifs. Toutes ces espèces se cultivent en pleine campagne comme dans les jardins. On les sème dans les mois d'avril, de mai et de juin, pour en avoir jusqu'en automne. On conserve des haricots verts pour l'hiver, en les faisant blanchir dans l'eau bouillante, ensuite on les jette dans l'eau froide, on les met égoutter sur des claies d'osier, on les fait bien sécher au soleil, ou dans un four tiède, et on les enferme en caisse dans des lieux secs.

Laitue.

Le nombre des variétés de cette plante est prodigieux, et s'accroît chaque jour, parce que les laitues sont des espèces jardinières, susceptibles de perfections ou de détériorations, suivant le climat, le sol et la culture qu'on leur donne. La grande division, et la plus simple, est celle qui les distingue en laitues pommées et en laitues à longues feuilles ou chicons, vulgairement appelées laitues romaines.

On choisit pour la semence un lieu bien abrité ou par des murs ou par des claies faites exprès. La terre doit être fine, bien terreautée et travaillée. Quand elle est ainsi préparée, elle est prête à recevoir les semences des laitues à manger au printemps. Si l'on a des couches et des cloches, on peut semer en décembre et même en novembre ; dans ce cas, on a des plants à lever et à mettre

en pleine terre dès les mois de janvier et de
février. Quelques jardiniers, afin de conserver
la fraîcheur et d'empêcher l'évaporation de
la terre, couvrent le sol, dès qu'il est semé,
avec des feuilles d'artichauts et de choux ;
la graine germe plus vite, et n'est pas enlevée
par les chardonnerets, les pinsons et autres
oiseaux, qui en sont très-friands.

Les semailles d'hiver peuvent être faites en
tables, en planches, attendu que, dans cette
saison, la terre a très-rarement besoin d'être
arrosée ; on sème à la volée, en recouvrant
le tout d'un peu de terre. Les semailles d'automne, au contraire, exigent que la terre soit
déjà disposée en sillons tronqués, c'est-à-dire
que la partie supérieure ne soit pas entièrement terminée par la terre tirée du fossé. La
graine de laitue germe assez facilement ; celle
de deux ans moins vite que celle de la première année ; et celle de trois ans à proportion, qui est à peu près le dernier terme auquel on puisse la conserver.

La disposition des jardins par sillons feroit
perdre beaucoup de terrain si on ne profitoit
des deux côtés de l'ados du sillon ; le jardinier attentif plante d'un côté les laitues, tandis
que de l'autre il a semé ou planté un autre
herbage, qui ne parviendra à son point de
grosseur ou maturité que lorsque les laitues
seront coupées.

C'est ainsi que sont disposés les sillons entre
les rangées de pois, dans les tables de cardons, de céleri, d'oignons, etc.

Pour avoir de bonne heure des laitues au printemps, du 1er au 15 mai, il faut, dès le milieu du mois d'août, semer en bonne exposition les variétés qui passent l'hiver, telles que les crêpes, l'Italie, la cocasse, la coquille, la passion, la romaine hâtive. A la fin d'octobre, ou au commencement de novembre, on doit repiquer les plants sur les plates-bandes des espaliers au midi et au levant ; dans les fortes gelées, les couvrir de litière, paillassons et autres matières propres à les défendre, et qu'on retire dès que le temps s'adoucit. On laisse en pépinière le plant le plus foible ; s'il résiste à l'hiver, il fournit une autre plantation en mars.

En septembre et octobre on peut semer ces mêmes variétés sous cloches, sur des ados de terreau ou de terre meuble, mêlée avec du crottin ; trois semaines après, on repique le plant plus à l'aise sur d'autres ados, pour y repasser l'hiver en pépinière ; on couvre les cloches de litière dans les fortes gelées, et on les découvre dans le milieu du jour, et même on leur donne un peu d'air, à moins que le temps ne soit excessivement rude. Au commencement de février on leur donne chaque jour plus d'air, et on ôte entièrement les cloches pendant le jour, et même pendant la nuit, si les gelées ne sont pas trop fortes, afin d'endurcir le plant. Lorsqu'il aura passé huit à dix jours sans cloches, et qu'il sera accoutumé au plein air, on le repiquera en place, en bonne exposition, entre le 15 février et le 1er mars, si la température de la saison le permet.

Depuis la fin de septembre jusqu'au temps des premières laitues pommées, on sème tous les quinze jours de la graine de laitues crêpes, de Versailles, de george-blonde, etc., afin d'avoir pendant toute la saison rigoureuse de la petite laitue, ou laitue à couper. Sur des couches de chaleur tempérée et couvertes de quatre à cinq pouces de terreau, on sème la graine assez clair et en petits rayons, ou à la volée ; on la couvre très-peu de terreau, et on la presse fortement avec la main sur le terrain sans l'enterrer ; on couvre de cloches. Environ quinze jours après, lorsque le plant a deux bonnes feuilles, outre ces cotylédons, on coupe la plante.

Pour avoir des laitues pommées pendant l'hiver, il faut, à la fin d'août, semer sur un ados de terreau bien exposé, de la graine de petite crêpe, de crêpe ronde, ou autre variété qui résiste au froid, et pomme sous cloche. Lorsque le plant est assez fort, on le repique en place sur des couches qui n'ont pas besoin d'être fort hautes ; il y pomme sans cloche en décembre.

A la fin d'octobre, ou au commencement de novembre, on fait un autre semis sur couche ; lorsque le plant fait sa première feuille, on le repique plus à l'aise ; et lorsqu'il est assez fort, on le repique en place sur une couche neuve, pour qu'il pomme en janvier, sous cloches ou sous châssis. Ce second semis, et

les suivans, ne sont ordinairement que des
laitues crêpes.

En décembre, janvier et février, on fait
de nouveaux semis des mêmes laitues ; mais
la rigueur de cette saison exige plus de soin.
Il faut semer la graine fort clair, sur une
couche de chaleur tempérée, chargée de
quatre pouces seulement de terreau. Dès que
le plant commence sa première feuille, on
doit le repiquer à un pouce l'un de l'autre,
sur une nouvelle couche, ou sur la même, si
elle conserve encore assez de chaleur. Lorsque la quatrième ou cinquième feuille est
formée, il faut la transplanter sur une couche
neuve, chargée de six bons pouces de terreau, ou mieux de terre meuble mêlée de
terreau. Si c'est un châssis, on pique les pieds
à cinq ou six pouces de distance en tous sens ;
si c'est sous cloche, on peut en mettre sous
chacune jusqu'à quinze pieds, et lorsqu'ils se
serreront, on n'en laissera que quatre ou
cinq, et le surplus sera repiqué sous d'autres
cloches. Il est reconnu que les cloches neuves
font périr le plant. Depuis que les graines sont
semées, jusqu'à ce que les laitues soient pommées, on ne peut être trop attentif à couvrir
les cloches de grande litière, à les borner pendant la nuit, à augmenter les couvertures
dans les grands froids, à ajouter des paillassons par-dessus, pendant les neiges et les
grandes pluies, à donner de l'air aux cloches
et aux châssis, le plus souvent qu'il est possible, et toujours du côté opposé au vent ; à

soutenir dans les couches, que l'on fait fort étroites dans cette saison, une chaleur modérée, et non un grand feu, qui feroit fondre le plant. Lorsque les laitues commencent à tourner, c'est-à-dire à pommer, on doit retrancher les feuilles basses qui sont jaunes, et plomber, approcher et presser le terreau contre le pied.

Dans les plants de laitues faits dans l'hiver et dans le printemps, il faut choisir les pieds les plus gros et les plus pommés pour graine; il est nécessaire de ficher au pied de chacun un échalas pour le marquer, et dans la suite, pour soutenir la tige contre les vents, on doit dégager le pied, surtout des grosses variétés, des feuilles jaunes, fanées, pourries, ou même trop nombreuses. Lorsque les aigrettes des graines commencent à paroître à l'extrémité des rameaux, il faut couper ou arracher les tiges, les exposer pendant quelques jours au soleil, sur des draps ou dans un van, ensuite les secouer ou les battre légèrement, et ramasser la graine qui s'est détachée; remettre les tiges au soleil pendant quelques jours, et les battre. La graine qui s'en détache est bien inférieure à la première, et ne doit être employée que pour faire de la laitue à couper. La graine de laitue peut se conserver quatre ans; mais elle n'est bonne que la seconde année: semée la première année, le plant monte facilement; la troisième année une partie ne lève point, et la quatrième, il ne lève que les graines parfaitement abritées, pourvu encore que la graine ait été tenue bien renfermée.

Lavande.

On la multiplie de graine, et mieux encore de rejetons. On la plante au printemps, et on la coupe en automne. Elle aime les lieux secs et pierreux.

Lentille.

Elle vient sur une plante haute d'un pied et demi, et qui porte des gousses dans lesquelles sont les lentilles, au nombre de trois ou quatre. Il y en a de bleuâtres, ce sont les meilleures ; d'autres sont jaunes, d'autres rougeâtres. Les lentilles viennent abondamment dans les fonds médiocres, c'est-à-dire qui ne sont ni trop gras ni trop maigres. On les sème au mois de mars ; mais auparavant on doit les mêler avec du fumier sec, et les recouvrir avec la herse quand elles sont semées ; elles sont dans leur maturité dès le mois d'août.

Marjolaine.

On fait des bordures dans les potagers, de cette plante odoriférante. Le grande pousse des tiges a la hauteur de trois pieds ; ses tiges sont rougeâtres et ses fleurs en gueule : on cultive la petite dans des pots et à l'ombre. L'une et l'autre se multiplient de semence et de plant enraciné en avril. Elle est tendre à la gelée.

Mélisse.

Elle se multiplie par les semences ; mais mieux par les pieds éclatés et plantés au mois de mars, en bonne terre et un peu à l'ombre. Tous les ans en automne on coupe toutes les tiges à fleur de terre. Ses fleurs nouvelles ont plus de qualité.

Melon.

Toute la culture du melon peut se réduire à quelques points principaux : le semer en pots , pour lui ménager la fatigue et les retardemens que lui occasionne la transplantation ; le planter en bonne terre , pour lui fournir la nourriture et la qualité qu'il ne peut tirer du terreau ; le défendre du froid , et cependant lui donner de l'air le plus qu'il est possible ; ne le point ruiner par des plaies , des tailles , des suppressions continuelles ; préserver le fruit des pluies et des arrosemens.

Dans un terrain substantiel sans être humide , on peut cultiver des melons en pleine terre avec succès dans les années chaudes et sèches. En avril , il faut semer dans des pots placés dans une couche , de la graine des variétés les plus hâtives ; y soigner et former le plant jusqu'après sa première taille ; alors le planter en motte dans la plate-bande des espaliers au midi , ou sur des ados inclinés au midi. Lorsqu'il y a du fruit arrêté , placer au-dessus des plantes des paillassons en forme

d'auvent, assez élevés pour ne leur point dérober le soleil, et assez bas pour les garantir
des pluies, ou disposés de façon qu'ils puissent
être baissés et élevés suivant le besoin. Lorsque ces melons réussissent, ils sont d'un goût
fin et excellent. Comme ils n'exigent ni grands
soins ni dépense, on peut en réserver quelques pieds dans les années qui paroissent
favorables. Leur fruit mûrissant tard, il
est nécessaire de mettre dessous plusieurs
tuiles, pour les préserver de la fraîcheur de
la terre.

Moutarde.

La graine de moutarde, qu'on appelle
sénevé, se sème fort clair en mars, en terre
meuble, et bien exposée, ou bien en pépinière sur couche ou dans des caisses ; et lorsque le plant est assez fort, on le repique en
place. La graine mûrit en août, et est bonne
à semer pendant deux ans.

Navet.

Il aime les terres légères et sablonneuses :
il devient moins gros que dans les terres
fortes et humides, mais il acquiert plus de
goût et de qualité. Quelle que soit la nature
du terrain, il doit être bien labouré, dressé
et ameubli. Lorsqu'il n'est ni trop sec ni trop
mouillé, on y sème la graine très-clair,
et on y passe légèrement le râteau. Depuis
qu'elle est levée jusqu'à ce que le plant ait
quelques feuilles il faut donner fréquemment

de légères mouillures, pour en éloigner le puceron, la lisette qui enveloppe les cotylédons, et ruinent les semis, surtout dans les mois de juin et de juillet. Lorsque le plant est fortifié, on le sarcle et on l'éclaircit : il ne demande pas d'autres façons. Avant les fortes gelées, on arrache les navets et on les entasse en lieu couvert.

Le navet peut se semer au commencement de mars sur des couches fort tempérées, couvertes de dix pouces de terre meuble, et en pleine terre depuis la fin de mars jusqu'au commencement d'août. Les navets des derniers semis s'arrachent vers le milieu de novembre ; on les met dans le sable, ou en tas sans sable, dans une serre, ou bien on les arrange dans une fosse creusée en un terrain sec, dans laquelle les pluies ne puissent pas pénétrer, et qu'on couvre de chaume vers le milieu de mars. On choisit le nombre convenable des plus beaux, et on les plante à un pied de distance pour recueillir de la graine. Dans quelques terrains, où le navet ne vient ni verreux ni cordé, et où les gelées ne l'endommagent pas, on ne l'arrache qu'à mesure qu'on le consomme : c'est un soin de moins.

Oignon.

Il ne multiplie que de graine; on la jette en plein champ depuis la fin de février jusqu'en avril, et on la recouvre de terre. Les oignons veulent une terre bien ameublie ; s'ils viennent trop dru, on les éclaircit ; lorsqu'ils sont devenus grands, et qu'ils ne profitent plus, on en foule les montans avec les pieds pour qu'ils deviennent plus beaux.

Pour en avoir de bien gros, on les arrache quand ils sont gros comme le tuyau d'une plume de poule, et on les replante en rayons au plantoir ; les oignons blancs sont plus doux et plus estimés que les rouges. L'oignon ne veut ni un labour profond ni être planté trop avant. Quand une fois l'oignon a pris de la force, c'est la chaleur qui le fait mûrir de bonne heure. Ceux qu'on destine pour monter en graine doivent être plantés au mois de mars, dans une terre ni trop forte ni trop légère : on les espace à un pied de distance les uns des autres, et lorsqu'ils sont montés en graine on enfonce en terre de petits échalas, auxquels on attache, avec un lien de paille, les tuyaux des oignons au bout desquels vient la graine. Il faut la laisser bien mûrir avant que de la recueillir, et attendre pour cela que le tuyau soit jaune et presque sec.

Oseille.

Il y en a de plusieurs espèces : les plus communes sont : 1° la longue, dont on fait usage dans nos cuisines, et qui a la feuille d'un vert luisant, oblongue et pointue ; 2° la ronde, qui a la feuille d'un vert pâle, la

racine menue et la tige rampante. La longue se sème en plein champ au mois de mars,
dans une terre bien labourée ; étant levée,
on la sarcle, on l'arrose beaucoup, et on
recueille la graine au mois de juillet. La
ronde se cultive de même. Il y en a encore
de jaune, dont la feuille est blonde, et qui
a moins d'acide que les autres.

L'oseille se multiplie encore de petits rejetons arrachés de vieux pieds.

Panais.

Il se sème dans les mêmes saisons et se cultive de la même manière que la carotte : il
soutient de plus fortes gelées.

Persil.

Cette plante fleurit en juin, et la graine
paroît en juillet : on doit semer le persil après
les gelées, en terre labourée, et par rayons
sur des planches, par quatre rayons à chacune. On couvre de terre les rayons ; on
sème de l'oignon par-dessus, et on y met
un peu de fumier de vieille couche.

Pimprenelle.

On la sème au printemps, en plein champ
et dru ; elle lève en été, et on recueille sa
graine à la fin de l'automne. On la sème sur
terre en planches ou en bordures ; elle repousse

après être coupée. On la multiplie aussi par les vieux pieds éclatés et repiqués à huit ou dix pouces de distance, en planches ou en bordures.

Poireau.

Il se sème à la fin de l'hiver, dans des planches préparées ; on l'arrache dans le mois de juin, et on le replante dans d'autres planches, dans des trous profonds de quatre pouces et espacés d'un demi-pied. On le serfouit de temps en temps ; on l'arrose au temps sec.

Poirée ou *Bette.*

Ses côtes, qui s'appellent des cardes lorsqu'elles sont devenues grandes et qu'on les a conservées pour cela, se mettent en ragoût. On doit en semer la graine en plein champ ou sur couche, et dès qu'elle a poussé quelques feuilles, on la replante sur planche, on l'arrose et on la sarcle. On peut recouper le plant fort souvent dans l'été, car il repousse aisément. Si on veut en semer dès le mois de février, on choisit les plus blondes. A l'égard des cardes, lorsqu'on en veut avoir, on les replante en terre préparée, dans le mois d'avril ou mai, à la distance d'un pied et demi. On doit les sarcler, les arroser, les couvrir pendant l'hiver de grand fumier sec, et les découvrir au mois d'avril ; et on continue de les soigner jusqu'au mois de mai, qu'on peut en manger.

*P*ois.

Les pois hâtifs, soit verts ou blancs, sont ceux qui paroissent les premiers, et qui se vendent si cher : ils demandent du soin. On les sème au commencement de février ; mais on les fait tremper quatre heures dans l'eau, et on les laisse quatre autres dans un lieu chaud, pour qu'ils germent. On les sème dans une exposition au midi, ou sur quelques ados ou rayons sur planches : on met quatre rangées à chaque planche, pour avoir la facilité de les biner et d'y mettre des échalas, pour ramer ou appuyer les rangées de pois. On doit laisser une planche entre deux pour leur donner de l'air, et crainte qu'ils ne s'étouffent ; il faut arroser lorsqu'il y a du hâle et de la sécheresse.

Les pois de tous les mois durent presque toute l'année : on doit les semer en quelque abri. Leur culture est la même que pour les autres ; mais on doit couper promptement les cosses, et n'en laisser sécher aucune.

Les pois, en général, demandent une terre grasse et amendée, un bon fumier de mouton ou de vache : les petites pluies leur font grand bien, le froid leur est mortel ; il leur faut toujours un plein soleil : on doit les recueillir à mesure qu'ils mûrissent.

Pommes-de-terre.

Les pommes-de-terre qu'on destine pour la table doivent être mises dans une cuve ou dans un tonneau, avec des feuilles sèches de noyer ou de chêne, par couches alternatives ou par lits ; elles se conservent ainsi fraîches et vertes jusqu'au mois de juin, pourvu que le lieu ne soit pas trop chaud ni trop humide.

Pourpier.

Il ne se multiplie que de graine qu'on sème assez dru vers la mi-mai : il est très-sensible au froid. On le coupe et on le consomme en petite salade dès qu'il a deux ou trois feuilles formées. Depuis la fin de mai jusqu'à l'automne, on peut semer du pourpier vert et mieux du pourpier doré, qui est plus tendre et plus estimé, en pleine terre meuble ou ameublie avec du sable, bien unie et hersée avec le râteau, ou du terreau fin, ou des cendres charriées. On sème la graine fort clair à la volée ; on répand dessus un peu de terreau ou de sable, où l'on passe très-légèrement le râteau pour l'enterrer un peu ; on le mouille tous les jours jusqu'à ce qu'il soit levé, et on arrose fréquemment le plant en plein midi pour l'entretenir tendre.

Raiponce.

Ses feuilles et sa racine se mangent en salade : les bonnes viennent de Meaux. On les séme au mois de juin. Avant que cette plante soit levée il faut l'arroser et la sarcler.

Raves et radis.

Il y en a de plusieurs espèces. La première s'appelle rave, la seconde grand raifort, la troisième petit raifort. C'est la dernière qui est le plus en usage. On peut en semer tous les mois, depuis février jusqu'en septembre; on laisse monter la première semée, pour avoir de la graine; on sème sur couche, puis on fait des trous avec le doigt à trois ou quatre pouces de distance; on met trois graines de rave dans chaque trou; on les recouvre de terre, et s'il fait froid on les en garantit avec des paillassons. En tout autre temps que l'hiver on peut la semer sur couche ou sur planche, en rayons ou en plein champ.

Salsifis.

Il y en a de deux sortes : les salsifis communs, et ceux d'Espagne, qu'on appelle scorsonères, qui sont d'un grand usage dans les remèdes. On sème les salsifis au printemps et au mois d'août, en planches ou en plein champ. Il faut éclaircir le plant, l'arroser pendant les chaleurs, et avoir soin de sarcler. On ne laisse en terre que jusqu'en avril ceux semés au printemps.

Sarriette.

Elle se propage par ses graines, et plus promptement par ses vieux pieds éclatés.

Sauge.

Il y a la grande et la petite : celle-ci est la plus estimée ; elle se multiplie de pieds éclatés, que l'on plante au printemps en touffes ou en bordures.

Thym.

Au printemps on éclate les touffes du thym , pour former d'autres touffes ou des bordures.

Topinambour.

Cette plante se multiplie de tubercules entiers ou coupés en morceaux, mis en terre au printemps, et cultivés comme la pomme-de-terre. En automne, lorsque ses tiges sont desséchées, on recueille ses tubercules, dont on laisse en terre le moins qu'il est possible , car ils s'y multiplieroient et s'y étendroient tellement qu'ils deviendroient incommodes et difficiles à détruire.

DES JARDINS FRUITIERS.

Ou les fruitiers sont entièrement séparés et plantés en arbres à plein vent ; alors ce sont des vergers proprement dits : ou ils sont plantés en arbres en éventails, en buissons et en espaliers, avec quelques pleins vents; alors ce sont de simples jardins fruitiers.

Sous les premiers rois de France les arbres fruitiers étoient encore très-rares; et on a toujours cité comme une chose curieuse le verger que Charlemagne possédoit à Paris, dans lequel étoient des sorbiers, noisetiers, châtaigniers, pruniers, pommiers et poiriers. Il n'y avoit alors que le roi qui possédât une telle réunion d'arbres.

Le verger de Charles V, à l'endroit où est aujourd'hui le Jardin des Plantes à Paris, est aussi cité dans l'histoire comme une chose extraordinaire. Il étoit composé de cerisiers, pommiers et poiriers; on y attachoit tant de prix que, dans l'inventaire de son palais, on désigna le nombre de chaque espèce d'arbres. On peut donc dire que, depuis l'invasion des Francs, il s'est écoulé plus de dix siècles sans qu'il y ait eu des changemens considérables pour la culture des arbres à fruit.

La renaissance des lettres sous François Ier est aussi l'époque de la renaissance de la culture des arbres à fruits. Ce prince, en donnant aux arts une heureuse impulsion, ne dédaigna pas de s'occuper de la culture des arbres; il en fit venir des pays étrangers; il fit recueillir des renseignemens sur les diverses manières de les cultiver en Italie; il encouragea les livres sur l'agriculture; mais ceux qui écrivirent, comme ceux qui travaillèrent, au lieu de s'attacher

à observer et à imiter la nature, se livrèrent
à tous les écarts de l'imagination et des plus
absurdes préjugés.

Olivier de Serres, le patriarche de l'agriculture française, qui cultivoit avec succès
ses terres et beaucoup d'arbres à fruits dans
une contrée méridionale, qui opposa son
Théâtre d'agriculture aux sottises qu'on impri-
moit alors ; et particulièrement le cardinal
Dubellay, évêque du Mans, donnèrent la plus
heureuse extension à la culture des arbres à
fruits. Retiré dans son diocèse, ce dernier se
livra avec une sorte de passion à la culture
des arbres. Il fit venir des pays étrangers, et
surtout de l'Italie, des arbres et des plantes
qu'il cultivoit dans son jardin. Il y avoit établi des pépinières ; il y distribuoit des plantes,
des graines et des greffes à ceux qui en dési-
roient. C'est lui qui le premier, pour conserver
des pêchers que les fournis attaquoient toujours, fit bouillir et tamiser les terres, afin de
faire périr tous les œufs de ces insectes qui pouvoient être dans la terre qu'il mettoit en caisse.

Il étoit en relation intime avec le médecin
Belon, homme vraiment passionné pour les
progrès de l'agriculture et de la botanique, et
qui fit, dans ce dessein, un voyage en Syrie, en
Égypte et en Perse, d'où il rapporta des plantes
et des arbres précieux. Belon fut dans le seizième siècle ce qu'a été dans le dix-huitième
le vertueux et célèbre Poivre. Les jardins du
cardinal Dubellay étoient la pépinière et le
dépôt précieux de ces envois.

C'est aux bienfaits de ces deux hommes que les provinces du Maine, de l'Anjou et de la Touraine ont dû le bonheur d'être les premières de France qui ont eu des arbres à fruit de toute espèce ; et c'est véritablement de ces heureuses contrées que se sont répandus dans le reste de la France tous les arbres à fruits qui furent plantés en vergers.

En voyant former tant de jardins anglais, on auroit dû espérer qu'on formeroit aussi des massifs d'arbres à fruits, et qu'à côté des chaumières, ou villages postiches, on feroit voir des vergers réels ; mais on a préféré des arbres étrangers, stériles en fruits.

Les vergers étant l'ornement des habitations, c'est auprès d'elles qu'il convient de les placer, tant pour l'agrément qu'ils peuvent procurer que pour l'utilité qu'ils peuvent avoir pour d'autres usages économiques.

La forme en quinconce est toujours la plus agréable et la plus utile ; ainsi disposés, les arbres se défendent mutuellement ; les racines ont une portion de terrain plus considérable ; les branches se nuisent moins par le contact ou par l'ombre.

Il importe beaucoup de varier les espèces de fruits.

La distance entre les arbres doit être étendue, surtout si le terrain est fertile ; cependant elle doit varier en raison même des arbres. Le noyer veut plus d'espace que le pommier, le poirier moins que le pommier, le prunier moins que le poirier, le pêcher moins que le prunier. Presque tous ceux qui plantent des arbres, avec quelque dessein d'ornement, pour jouir plus tôt de leur ombre ou de leur massif, approchent trop les plants les uns des autres. Arrivés à un certain âge ils se nuisent; on ne peut pas se décider à en sacrifier, et on a des arbres qui se déforment ou qui languissent.

On ne peut trop recommander de clore les jardins destinés aux vergers, soit pour garantir les jeunes arbres contre le frottement et les dents des bestiaux, soit pour les préserver des coups de vent dans la jeunesse. Un clos, d'ailleurs, inspire plus d'intérêt et donne plus d'agrément. Un mur pourroit trop coûter, il suffira de faire un large fossé garni de deux rangs d'épines, et que le premier rang d'arbres soit sur la jetée même du fossé.

Il y a long-temps qu'on a reconnu la grande utilité de faire à l'avance les trous d'arbres larges et profonds, si le sol est mauvais, sauf à les remplir de bonne terre à la hauteur convenable. C'est une précaution essentielle de laquelle dépend le succès, et surtout la durée de l'arbre.

Les arbres des pépinières sont des enfans gâtés et accoutumés aux soins; ils sont rarement assez bien arrachés pour qu'il n'arrive pas aux uns et aux autres des déchirures qui font languir l'arbre transplanté. En supposant qu'ils soient bien arrachés, le planteur n'a pas toujours le soin de rafraîchir et disposer les racines d'une manière propre, et de disposer le sommet.

En plantant des sauvageons, au contraire, pris dans des bois ou forêts, sur un sol ingrat ou inculte, on est plus certain de la reprise ; soigné dans le terrain disposé il développe une prompte végétation. On ne le greffe que quand il est bien repris; n'ayant pas de déplacement à éprouver, il fournit aussitôt une abondante sève à la greffe.

Les arbres des pépinières en général sont le produit de semis faits avec des pepins d'arbres déjà greffés de génération en génération. Il semble qu'ils se ressentent plus des effets de la domesticité. Les sauvageons de bois, au contraire, ne sont venus que de pepins de fruits sauvages, dans lesquels la nature conserve encore tous les germes d'une grande croissance; car si dans ses desseins elle fait croître certains arbres pour donner des fruits, elle les fait croître aussi pour devenir grands et forts; c'est au surplus une observation généralement faite, que les arbres greffés sur place et sur sauvageons viennent beaucoup plus gros que ceux des pépinières.

Si on a donc l'intention de former des vergers il faut préférer les sauvageons; si on ne veut avoir que des espaliers il faut préférer les arbres des pépinières, autant pour le choix des fruits que pour le succès même de l'arbre; car j'ai vu souvent des sauvageons greffés pour espalier trop s'emporter en sève, ne pas rapporter, et avoir besoin d'une main bien habile pour les mettre à fruit.

Je conseillerai encore à ceux qui voudront

former des vergers de tenir tout le terrain en
état de labour, pendant au moins cinq à six
années; je n'ai pas besoin d'avertir que ce travail doit être fait avec une grande circonspec-
tion, et que le dessous des arbres doit être
travaillé à main d'homme. On pourra semer
quelques végétaux printaniers pour dédom-
mager des fruits; d'ailleurs, la détriture des
feuilles, la fraîcheur qu'elles concentrent,
ne pourront que favoriser la végétation des
arbres.

Quand les arbres du verger seront grands,
quand ils auront plus de moyens, par leur
hauteur et leur ramification, de soutirer de
l'atmosphère l'humidité qui leur est propre, on
pourra alors laisser le sol du verger se couvrir de gazon, et s'en servir pour faire paître
quelques bestiaux.

Parmi les diverses plantes cependant qui
pourroient former ce pâturage, je conseille-
rois d'en proscrire le trèfle, le sainfoin et
surtout la luzerne, dont les racines fortes et
profondes, et l'action même de leur végétation, absorberoient trop les sucs propres aux
arbres. Il est inutile de recommander d'en
proscrire les ronces et les épines, et j'ajouterai
les orties, patiences, bardanes, dont les racines sont très-funestes aux arbres.

Parmi les bestiaux il en est aussi qu'il faut
constamment proscrire, comme les chèvres
et les bêtes à laine; elles ne nuisent pas seulement par leurs dents, quand elles peuvent
atteindre les branches, mais encore par

leurs émanations, quand elles sont réunies en
troupeaux.

De la formation des jardins fruitiers.

Ils supposent nécessairement une plus grande
profondeur à la couche de la terre végétale ,
que celle des légumiers, afin que le pivot des
arbres plonge et s'enfonce sans contrainte ,
et surtout sans être forcé de s'étendre hori-
zontalement.

Il est très-ordinaire de voir dans un jardin
fruitier les arbres à fruits d'été, d'automne
et d'hiver, mêlés indistinctement les uns avec
les autres; on ne sépare pas plus les arbres
dont la végétation a une force, par exemple ,
comme douze, de ceux dont le degré de végétation n'excède pas six. Il résulte de ces bigarrures qu'une allée, qu'une partie d'un espalier, sont dégarnies de fruits et de feuilles ,
tandis que les arbres de certaines places en
sont chargés. Il vaut beaucoup mieux dé-
signer un emplacement pour chaque espèce
en particulier; par exemple , tous les bons-
chrétiens d'été ensemble, etc. Il en est ainsi
pour les arbres inégaux en végétation. N'est-
il pas plus agréable de voir dans une allée des
arbres taillés, soit en éventail, soit en buisson, et tous de la même force et de la même
hauteur, plutôt que d'en voir un plus haut,
l'autre plus bas ? Le jardinier aura beau tailler
long et court, par exemple, une Arménie
panachée, ses branches ne s'éleveront, ne

s'étendront et ne se feuilleront jamais autant
que celles d'un Dagobert, etc.; le premier
aura perdu ses feuilles à la première matinée
fraîche, tandis que l'autre ne se dépouillera
qu'aux gelées. Que d'exemples pareils il seroit
facile de rapporter!

J'insiste sur la séparation des espèces, afin
que le jardinier ne fasse point de méprise à la
taille. L'homme instruit connoît la qualité de
l'arbre à la seule inspection du bois; mais
pour parvenir à ce point de certitude il faut
une longue pratique, et surtout avoir l'art de
bien observer. Un autre avantage qui résulte de cette séparation consiste dans la
facile cueillette des fruits; elle évite le transport çà et là des échelles, des paniers, etc.

La position la plus utile pour un jardin fruitier est celle d'un coteau à pente douce, et à
l'abri des vents orageux. Dans les départemens
du midi il est indispensable que l'on puisse
conduire l'eau au pied des arbres, au moins
deux ou trois fois dans l'été, et après que l'eau
a pénétré la terre, la travailler; sans cette
précaution, le fruit flétrira sur l'arbre, ou
bien, s'il y reste attaché, sa trop précoce
maturité ne permettra pas qu'il prenne sa
grosseur ordinaire ni son goût parfumé.

DES TRAVAUX DU JARDIN FRUITIER.

Janvier.

On continue, pendant les mauvais temps,
tous les ouvrages du mois précédent qui se

éfont à couvert ; on donne encore la chasse aux ilimaçons retirés dans les trous des murs, au pied des espaliers.

On continue la taille des arbres, des pommiers, poiriers et pruniers, quand il vient quelques beaux jours ; on attend, en février, à tailler les pêchers, les abricotiers ; on a soin de réserver en taillant les branches dont on veut tirer des greffes, qu'on ne coupera aussi qu'en février.

Février.

On taille les pommiers, poiriers et pruniers, qu'on avoit épargnés jusqu'à présent, pour en tirer des greffes, qu'on prend sur de bons arbres vigoureux ; et l'on choisit de jeunes branches de l'année.

Si l'on a quelques arbres languissans, dont la pousse s'arrête, on ne manque pas de les ravaler sur jeune bois, pour les rajeunir, et d'ébatter tous ceux que l'on veut greffer en fente en avril, afin de conserver la sève.

On achève à couvert, pendant les mauvais temps, les ouvrages qu'on n'a pu finir en janvier.

On prépare les paillassons de paille ou de roseaux, afin d'abriter les arbres, les couches, etc.

C'est la vraie saison, à la mi-février, de tailler les abricotiers et les pêchers, sans attendre, suivant la routine ordinaire, qu'ils soient en fleurs ; car alors on ne sait où poser ses mains sans en abattre, et quelquefois les

meilleurs. Il suffit, pour tailler, que les boutons à fruits marquent, en s'arrondissant
comme des pois; on palisse à mesure qu'on
taille.

Communément on peut tailler la vigne,
sans risque, depuis la mi-février et le commencement de mars.

Quand la terre est saine, le temps au beau,
et qu'on a beaucoup de plantations à faire, on
commence à planter les arbres qu'on n'a pu
planter en automne, dans les terrains trop
humides.

On visite les amandes, les châtaignes qu'on
a mises en automne dans du sable à la cave,
et l'on voit si elles sont germées et bonnes à
planter; et si elles ne sont pas germées à cause
de la trop grande sécheresse du sable, on le
change, et on en remet de plus frais.

On plante et on sème les pépinières comme
en novembre; celles-ci ont l'avantage d'é-
chapper aux rigueurs de l'hiver et à la dent
des mulots; mais les plants poussent un peu
plus tard.

Vous semez les pepins de citron, depuis la
mi-février jusqu'à la mi-mars, pour faire
des sujets propres à recevoir les greffes des
orangers. Les pepins des oranges de Malte,
selon quelques habiles orangistes, valent encore mieux.

On ne doit pas tarder de planter les rejetons enracinés des noisetiers, ainsi que les
boutures des groseilliers, des osiers, qu'on
coupe d'un pied de longueur, et qu'on en-

fonce jusqu'à la terre dure ; il suffit que la tête sorte de trois à quatre pouces : on plante les boutures par un temps humide, et jamais par le hâle.

Il ne faut pas oublier, à mesure qu'on taille des arbres, d'écraser la punaise grise qui s'attache derrière les branches : les orangers y sont fort sujets, ce qui lui a donné le nom de punaise d'oranger.

Les limaçons n'ont pas encore quitté leurs retraites ; il faut les chercher dans les trous des murs et dans les tas de pierres.

Il faut labourer tous vos arbres aussitôt qu'ils sont taillés, avant qu'ils fleurissent, parce que l'humidité qui s'élèveroit de la terre fraîchement remuée, s'attachant aux fleurs, les exposeroit à la gelée. Ce labour est le second dans les terres légères et sèches qu'on a dû labourer avant l'hiver, et le premier dans les terres froides, qu'on n'a pas dû, au contraire, ouvrir avant l'hiver, et qui ne sont pas même assez ressuyées encore pour les labourer dans ce temps-ci : si elles sont boueuses, on attend en mars, en avril, ou en mai, quand les fruits sont noués.

On fume en même temps les terres légères avec du bon fumier de vache, bien consommé, et les terres fraîches avec du fumier de cheval.

On plante la vigne en février et en mars ; les coteaux, la terre légère et caillouteuse lui conviennent.

Mars.

On continue de planter les arbres et de faire les labours avant que la fleur paroisse ; on met une douve , une petite planchette au-devant des pêchers qu'on a plantés, pour garantir les bourgeons qui pousseront des gelées et du grésil.

Les taupes coupent quelquefois les racines des arbres ; elles tracent et remuent beaucoup de terre dans ce temps-ci : on doit leur tendre des piéges.

On commence, selon l'ancienne coutume, ou l'on continue de tailler la vigne , si on a commencé à la mi-février ; ce qu'on a pu faire sans risque de la tailler trop tôt.

On plante les groseilliers de bouture à mesure qu'on taille, et les framboisiers de plants enracinés.

On plante des mûriers , des grenadiers de plants enracinés, des cognassiers de boutures et de plant enraciné, des noisetiers de plant enraciné, des figuiers de boutures, de marcottes , de plant enraciné.

C'est encore le temps de planter des pépinières de châtaignes , de noix , d'amandes et d'autres noyaux, si on ne l'a point fait dans les mois précédens.

On continue jusqu'à la fin de ce mois tous ces ouvrages ; il faut donner un labour aux osiers pour détruire les herbes.

Il est encore temps de semer des pepins

f d'oranges sur couches, ou dans des pots qu'on
enfouit successivement dans plusieurs couches chaudes, pour les avancer : on marcotte
aussi des branches.

Si vous voulez avoir des câpriers, vous les
semerez ou planterez dans les crevasses et trous
de murs.

Les grandes gelées étant passées, on découvre les figuiers qu'on avoit couchés dans
la terre en décembre, et ceux des espaliers
qu'on avoit empaillés.

C'est le meilleur temps pour ôter la mousse
des arbres, après quelques pluies, à la fin de
l'hiver, parce qu'elle ne se reproduit point
pendant la sécheresse et les chaleurs de l'été,
et se trouve détruite pour cinq ou six ans ;
mais quand on l'ôte avant l'hiver, l'humidité
de la saison la reproduit bientôt.

Avril.

Il est temps de commencer à ratisser et à
nettoyer les allées. Il faut faire la guerre aux
fourmis, dès qu'elles paroissent dans les arbres ; les fioles ou petites bouteilles remplies
d'eau sucrée sont les piéges qu'on leur tend
ainsi qu'aux perce-oreilles.

Quand la sève est en mouvement, ce que
l'on connoît lorsque l'écorce des arbres se détache facilement, on greffe en fente, en écusson, ou à la pousse : il vaut mieux attendre
à la fin du mois, ou en mai, si la sève est
encore languissante.

La mi-avril est la saison de marcotter les grenadiers ; c'est encore le temps de planter les figuiers de boutures, de marcotter des plants enracinés qu'on trouve sur les vieux pieds, ou des morceaux mêmes de vieille souche qu'on éclate, pourvu qu'il y tienne de la racine : les petits plants peuvent se planter en caisses ou en pots.

On taille les figuiers en pleine terre, quand ils s'élancent trop, aussitôt que leurs yeux paroissent et que le fruit est sorti, c'est-à-dire qu'on raccourcit toutes les branches élancées et sans couronne, afin de les faire fourcher : ceux qui sont suffisamment garnis de branches depuis le bas jusqu'au haut, et dont les branches sont couronnées, peuvent s'en passer, cette taille n'étant faite que pour multiplier les branches à fruit. Mais pour les figuiers en caisses ou en pots, on ne sauroit se dispenser de les tailler pour leur faire prendre la forme qu'on veut leur donner, qui doit être celle de l'entonnoir ou du buisson ; les figuiers taillés en boule sur la tige ne produisent pas de fruits.

Dans les années hâtives, on commence par éclaircir les abricots lorsqu'ils sont trop serrés et par paquets ; on supprime les plus petits, les mal faits, et on laisse de préférence ceux du bas des branches : dans les trochets, où ils sont serrés, on tourne entre les doigts ceux qu'on veut ôter, et on les tire doucement à soi pour ne pas endommager les autres.

Le greffe en couronne, entre le bois et l'écorce, se fait aussi quand les arbres sont en pleine sève ; elle n'est pas sans inconvénient.

Le contraste du froid et du chaud fait quelquefois cloquer toutes les feuilles du pêcher, et le puceron s'y loge : le remède est d'abattre ces feuilles, quand elles commencent à se faner, et de les brûler pour détruire le puceron. Si on les abattoit trop tôt, la saison n'étant pas avancée, les nouvelles feuilles, qui ne tardent pas à repousser, seroient encore exposées au même accident.

C'est la saison de faire des incisions longitudinales au corps des arbres dont la tige est restée plus maigre d'un côté que de l'autre, et se trouve arquée, ou bien quand la tige est restée en totalité plus maigre que la greffe, ce qui s'exécute avec la pointe de la serpette, en fendant l'écorce jusqu'au bois.

C'est aussi le temps en avril ou en mai, lorsque les nouveaux bourgeons ont cinq ou six pouces de longueur, de courber les branches trop vigoureuses de quelques arbres qui s'emportent plus d'un côté que d'un autre, ce qu'on appelle arbre épaulé, et de détacher et de laisser en liberté le côté le plus foible, qu'on lâchera alors, n'ayant plus besoin d'être contraint.

Il faut commencer à ficher des échalas au pied des souches de la vigne.

Faire la guerre aux hannetons en secouant les arbres le matin et à midi.

Chercher sur les poiriers de bon-chrétien d'hiver la chenille noire, qui gâte ses fruits et tous les autres en général.

Mai.

On fera bien d'accoler et de donner le premier lien à la vigne.

On visitera les espaliers pour retirer les nouveaux bourgeons qui passent derrière les treillages ; on attachera les plus longs, et l'on ôtera les feuilles éloignées et les limaçons.

Il faut pincer ou rompre les jeunes branches de groseilliers, élever les tiges que le vent pourroit casser.

Vous n'oublierez pas les greffes en écusson des châtaigniers, des cerisiers et des pruniers, si elles ne sont pas encore faites ; celles en flûte ou en sifflet des figuiers, et encore celles en fente qui restent à faire des pommiers et des poiriers. Les greffes faites en ce temps-ci pousseront au bout de quinze jours si le temps est favorable, pendant que celles faites en avril sont quelquefois un mois sans qu'on y aperçoive aucun mouvement.

Vous fumerez, s'il en est besoin, et labourerez aussitôt que les fruits seront noués, les arbres qui n'ont pu l'être dans les terres fortes et humides.

Si l'on éprouve une grande et longue sécheresse en mai, les arbres manquent de sève, les fruits se détachent et tombent ; il faut alors verser avec l'arrosoir quelques seaux

d'eau par-dessus les feuilles, si l'on peut, et
au pied de ses arbres, pour les remettre en
sève ; les prunes tombent les premières.

On donne un second ratissage aux allées,
et l'on tond les buis pour la première fois,
afin qu'ils puissent se recouvrir de feuilles
avant l'été.

Quand on s'aperçoit par des points noirs,
particulièrement au revers des feuilles du
bon-chrétien d'hiver, qu'elles sont attaquées
du tigre, on les passe fortement entre ses
doigts, pour écraser l'insecte et ses œufs.

On sort les orangers de la serre, ainsi que
les figuiers en caisse ou en pots ; on les travaille ensuite avec de l'eau échauffée au soleil ; on enlève toutes les feuilles chancrées,
le bois mort, et l'on donne l'arrondissement
à la tête en les taillant, car c'est la véritable
saison. Les jardiniers, pour en tirer plus de
fleurs, remettent à les tailler en septembre,
mais aux dépens des arbres, qui restent trop
chargés et mal formés pendant la fleur et
tout l'été. Les petits orangers élevés de pepin
et sur couches n'ont plus besoin d'abri ; on
continue d'arroser ces arbres une fois par
semaine, jusqu'en mai, qu'on commence à
les arroser plus souvent ; on rencaisse ceux
qui en ont besoin.

Les gelées étant passées, il est temps d'ôter
les petits paillassons qu'on avoit placés au-
dessus de ses espaliers, en décembre ou en
février ; on ne les ôtera que dans le temps
sombre et couvert, et non dans l'ardeur du

soleil ; on enlève aussi les petites planchettes qu'on avoit mises au-devant de ces arbres.

Les greffes faites en avril commencent à remuer si le temps a été favorable.

L'ébourgeonnement du cerisier hâtif ou précoce, qui est en espalier au midi, doit précéder celui de tous les arbres, son fruit mûrissant le premier ; on lui ôte peu de bourgeons, et l'on attache tout ce qu'on peut attacher.

On donne le second labour à la vigne quand tous les risques sont passés.

On donne un léger labour tous les mois aux orangers avec la houlette, tant qu'ils sont hors de la serre.

Il ne faut pas attendre la saison ordinaire pour ébourgeonner les pêchers où les fourmis et les pucerons se sont jetés, et ont formé au bout des branches des houppes qu'il faut couper et jeter au feu.

Juin.

Au commencement de ce mois on met un second lien à la vigne pour rassembler les bras qui se sont alongés, et on l'ébourgeonne pour la seconde fois.

Quelques-uns ne se contentent pas d'avoir, en avril, taillé leurs figuiers en caisses ou en pots, ils pincent et rompent encore à la fin de juin, à trois ou quatre yeux, les plus forts des nouveaux bourgeons ou les nouveaux jets les plus vigoureux, suivant leur force. Ces trois ou quatre yeux feront une couronne de branches à fruit pour l'année suivante, et le fruit de l'année qui profitera de la sève qui s'y seroit portée, en deviendra plus beau ; mais comme c'est le temps de l'extravasion du suc laiteux, que cet arbre rend avec abondance par l'extrémité des branches rompues, nous croyons cette opération plus dommageable qu'utile ; il vaut mieux se contenter de raccourcir les branches trop élancées en avril.

Continuez de palisser les treilles dont le vent casseroit les bras les plus alongés.

On coupe le lien de la greffe en écusson, quand on voit que l'écusson est bien repris, afin qu'il n'étrangle pas la greffe.

Il est temps de tendre des piéges aux loirs, avant que ces animaux commencent à sortir pour manger les abricots et les pêches, afin qu'ils voient ces piéges en sortant, et s'y accoutument sans être épouvantés, comme ils le seroient s'ils ne les avoient pas vus d'abord ; les meilleurs piéges sont les quatre-de-chiffre, ou les petits assommoirs, qu'on tend à leur passage, sur le chapiteau des murs, où ils courent pendant les nuits pour gagner les espaliers.

A la mi-juin on recoupe encore par la moitié les branches gourmandes dont on avoit retranché la moitié en mai.

On arrose les figuiers en caisses ou en pots, de deux jours l'un, depuis cette époque jusqu'à ce que le fruit soit cueilli.

On cueille les boutons de câpriers avant

que les fleurs épanouissent; les plus petits boutons et les plus fermes sont les meilleurs.

On ne donne plus que des ratissages et menues façons aux pieds des arbres dans les terres legères; mais il faut travailler les terres fortes, fraîches et argileuses, qu'on ne sauroit trop ouvrir et remuer après l'hiver.

Il faut donner aux oliviers le premier labour à la houe, et tous les mois un petit labour avec la houlette aux orangers.

Ebourgeonner les abricotiers, les pêchers, après le solstice, temps où le soleil, dardant ses rayons plus aplomb, cause à la séve une forte fermentation, et fait pousser une infinité de bourgeons; en un mot, c'est le temps de la grande pousse des arbres : c'est donc une règle certaine, qui ne sauroit tromper, que de ne se pas presser d'ébourgeonner plus tôt, pour ne pas recommencer, comme font ceux qui manquent de pratique ou d'instruction. Les poiriers et les pommiers, qui sont plus tardifs, s'ébourgeonnent plus tard, au déclin de la canicule, quand le bouton est formé au bout des branches.

On commence l'ébourgeonnement par les abricotiers, ensuite celui des pêchers à fruits hâtifs, si les bourgeons sont assez alongés, comme d'un pied ou quinze pouces, pour soutenir l'attache et pouvoir palisser.

Les jeunes pêchers sont toujours ceux qui pressent le plus, parce qu'ils ont ordinairement poussé de fortes branches fort alongées, que le vent casseroit : vous aurez soin de réserver en ébourgeonnant quelques branches superflues, que vous ne couperez point, mais que vous marquerez et attacherez au mur, afin d'en tirer des greffes, si vous en avez besoin pour les écussons à œil dormant en août.

Il est encore temps de courber les branches attaquées par les fourmis et par les pucerons, si on ne l'a pas fait plus tôt.

Les arbres étant ébourgeonnés, on couchera en palissant les branches les plus hautes sur le chapiteau des murs, sans les couper et arrêter, parce qu'elles ne dépassent pas les murs, si ce n'est en septembre, lorsque la séve est arrêtée.

Le palissage étant fini, il ne reste plus qu'à éclaircir les pêches qui sont trop serrées, qui se nuisent, et ne pourroient grossir ni mûrir parfaitement. Les abricots ont été éclaircis en avril; on éclaircit aussi les poires trop serrées, mais on n'ôte rien aux rousselets ni à la plupart des fruits d'été.

On retire quelques clous des arbres palissés au clou et à la loque, quand les clous se trouvent près du fruit, et l'on passe une petite pierre sous les branches où il se trouve quelques fruits trop près du mur, qui les endommageroit.

On a l'attention de n'éclaircir les pêches tardives que huit à dix jours après les autres, parce qu'il en tombe ordinairement après l'ébourgeonnemnt. Les prunes des arbres à plein vent, quand il y en a trop, perdent beaucoup de leur qualité, si l'on n'en diminue pas le nombre, en coupant celles qu'on veut ôter, par le milieu de la queue, avec des ciseaux.

Ce n'est qu'en juin que la vigne défleurit et que les grains commencent à paroître; c'est le temps, aussitôt qu'ils sont de la grosseur d'une tête d'épingle, d'éclaircir les branches du muscat, dont les grains, toujours serrés et enfoncés, mûrissent difficilement; on en ôte les deux tiers ou les trois quarts avec de petits ciseaux pointus et bien affilés : les plaies se referment assez promptement, et les grains qui restent deviennent plus gros, plus croquans, prennent plus de couleur et mûrissent mieux.

La seconde opération après l'ébourgeonnement des arbres, c'est de découvrir les fruits qui sont cachés sous les feuilles, à mesure qu'ils en ont besoin; on n'abat point les feuilles entières, avec leur talon ou pédicule, ce qui nuiroit à la branche et au fruit, qui ne prendroit pas autant de nourriture; on les casse adroitement dans le milieu, en les serrant entre deux doigts, et les tirant prestement en tournant. On ne fait cette opération qu'après quelque petite pluie, et jamais dans la sécheresse et la grande ardeur du soleil, qui frapperoit les fruits trop vivement.

La tache blanche et large qu'on aperçoit sur des fruits découverts naturellement, ou qu'on a découverts mal à propos, vient d'un coup de soleil, dont les pêches qui en sont

couronnées, comme on dit, ne profitent plus
et se gâtent.

On attend, pour découvrir les abricots et
les pêches hâtives, que ces fruits commencent
à tourner, ou prendre de la disposition à
mûrir : on les découvre peu à peu, à mesure
qu'ils avancent en maturité ; mais la pêche
de la Madeleine particulièrement.

On achève d'ébourgeonner la vigne, et on
donne à la fin de juin le troisième et dernier
palissage des treilles : on pince, on casse à
l'endroit de quelque nœud, le bout des branches pour les arrêter, et on devance de huit
jours cette opération dans les climats un peu
plus chauds que celui de Paris.

Il faut se disposer, au solstice, à arroser
tous les jeunes arbres nouvellement plantés.
Si on veut assurer leur réussite, vous faites
au pied de vos arbres un petit bassin d'un
pied de diamètre, en ramenant de la terre cir-
culairement, et non pas en creusant au pied
de l'arbre, comme le font maladroitement
les jardiniers ignorans, qui découvrent ainsi
les racines qui restent couvertes de trop peu
de terre, et s'éventent quand la terre, après
les arrosemens, se fend par l'ardeur du soleil.

Vous couvrirez le bassin, après avoir arrosé,
avec de la litière ou du crottin de cheval,
ou du terreau, ou d'une planche, et au défaut
de tout, avec de la terre sèche et émiettée,
afin d'y conserver la fraîcheur, et d'empêcher la terre de se fendre. Vous continuerez
de les arroser jusqu'à la fin d'août.

Vous pincerez à sept ou huit pouces, et même un pied, le maître jet des greffes en fente, quand il se trouve encore seul et qu'il s'alonge trop, afin de le tenir bas et de lui faire pousser des bourgeons qui deviendront de bonnes branches que vous taillerez l'année suivante, afin de les avancer et de les faire mettre à fruit ; mais on ne parle que des greffes des arbres qui sont en place, et non de celles des pépinières et autres arbres à replanter, auxquelles on coupe la tête en les transplantant ; il n'y faut point toucher.

C'est le temps, vers la fin de juin, de couper à moitié de leur longueur tous les bourgeons et nouveaux jets des extrémités les plus hautes des arbres stériles, poiriers, pommiers ou pommiers nains, qu'on veut laisser aller sans les tailler, pour les faire mettre à fruit ; ils repousseront de nouveaux bourgeons de tous les yeux restans, qui auront encore le temps de s'aoûter, c'est-à-dire de prendre de la consistance et de la maturité, par la chaleur du mois d'août.

Il faut évider les groseilliers en entonnoir, en les ébourgeonnant au-dedans et au-dehors, et pincer toutes les pointes à une égale hauteur, quand les groseilles sont tout-à-fait rouges, tant pour faire grossir et achever de mûrir le fruit, en le débarrassant de tous ses bourgeons, et lui procurant la vue du soleil, que pour cueillir plus facilement et en éloigner les moineaux qui se cachent dans l'épais feuillage, et détruire en même temps les pucerons qui s'y logent.

C'est aussi dans le solstice, où il se fait un nouvel épanchement de la sève, qu'il faut prendre garde au flux de gomme qui en provient : il ne paroît d'abord qu'une petite tache à la branche attaquée ; mais bientôt, si vous ne la coupez deux doigts au-dessous du mal, il gagne promptement, et fait mourir toute la branche.

Les insectes qui ont attaqué les arbres au printemps se renouvellent et prennent de nouvelles forces dans ce temps-ci, ainsi que dans la canicule : ces insectes sont les punaises, les pucerons, les chenilles.

Le blanc, la rouille, la chute des feuilles, sont aussi les accidens du temps, qui disparoissent l'année suivante ; mais les chancres, les ulcères et les excroissances, qui viennent de la même cause, restent ordinairement pour toujours.

Juillet.

On continue, dans ce mois, d'arroser les jeunes arbres, et l'on donne le troisième ratissage aux allées.

Les mêmes soins aux orangers qu'en juin ; ils sont en pleine fleur. On continue d'ébourgeonner les pêchers.

On découvre l'abricot hâtif de quelques feuilles au commencement de juillet, et le gros abricot quinze jours après, lorsqu'il commence à jaunir et à s'éclaircir.

On coupe les branches gourmandes pour

la troisième fois ; on donne quelques binages ou menues façons avec la binette à tout ce qui en a besoin, pour faire mourir l'herbe et rendre la terre meuble.

Depuis le 15 juillet jusqu'au commencement de septembre, on peut faire des greffes en écusson à œil dormant sur le prunier et l'amandier, pour y élever des pêchers et des abricotiers, et le premier sur son propre sauvageon, ou poser les écussons sur le pêcher même et sur l'abricotier, mais seulement sur les branches de l'année auxquelles on veut ajouter quelques branches qui manquent, ou changer d'espèce, et sur les poiriers et pommiers de même.

Depuis la mi-juillet jusqu'à la mi-septembre on peut écussonner les petits orangers de deux ou trois ans, lorsqu'ils ont acquis la hauteur du doigt, à deux ou trois pouces au-dessous du tronc, afin que la tige soit formée du jet de la greffe, et qu'elle ne repousse pas de bourgeons francs, mais de la greffe : si, dans la suite, quelque maladie ou accident obligeoit d'étêter l'arbre, on fera encore mieux d'attendre à les écussonner au commencement d'août.

On découvre un peu la pêche petite-mignonne qui mûrit dans ce mois-ci.

Les framboisiers, soit en haies, soit en buissons, seront tenus à la hauteur de trois pieds, quand le fruit sera passé, tant pour la propreté que pour donner plus de nourriture aux souches.

On ne doit point encore ébourgeonner les poiriers, pommiers et pruniers, quoiqu'on le voie faire à d'autres, afin que leurs arbres aient l'air d'être plus tôt arrangés : il n'y faut pas procéder que le bouton ne soit formé au bout des branches, ce qui est le signe certain que la sève est arrêtée et ne produira plus de faux bourgeons.

On ébourgeonne de nouveau, on attache et on laboure la vigne avant le mois d'août; on détruit en même temps les limaçons, les perce-oreilles, qui sont logés dans les feuilles repliées et dans les liens.

L'écusson de pêcher doit être appliqué sur différens sujets; au déclin de la seconde sève, sur le prunier de Saint-Julien, à la fin de juillet; mais sur le jeune amandier, qui garde sa sève plus long-temps, ce n'est que vers la mi-octobre.

Août.

Les arrosemens et les labours se continuent aux orangers comme ci-devant, de même qu'à tous les jeunes arbres de l'année : on n'ébourgeonne les orangers que vers le déclin de la canicule, comme les autres arbres, après le renouvellement de la sève d'août, quoique plusieurs jardiniers ébourgeonnent en juillet et septembre, aussitôt que la fleur est passée; mais cette propreté prématurée fait pousser de nouveaux bourgeons; après l'ébourgeonnement dont nous parlons on n'y touche plus. On greffe les orangers en écusson dormant.

On découvre la pêche grosse-mignonne, à mesure qu'elle commence à tourner ou blanchir, du côté de la queue, qui est le côté opposé au soleil, et les prunes de reine-claude qui sont en espalier au midi.

Pendant le renouvellement de sève de la canicule, appelée sève d'août, les arbres poussent une multitude de jets. Le pêcher principalement, après avoir été ébourgeonné exactement en juillet, paroît tout-à-coup hérissé d'un nombre prodigieux de bourgeons confus, qui se reproduisent jusqu'au-delà de la canicule, après quoi cet arbre devient sage. Il faut bien se donner de garde d'ôter aucune de ces branches folles : l'expérience apprend qu'il en repousseroit de nouvelles en plus grand nombre; il faut donc laisser vos pêchers jeter leur feu, et préférer de les voir long-temps en désordre, que de les perdre par une propreté mal entendue; mais on est assuré qu'au déclin de la canicule il ne poussera plus de ces faux bourgeons : c'est le cas alors de les supprimer, c'est-à-dire à la fin du mois; on n'épargne que ceux qui peuvent être palissés.

On donne le troisième labour à la vigne avant que les vignerons aillent en moisson.

Repassez le long de vos espaliers, pour attacher les pointes des branches qui sont alongées depuis le palissage qu'on a fait en ébourgeonnant.

Découvrez de leurs feuilles après quelques pluies, comme il a été dit, en cassant les feuilles par la moitié, du poirier, du bon-chrétien d'hiver et de la pomme d'api, pour leur donner de la couleur.

On continue de greffer en écusson jusqu'au 15 septembre. Le temps est venu de supprimer aux pêchers tous les faux bourgeons dont on a parlé précédemment.

Septembre.

On donne quelquefois en septembre un sarclage léger au labour, pour détruire l'herbe qui a dû croître dans les vignes, quand le mois d'août a été pluvieux; ce travail favorise la maturité du raisin. Quand on veut tenir ses arbres proprement, on fait un troisième palissage pour attacher toutes les branches de la pousse du mois d'août; on coupe celles qui débordent le chapiteau, quand on peut les coucher au-dessous; on ne craint point alors qu'elles poussent de nouveaux bourgeons.

On continue de greffer en écusson jusqu'au 15 septembre.

Il faut découvrir de quelques feuilles les raisins de treille, quinze jours seulement avant leur maturité, et avec précaution, ne découvrant d'abord que ceux qui se trouvent étouffés sous un trop épais feuillage, à qui l'on peut procurer plus d'air sans les découvrir encore tout-à-fait; car le raisin surtout ne mûrit pas lorsqu'il est trop dépouillé de ses feuilles; quand il est découvert à propos, le chasselas prend cette belle couleur ombrée qu'on estime.

On découvre aussi de la même manière la poire de bon-chrétien d'hiver et la pomme d'api, si on ne l'a pas fait plus tôt, afin de leur faire prendre un rouge vif qui en relève la beauté.

On donne la quatrième façon ou ratissage aux allées, au moyen de quoi elles resteront propres pendant tout l'hiver.

Les arbres que l'on plantera en novembre, et même au printemps, en vaudront mieux si on fait les trous pendant ce moment ; les impressions de l'air en préparent la terre.

On continue de serfouir ou labourer légèrement les orangers ; mais ils ne seront plus arrosés qu'une fois par semaine, jusqu'au commencement d'octobre, huit jours avant de les rentrer dans la serre, ainsi que les figuiers en caisses et en pots.

On tond les buis pour la seconde fois.

On greffe le pêcher sur le jeune amandier vers la mi-septembre.

Quelques jardiniers ne taillent leurs orangers qu'en septembre, quand la sève est arrêtée, pour avoir plus de fleurs ; mais ils font tort à leurs arbres, et confondent l'ébourgeonnement avec la taille ; car c'est le temps de les ébourgeonner en septembre et en octobre après la fleur. On a dû les tailler en mai. On laisse échapper quelques menues branches pour avoir de la fleur en hiver.

On achève de découvrir les chasselas de toutes leurs feuilles ; il n'y a plus de risque à présent ; le raisin est clair et dans toute sa grosseur ; il n'a plus qu'à prendre couleur, c'est-à-dire à devenir blond et doré en mûrissant, ce qui est la perfection du chasselas. On laisse en place jusqu'en octobre celui qu'on veut conserver pour l'hiver.

C'est le temps de garder les noix ; on les met en monceau dans un lieu sec et aéré où elles achèvent de s'écailler ; on laisse sécher les noix, dépouillées de leurs robes, à l'ombre dans le grenier ; elles se conserveront sèches tout l'hiver ; mais on a soin de mettre dans le sable, à la cave, celles qu'on destinera pour planter en pépinières au printemps.

Pour cueillir tous les fruits en général, il faut choisir un temps sec, afin qu'ils se conservent mieux ; observer de ne pas rompre leur queue, de les peu toucher, de les porter doucement sans les heurter ni les meurtrir. On a pour cette cueillette de grandes corbeilles plates à deux anses, que deux hommes portent ; on en garnit le fond et les côtés avec des feuilles de vigne ; on pose dessus un seul rang de fruits, jamais l'un sur l'autre, et surtout des pêches, plus sujettes à se meurtrir que d'autres.

Dans les années hâtives, on ramasse déjà des châtaignes. On gardera les pepins des poires et des pommes, mettant à part ceux de doucin et de paradis, pour former des pépinières en novembre ou en mars. Le moyen de se pourvoir d'une quantité suffisante de pepins de poires ou de pommes, c'est de ramasser, quand il est sec, le marc de ces fruits qui ont été sous le pressoir ; on les frotte entre les mains et on les crible ; ceux même des fruits pourris sont aussi bons que d'autres. On étend ces pepins sur le plancher d'un grenier, où ils restent jusqu'à ce qu'on les sème, ou bien quand ils sont secs on les conserve, à l'abri des pourris, dans des sacs suspendus au plancher.

Il faut se transporter vers le commencement d'octobre dans les pépinières, pour choisir les arbres qu'on veut planter ; on les frappe au pied d'un petit coup de marteau, pour y laisser l'empreinte de deux lettres, afin de les reconnoître et de les lever ensuite quand la feuille sera tombée : les arbres en valent mieux de ne pas être arrachés plus tôt, ce qu'on n'observe point assez. Si on attend plus tard à marquer ses arbres, on court risque de trouver les plus beaux enlevés, et de n'avoir que le rebut.

On plante les marcottes des grenadiers qu'on a faites en avril.

Octobre.

Il est encore temps de donner le dernier ratissage aux allées, si on ne l'a déjà fait, et une petite façon à tout le jardin, afin qu'il reste propre pendant tont l'hiver.

Dans les plants de bois et dans les pépinières qui sont dans les fonds humides, où il a crû beaucoup d'herbes, il faut ramasser les terres en buttes et par chaînes, pour faire pourrir les herbes retournées pendant l'hiver ; ces terres s'égouttent et se mûrissent ainsi : on les répand au printemps, et c'est la meilleure façon qu'on puisse leur donner.

On cueille tous les raisins, tant chasselas que muscat et autres, par un beau temps, pour les conserver dans des armoires ou sur des claies, à l'abri des gelées et de toute impression de l'air.

Il n'y a plus de pêches en octobre que la persique et la pavie, qui mûrissent rarement. La pavie surtout ne mûrit guère que dans les pays les plus chauds, comme la Provence, où la grande ardeur du soleil, qui est contraire, dans ce pays, aux pêches tendres, n'a que la force nécessaire pour attendrir la pavie, et lui donner la qualité qu'elle n'acquiert jamais ici.

On cueille les poires de messire-jean, de marquise, de cressane, de bergamote d'automne et de saint-germain, vers le 10 octobre, les pommes de calville rouge et de calville blanc.

Dans les années hâtives on achève la récolte des châtaignes et des amandes, et on met dans la cave celles qu'on destine aux pépinières.

Si on a empaillé des groseilles en juillet, on en a encore jusqu'aux gelées.

Si votre terrain n'est pas trop froid, ou l'année tardive, vous cueillerez tous les fruits d'hiver le 9 jusqu'au 15 octobre ; mais dans

les deux cas ci-dessus vous attendrez jusqu'à
la fin du mois.

Il ne faut pas se presser trop de cueillir
ces fruits ; quoiqu'il en tombe quelques-uns,
ils ne seront pas perdus en les serrant sèche-
ment, s'ils ne sont pas meurtris, et en les
faisant cuire au chaudron, dans l'eau ré-
duite au sirop. Les fruits cueillis trop tôt
se rident, se fanent et se dessèchent ; il
n'y reste que la peau et le cœur pierreux,
sans jamais mûrir.

On fera bien de laisser le bon-chrétien
d'hiver huit jours plus tard que les autres
sur l'arbre pour le perfectionner, et la pomme
d'api le plus long-temps que l'on pourra, afin
qu'elle prenne plus de couleur.

On continue de faire des trous pour planter
des arbres.

On peut encore, dans cette saison, changer de terre les orangers qui en auront besoin ; on rechausse avec du petit fumier de
mouton ceux qui sont languissans ; on les
serfouit et on les mouille tous pour la dernière fois, huit jours avant de les renfermer.
On emporte ceux qu'on a élevés sur couche,
et on finit par les entrer tous dans la serre,
vers le 15 du mois.

On porte les nèfles au grenier, sur de la
paille, pour les faire mûrir.

A l'égard des coings, il n'y a pas de risque
d'attendre, pour les cueillir, jusqu'aux gelées,
qu'ils ne craignent pas, et jusqu'à ce qu'ils
aient acquis une belle couleur d'or ; on les

essuie pour en ôter le duvet; et, après les avoir mis un peu au soleil, on les serre dans un lieu sec et séparément, à cause de leur odeur forte qui feroit gâter les autres fruits. Malgré toutes ces précautions, ils pourrissent bientôt si l'on n'a pas soin de bonne heure d'en faire des compotes, de la marmelade ou du ratafia.

On finit le travail de ce mois par porter des terres neuves, des gazons, des gravats ou démolitions de murs faits en terre, des boues de rues long-temps reposées à l'air, et autres engrais qu'on répand aux pieds de ces arbres, ainsi que les fumiers qu'on ne fait non plus que répandre sur les terres froides avant l'hiver.

Novembre.

On lève, dans les pépinières, aussitôt que la feuille est tombée, les arbres qu'on a marqués en septembre; c'est la saison de les planter, particulièrement dans les terres légères (surtout dans les départemens méridionaux). Nos cultivateurs de Montreuil préfèrent, en général, la plantation du printemps; elle peut être plus favorable dans leur terrain; mais on conviendra que d'attendre au printemps à planter dans les terres légères, si la saison est sèche, la plantation manque en plus grande partie; au lieu que si on plante avant l'hiver, les arbres ont poussé quelques racines, qui ont pris corps et se sont alliées avec la terre, de façon qu'ils craignent moins la sécheresse. Le pommier et le prunier surtout exigent encore plus que d'autres d'être plantés avant l'hiver.

On répand du fumier aux pieds des arbres, dans les terres froides qu'on ne laboure qu'au printemps ; mais pour toutes les terres usées, ou trop sèches, les sables et les terres légères en général, on les laboure profondément avec la fourche, dans le commencement de novembre ; nous disons avec la fourche, car la bêche, qui tranche les racines des arbres, doit être bannie pour jamais du jardin fruitier.

Vous n'oublierez pas de planter en pépinière dans cette saison, comme au printemps, toutes les boutures et rejetons enracinés de pruniers, merisiers, poiriers, pommiers, etc., en un mot, tous les plants, les châtaignes, les amandes, les noyaux, etc. On a vu en février la raison de former les pépinières de ces noyaux au printemps, en les conservant pendant l'hiver dans du sable à la cave, pour les faire germer. On peut toujours, sauf à recommencer, semer quelques pepins qui avanceront plus que ceux que l'on sème en février et mars, s'ils échappent aux rigueurs de l'hiver.

Quand on veut avoir du plant de mûrier, on a soin de marcotter des branches quand la feuille est tombée.

L'olivier se plante en novembre dans les pays chauds, et en février et mars dans les pays tempérés.

On coupe les osiers vers le 11 novembre,
quand la feuille est tombée, après les premières gelées. On ne coupera qu'en mars ceux
qu'on réserve à faire du plant.

On tire les échalas de la vigne pour les
mettre par chevalets dans le jardin, pour
passer l'hiver ou les serrer à l'abri, s'il y
en a peu, et l'on cure les raies dans les
vignes, c'est-à-dire qu'on en relève la terre
qu'on jette à droite et à gauche sur les planches avec la houe ; ce qui fait des sentiers
propres, et donne de l'écoulement aux eaux.

On retire le petit fumier de mouton, qu'on
avoit mis en octobre aux pieds des orangers
languissans, parce que ce fumier, s'il y en
restoit plus de six semaines, au lieu de les
raviver, les brûleroit.

Quand les gelées deviennent trop fortes,
ou les pluies trop fréquentes, et qu'on ne
peut ni labourer ni planter, on s'occupe à
couper des perches pour raccommoder des
treillages, et à faire des paillassons ; on coupe
et on aiguise les échalas, on élite les osiers,
on fait des caisses.

On taille le câprier.

On peut enfin, quand les feuilles sont
tombées, éplucher et préparer la vigne pour
la taille, ainsi que les pêchers et les abricotiers, ôtant les chicots, les bois morts,
quelques bourgeons et branches inutiles ; c'est
autant d'ouvrage fait avant la taille, qui
n'aura lieu entièrement qu'en février pour
la vigne, pour les pêchers et les abrico-

tiers; mais pour les autres, aussitôt que la feuille est tombée.

On peut commencer à enlever la mousse des arbres après quelques pluies, et continuer de même pendant l'hiver; mais le mieux c'est à la fin de l'hiver.

Décembre.

On ne tailloit autrefois les poiriers et les pommiers qu'en février, comme les pêchers après les fortes gelées; on les taille à présent aussitôt que les feuilles sont tombées; il est rare que la gelée soit assez forte en ces climats pour les endommager.

Dans les climats froids, on fait bien d'atacher les figuiers près des murs, afin de les couvrir de paillassons et de litière, de fougère ou de cosses de pois, qu'on arrête dessus avec des perches et des osiers pour garantir de la gelée.

Quand les figuiers sont adossés à des bâtimens assez élevés pour les mettre à l'abri, ils n'ont besoin ordinairement d'aucune précaution; ce n'est que dans les hivers très-rigoureux qu'ils sont sujets à geler.

Les figuiers se trouvent-ils éloignés des abris, on les couche dans la terre.

A mesure que les arbres sont taillés, on leur ôte la mousse facilement dans les temps humides; il est plus avantageux d'attendre la fin de l'hiver. L'instrument le plus commode pour abattre la mousse dans toutes les branches est le sarclet des maraichers, avec lequel ils nettoient l'herbe des planches d'oignons.

En enlevant, avec le même instrument, les écorces galeuses et chancreuses, on détruit la retraite d'une infinité d'insectes.

On continue de charrier et de ramasser au pied des arbres toutes sortes d'engrais convenables, tels qu'ils sont indiqués à la fin d'octobre.

On raccommode les treillages, les outils de jardin; on aiguise les échalas.

On fait bien de placer au-dessus des espaliers des pêchers, de petits paillassons de deux pieds de largeur, pour garantir ces arbres pendant l'hiver de la neige et du verglas qui les gâtent.

CHAPITRE X.

Des jardins d'agrément.

Dans la haute antiquité l'agriculture étoit tellement en honneur que les héros et les rois mêmes ne dédaignoient pas de cultiver eux-mêmes leurs jardins; il est vrai que les jardins alors étoient d'une étendue très-bornée. Le luxe, qui par la suite les fit agrandir, et qui les surchargea d'ornemens superflus, ôta bientôt le goût de l'agriculture. D'ailleurs l'homme, en étendant prodigieusement ses possessions, y devient en quelque sorte étranger ; on jouit véritablement d'un modeste enclos, que l'on peut surveiller et parcourir sans fatigue ; mais la vanité seule attache au parc immense qu'on a magnifiquement décoré : aussi a-t-on besoin dans ce cas de témoins et d'admirateurs, et l'on fait de ses jardins une espèce de promenade publique. En vain l'homme puissant veut s'agrandir outre mesure ; s'il passe de certaines bornes, il est forcé de partager avec le public la jouissance de sa propriété, et sa vanité même implore ce partage.

Les jardins français parvinrent au plus haut point de perfection et de grandeur sous le règne de Louis XIV ; le génie de Le Nôtre lui fit surpasser dans ce genre tout ce qu'on connoissoit alors et tout ce qu'on a vu depuis. Il réalisa l'idée qu'on peut se faire des jardins magiques d'Armide. Ce genre sera toujours celui qui convient aux palais, où tout doit offrir la magnificence et les prodiges des arts. Les noms mêmes des diverses parties de ces beaux jardins avoient quelque chose de si noble ! *Le parterre du Tibre*, *les bains d'A-pollon*, *les bains d'Agrippine* ; *les bosquets*, *les pavillons de Flore*, *etc.*

Il faut convenir que ces noms harmonieux, prononcés dans une brillante cour, ont plus de grâce que ceux-ci : *Le moulin*, *la chaumière*, *la guinguette*, *etc.*

Sans doute les arbres taillés d'une manière bizarre, et représentant des ours, des autruches , etc. , sont de très-mauvais goût ; aussi Le Nôtre n'a jamais rien imaginé de semblable ; mais les portiques élégans de verdure, les bosquets, les terrasses, les labyrinthes, les vastes avenues, les eaux jaillissantes, donnent à ses jardins une variété, une noblesse, un air de fête et de féerie qui s'accordent parfaitement avec la richesse et la somptuosité des palais. Cet art demande et de l'étude et de véritables talens ; car il est, comme l'architecture, soumis à des règles ; il exige beaucoup d'imagination et une grande justesse dans le dessin des proportions ; justesse qui, surtout dans les architectes, paroît être un don de la nature, et qui seule constitue l'homme de génie. La beauté des proportions est, dans un édifice, la première de toutes les beautés. C'est par ce mérite éminent que la colonnade du Louvre est un chef-d'œuvre, et que Saint-Pierre de Rome est le monument le plus étonnant qui existe. La nouveauté même ingénieuse des idées, la richesse et le charme des détails, ne racheteront jamais, en architecture, le manque de proportion. La plus savante combinaison de la distribution d'un terrain donné, et le goût le plus exquis des proportions, se trouvent dans tous les jardins de Le Nôtre. Tous ces jardins paroissent être plus grands qu'ils ne le sont en effet ; en même temps tout y est d'accord : les contrastes n'y forment ni bigarrures ni disparates, et chacune des parties concourt à l'agrément et à la majesté de l'ensemble. Il

étoit beaucoup plus facile de proscrire et d'a-
bolir ce genre , que de surpasser ou même
d'égaler ce grand artiste ; mais en se débarrassant d'une rivalité si dangereuse, on s'en
est donné une autre infiniment plus redou-
table : on a la prétention d'imiter la nature ,
non - seulement dans ce qu'elle a de plus
agréable , mais encore dans ce qu'elle présente
de plus imposant. Dans quels jardins à l'anglaise verra-t-on jamais un fleuve comme le
Rhône, une cascade comme celle de Terny,
des grottes semblables à celles d'Antiparos
ou du Derbyshire, et des montagnes aussi
majestueuses que celles de la Suisse et de
l'Italie ? Qu'est-ce qu'*une forêt* où l'on ne
craint ni de s'enfoncer ni de se perdre ? Quelle
impression fait *un précipice* qui, loin d'avoir
quatre ou cinq cents pieds de profondeur ,
n'est qu'une excavation creusée en pente
douce , et revêtue d'un beau gazon ? Quel
effet peuvent produire de petits *rochers* à
hauteur d'appui , au lieu de ces masses ef-
frayantes qui semblent menacer la tête du
voyageur ? Enfin , que peut - on éprouver,
lorsqu'après avoir quitté une partie de wisk
ou de billard, on court s'ensevelir dans un
désert, situé à quelques pas d'un brillant
salon ? Cependant, on va *rêver*, on va *mé-
diter* là , et tant pis ; on n'y trouve que des
pensées fausses , des sensations forcées, et des
sentimens aussi factices que le sont tous les
objets dont on est environné.

Il fut un moment, dans le siècle dernier,

où l'art de la peinture parut toucher à sa décadence; on en trouva la raison dans le goût des peintres pour les spectacles. C'est là qu'ils alloient étudier le jeu que les passions produisent sur la physionomie ; et, ne copiant qu'une *imitation*, leurs tableaux manquoient de vérité, leurs personnages n'avoient qu'une dignité théâtrale, qu'une expression emphatique et fausse; leur coloris même n'étoit plus celui de la nature, la carnation de leurs figures ne rappeloit qu'un blanc et qu'un rouge artificiels : tels furent surtout les défauts de deux peintres nés avec beaucoup de talent, Carle Vanlo et Boucher.

Ne seroit-il pas fâcheux aussi pour la littérature que les poètes et les écrivains allassent chercher dans les jardins de l'Angleterre ces inspirations heureuses qu'on ne trouvera jamais qu'au sein de la nature ?

Ce fut Addisson qui, dans le Spectateur, conseilla à ses compatriotes l'imitation de la nature dans les jardins. Les Chinois en avoient déjà dans ce genre. Les premiers jardins de cette espèce existent encore en Angleterre (ceux d'*Hagley* et de *Leacawes*); ils sont mal dessinés et très-médiocres. Ceux de *Stow*, faits depuis, mais vers ce temps, sont imposans par leur magnificence, mais beaucoup trop surchargés de fabriques. Enfin les Anglais ont porté ce genre à son dernier degré de perfection. Nous n'avons point de jardins à l'anglaise que l'on puisse comparer à ceux de Bleinheim et aux superbes possessions de lord Scaredale, de lord Howard, du chevalier Hoare, près de Bath, du duc de Portland, de Waller, et de tant d'autres.

Nulle fabrique, nulle invention ne pourra valoir dans ces jardins une pelouse immense, entourée de touffes d'arbres, groupés de manière à laisser voir dans le lointain de beaux points de vue. Ce genre demande surtout de la sagesse et de la simplicité : aussi n'inspire-t-il naturellement, quand il est parfaitement traité, qu'un sentiment mélancolique ; les grandes scènes de la nature n'y sont jamais représentées que d'une manière mesquine et souvent ridicule. On pouvoit étonner, dans les anciens jardins français, par des prestiges de l'art ; on n'étonnera jamais dans les jardins à l'anglaise ; il est même difficile d'y offrir des sites rians. Rien de plus agréable qu'une chaumière, mais quand elle contient un ménage et des enfans, et qu'elle est environnée de champs fertiles ; alors on se plaît à contempler les véritables sources du bonheur sur la terre, le travail et l'espérance. La campagne n'est riante que lorsqu'elle est animée par des cultures variées, qui promettent l'abondance, par un fleuve navigable, par des coteaux chargés de vignes, et surtout par un mouvement continuel.

Le luxe, qui dédaigne tout ce qui est utile, a banni de ces jardins les arbres fruitiers ; cependant la beauté des fleurs de l'amandier, du pommier, etc., vaudroit bien celle de tant d'arbres étrangers et stériles, et les fruits qui

succèdent aux fleurs seroient encore un ornement.

Pour nous, mes enfans, que le malheur a
dû rendre sages, nous ne regretterons pas de
ne pouvoir nous livrer au goût ruineux des
jardins à l'anglaise : nous ferons des jardins
sans prétentions, mais agréables pour la promenade, et dans toutes les saisons. Un grand
parterre vis-à-vis le château nous offrira une
multitude de fleurs ; des deux côtés, deux
belles allées parallèles nous procureront avec
le temps la possibilité de sortir de la maison
sans être brûlés du soleil ; ensuite, plus loin
du château, nous abandonnerons la symétrie ;
nous planterons des arbres de toute espèce,
fruitiers, étrangers, etc. ; nous réserverons
une partie pour les arbres verts, afin de jouir
en hiver de la beauté si précieuse alors d'un
feuillage verdoyant. Malgré le mépris profond
où sont tombés les hautes charmilles, j'en
formerai, à une exposition convenable, une
longue avenue bien étroite, qui, durant l'automne, nous préservera de la violence du
vent, et nous procurera l'avantage de pouvoir nous promener pendant le temps des
équinoxes. Enfin je placerai des bancs de
toute espèce, et bien commodes, dans toutes
les parties de mon jardin ; quelques-uns même
seront couverts comme ceux du parc de Saint-
James à Londres. Outre ces abris contre
la pluie, je poserai encore dans cet enclos,
et dans la même vue, plusieurs petits pavillons, dans lesquels on pourra s'arrêter,

lire et s'occuper, si l'on étoit surpris par un orage (1).

~~~~~~

CHAPITRE XI.

Entrée de Volnis et de sa famille dans le château nouvellement bâti et meublé.

CE fut un beau jour pour la famille de Volnis, que celui où, quittant la ferme de Girard, elle fut s'établir dans le joli château, nouvellement bâti et entièrement meublé. Avec quelles délices on recueillit dans ce moment le fruit de ses travaux ! quel plaisir on eut à parcourir cette maison dont on avoit tracé le plan et qu'on avoit vu bâtir ! comme on la trouvoit commode et charmante ! comme Elmire et Julie admiroient les meubles du salon et de l'appartement de maître, ces rideaux, ces canapés, ces fauteuils, ouvrages de leurs mains !..... Ah ! mon ami ! dit Elmire à Volnis, quelle retraite ravissante ! et nous ne la quitterons point ! le reste de nos jours va s'écouler ici ! plus de voyages, plus de courses fatigantes ! — Oui, reprit Volnis, nous voilà fixés dans un doux asile ! nous ne nous éloi-

____

(1) Je ne parlerai point dans cet ouvrage d'un jar in de plantes usuelles, parce que j'ai fait sur ce sujet un ouvrage particulier avec des planches.
~~~~~~

gnerons plus de nos foyers; vivre en paix dans sa patrie, au sein de sa famille, c'est goûter tout le bonheur qu'on peut goûter sur la terre, c'est être béni du ciel; car la première malédiction du Créateur contre le premier criminel fut celle-ci : *Tu seras fugitif et vagabond !*.... Dieu ne dit point au premier homicide, meurtrier de son frère : Tu perdras la force, la santé, tu périras misérablement; mais il lui annonça toutes les peines, il le condamna à tous les regrets, à toutes les souffrances, en prononçant cette sentence terrible : *Tu seras fugitif et vagabond !*.....

— O mon ami ! dit Elmire attendrie, perdez ici de tristes souvenirs..... — Non, répondit Volnis, ils sont ineffaçables; mais je les conserve sans aigreur, sans ressentiment; j'ai moins souffert que beaucoup d'autres, car j'ai souffert sans haïr; et les peines du passé me font mieux sentir mon bonheur.

La joie de la famille s'accrut dans cette journée par d'heureuses nouvelles d'Amérique, qui apprirent à Volnis que son frère, sa belle-sœur, et Félix, leur fils unique, se disposoient enfin à revenir en France.

On passa les trois jours suivans à visiter le château de la cave au grenier, à déranger, replacer des meubles, à mettre en ordre les armoires, etc.; ensuite on reprit la lecture de la *Maison rustique*.

CHAPITRE XII.

CULTURES. — *Des engrais.*

On compte cinq espèces d'engrais bien caractérisés : les engrais météoriques ; les engrais purement mécaniques ; ceux qui proviennent du règne minéral, du règne végétal et du règne animal.

On entend par engrais météoriques les effets naturels du soleil, de l'air, de la pluie, des gelées et de tous les météores. Les engrais tirés du règne minéral sont ceux qui proviennent du mélange des terres, des sels, de la craie et de la chaux ; les végétaux qui sont sur la surface d'un champ après la récolte sont déjà un engrais, mais sont loin de suffire. Il est clair qu'une portion légère de cette végétation devient insuffisante à l'amendement d'un champ récolté ; mais l'activité et les soins d'un cultivateur intelligent peuvent y suppléer sans qu'il ait recours aux engrais des animaux ordinaires : il peut, à la chute des feuilles, en faire ramasser une ample provision, faire cueillir des genêts et autres plantes inutiles, qu'on met par lits dans des fosses profondes, en ajoutant par intervalle des couches de deux ou trois pouces de bonne terre ; les pluies d'hiver pénétreront ces fosses jusqu'au fond ; elles en exciteront la fermentation, qui s'augmentera par la chaleur d'été, et se convertira insensiblement en terreau : il faudra néanmoins que la couche de terre supérieure soit épaisse de cinq à six pouces et d'une qualité assez compacte, afin d'empêcher l'évaporation des principes ; sans cette précaution cet engrais perdra plus des deux tiers de sa valeur. On doit encore compter parmi ces engrais les marcs de raisins, qui n'ont besoin que de fermentation putride pour être convertis en matériaux séveux : le marc des noix, des olives, des graines de lin, de celles de colzat, de navette, de cameline, dont on a retiré l'huile, est encore un très-bon engrais.

Les tourbes et les cendres sont aussi des engrais végétaux; les premières peuvent même être employées telles qu'on les tire de la terre, à moins qu'elles ne soient pyriteuses, et c'est alors le cas de les laisser incinérer à l'air.

On entend par engrais tirés du règne animal les chairs, le sang, les cornes, les urines, les excrémens, les poils, les laines, en un mot tout ce qui appartient aux quadrupèdes, aux oiseaux, aux poissons, etc.

Chacun de ces engrais a ses propriétés différentes et souvent opposées : avant de les mettre en usage il est indispensable de connoître leurs qualités essentielles pour les appliquer avec succès aux différens terrains qu'on veut mettre en culture. Commençons par l'engrais des oiseaux : on entend par là ceux produits par les oiseaux de basse-cour,

entre lesquels la colombine ou fiente de
pigeon tient le premier rang, comme étant
le plus actif des engrais de cet ordre; celles
des coqs, des poules et des dindes, dont
les qualités sont approximatives du premier
et peuvent tenir le second rang; enfin, celles
des canards et des oies : ces trois sortes d'engrais sont excellens ou préjudiciables, suivant
les circonstances.

Comme ils sont remplis d'une grande quantité de sels qui corroderoient les plantes si
on les employoit indifféremment, il est essentiel de les laisser amonceler pendant un an
avant de s'en servir, et de réduire en poudre
cette fiente quand elle est bien sèche, afin
de la mieux répartir sur les blés, les lins,
les chanvres, etc., et cela dans la saison
des pluies : de cette manière elle deviendra
très-utile; mais si on s'en sert pendant la
sécheresse, elle sera très-nuisible. Au reste, le
conseil le plus salutaire qu'on puisse donner,
c'est de mêler la fiente des oiseaux de basse-
cour au fumier ordinaire, et de les laisser
fermenter ensemble pendant une année.

La colombine, répandue avec intelligence
sur les prés, fait périr les mousses et autres
plantes de cette famille qui les détruisent
peu à peu. Les cendres de charbon de bois,
de charbon de terre, de houille, la chaux,
produisent les mêmes effets; ce qui prouve
que ce n'est point aux parties graisseuses
qu'est due cette destruction, mais seulement
à l'activité et à la quantité de sel alkali,

On distingue les engrais produits par les quadrupèdes en fumiers chauds et fumiers froids : les premiers sont ceux des chevaux, des mulets, des ânes, des moutons, des chèvres et des cochons; et les seconds sont ceux des bœufs et des vaches.

On appelle les excrémens des chevaux, etc., fumiers chauds; et ceux des bœufs et des vaches, fumiers froids.

Il ne faut employer les fumiers des chevaux à l'engrais des terres que lorsqu'ils sont bien consommés.

Le meilleur moyen de faire consommer le fumier est d'établir des fosses, de les environner de terre de tous les côtés, afin que la chaleur du fumier ne dissipe pas ses principes par l'évaporation, et que cette évaporation ne soit pas augmentée par les rayons du soleil ; il faut aussi avoir soin de placer des couches de terre, et multiplier les fosses, plutôt que d'avoir des amas trop considérables de fumier.

Le fumier de vache, n'étant pas un engrais aussi puissant que celui de cheval ; n'en convient que mieux aux terrains maigres. Le fumier de cochon est très-actif et dangereux, quand il est employé frais; mais si on a soin de l'amonceler en le mélangeant avec de la paille, et qu'on le laisse fermenter un temps convenable, ce sera un excellent engrais dans les terres compactes et argileuses.

Il y a plusieurs manières de fertiliser les champs avec les coquilles : si elles sont fos-

siles et encore solides, c'est de les réduire
en poudre fine, au moyen des bocards et
des pilons; si elles sont telles qu'on les tire
du sein de la mer, ou qu'on les ramasse sur
ses bords, on les fait calciner comme la
pierre calcaire, et alors elles sont réduites en
véritable chaux; ou on les porte dans le
champ telles qu'elles se retirent de la mer.
La première méthode engraisse le champ aussitôt; par la seconde, l'opération est plus
longue, mais son effet se manifeste dans l'année même; au lieu que, par la troisième,
la décomposition ne s'établit qu'insensiblement et d'année en année.

On considère les coquilles d'huîtres comme
les meilleures, à cause de la facilité qu'elles
ont d'être plus tôt attaquées par les météores.

Voyons comment les insectes peuvent devenir des engrais utiles à la terre.

Plus le sol est couvert de plantes, et plus
le nombre des insectes y est multiplié, parce
que chacune d'elles a son insecte particulier; quelques-unes en ont plusieurs, et on en
compte plus de cent de diverses espèces,
qui vivent sur le chêne, sans compter tous
ceux qui vivent dans la terre. Or, tous ces
animaux payant tôt ou tard le tribut à la nature, fournissent à la terre des substances graisseuses et huileuses, qui aident à la végétation
des plantes, comme celles-ci aident à leur
tour à la subsistance des insectes, par la raison
que tout est lié dans la nature, et que les rapports entre ces êtres se multiplient à l'infini.

On considère aussi les excrémens humains comme un engrais, et c'est même de tous celui dont les effets sont les plus étonnans ; mais il est de la plus grande importance de l'employer convenablement. Si on s'en sert au sortir des fosses d'aisance , il brûle, corrode les plantes ; s'il ne les détruit pas , il leur communique une odeur et une saveur détestable.

Ce fumier, comme tous les autres, a besoin d'un genre de fermentation indispensable , avant qu'on puisse s'en servir utilement. Pour cet effet, on consacre, dans un endroit éloigné de l'habitation, des fosses où l'on dépose les excrémens , dont on couvre chaque demi-pied d'un lit de bonne terre de trois pouces d'épaisseur , et ainsi successivement. Le lit ou couche supérieure devra nécessairement être en terre bien battue, afin qu'elle retienne sa chaleur dans la masse ; il faut aussi que la fosse ait un pied au-dessous du terrain, afin que les eaux soient retenues et entretiennent l'humidité qui est nécessaire à la fermentation de la masse ; lors même qu'on s'apercevra de l'évaporation, on devra , avant que la sécheresse se manifeste, faire des trous sur le haut de la masse avec des perches , pour y insinuer de l'eau, qu'on fera aisément pénétrer dans toutes ses parties. L'opération finie , les trous seront rebouchés avec de la terre ; cette dernière opération se fait dans l'été , afin que ce fumier ne se consomme pas en pure perte par la chaleur.

On peut, à la seconde année, employer ce fumier en toute sûreté ; il produira les meilleurs effets, surtout dans les terres grasses et argileuses.

On peut aussi tirer un grand parti du sang, des débris, des intestins, etc., qui sont enlevés des tueries, ainsi que des boues des rues, etc. : sans doute cet engrais n'est pas encore à négliger ; il est même prodigieusement actif ; mais il seroit très-dangereux de l'employer sur-le-champ, il faut qu'il fermente long-temps dans les fosses, suivant la méthode que nous avons indiquée, avant qu'on puisse s'en servir.

CHAPITRE XIII.

Du froment.

On compte environ onze espèces de froment : six annuelles et cinq vivaces ; ces dernières n'intéressent nullement le cultivateur. Les espèces annuelles sont distinguées en froment d'été, froment d'hiver, froment de Pologne, froment épeautre, froment à une seule loge.

La grande distinction établie entre les blés hivernaux et printaniers ou marsais doit ici fixer notre attention.

On entend par ces dénominations que les

blés hivernaux sont communément semés en octobre et passent l'hiver en terre, d'où ils ont pris leur dénomination générale ; que les printaniers ou marsais ne sont semés qu'en mars ou à l'entrée du printemps ; ils ont encore des dénominations locales, qui tiennent plus aux cantons qu'à la réalité. D'ailleurs, toutes ces espèces varient tellement, que si l'on sème le blé printanier pendant l'hiver, plusieurs fois de suite, dans de bonnes terres bien cultivées, il deviendra aussi beau, aussi gros que le blé d'hiver, parce qu'il est démontré qu'une plante qui reste quatre à cinq mois de plus qu'une autre en terre y fructifie beaucoup mieux ; comme il est constant que la récolte des blés hivernaux, semés au printemps, sera mauvaise, parce que l'espèce n'a pas encore pris son caractère fixe de dégénérescence ; mais à la longue elle le prendra, comme les printaniers deviendront hivernaux.

Le *blé méteil* est un mélange de seigle et de froment, semés ensemble, en plus ou moins grande quantité de l'un ou de l'autre, suivant la volonté du cultivateur ; c'est assez ordinairement un mélange de moitié qui sert à nourrir les valets de la métairie. Néanmoins celte méthode est infiniment défectueuse et contraire à la saine raison, en ce que l'expérience de tous les temps et de tous les lieux prouve que le seigle, semé dans le même champ et en même temps que le froment, toutes circonstances égales, est au moins huit à quinze jours plus tôt mûr que celui-ci ; il est donc clair qu'en moissonnant tout ensemble la majeure partie du seigle s'égrène sur le sol, ou dans le transport : si on moissonne le froment un peu avant sa maturité, on le sacrifie donc au seigle, et on prévient seulement en partie la perte de ce dernier : ne vaut-il pas mieux semer séparément le froment et le seigle ? on les récolte à leur point de maturité, et on fait ensuite le mélange bien plus commodément et plus exactement dans le grenier. D'ailleurs, comme il est rare, quand on ressème le méteil qu'on a recueilli, de voir réussir le seigle et le froment, il en résulte qu'à la longue il ne se trouve plus aucune proportion entre ces deux grains, et l'on finit par avoir tout seigle ou tout froment. Ainsi, sous quelque point de vue qu'on puisse considérer les semailles du méteil, il est certain qu'elles sont contraires à l'intérêt du particulier.

La coutume, fondée sur l'expérience, est de changer les semences du froment ; mais les méthodes, à cet égard, varient comme les principes locaux ; cependant, malgré les assertions diverses, l'expérience la plus constante démontre combien il est avantageux de renouveler tous les trois ans le blé qu'on veut confier à la terre, parce que les résultats prouvent que le même grain, semé plusieurs fois de suite dans les mêmes champs, s'y détériore, même malgré l'avantage des bonnes saisons et celui d'une bonne culture. Au reste, c'est un point de fait reçu, non-seulement en agriculture, mais encore dans la pratique constante du jardinage.

Il est notoire que telle ou telle espèce de froment se plaît plus dans un terrain que dans un autre; il est donc très-intéressant qu'un cultivateur connoisse celui qui convient mieux à son champ : pour cela il devra, dans ses courses, examiner dans les communes limitrophes le grain de terre et la nature du blé; dès qu'il aura rencontré de l'analogie avec son champ et le grain qui y réussit le mieux, il ne doit pas balancer à acheter la quantité de blé qui lui sera nécessaire pour renouveler ses semences.

Il ne faut jamais tirer des blés des cantons éloignés, parce qu'on ignore la qualité du sol qui les a produits, et que le climat étant à coup sûr différent, le grain souffriroit trop de cette transition subite ; par exemple, le blé de Barbarie, transporté dans nos contrées septentrionales, y périroit sûrement, parce qu'il craint la gelée ; mais on peut l'acclimater progressivement, et alors il prospérera indubitablement.

En général, les cultivateurs ne risquent jamais rien d'acheter des semences dans un pays où le sol est plus maigre que le leur, parce que le grain y gagnera beaucoup ; mais s'ils prennent les blés dans un sol riche, pour les transporter dans un sol maigre, l'espèce en dégénérera subitement. De même, ils feront bien de les prendre dans une température plus froide que la leur, parce qu'ils gagneront toujours dans une situation plus chaude.

Après avoir indiqué le choix des blés, il faut voir la manière de les préparer pour les semer : c'est en les passant dans une lessive alkaline, préparation que l'on appelle chaulage ; mais quand le grain est net, propre, exempt de carie, de nielle, de charbon ou charbucle, etc., cette préparation est parfaitement inutile, parce que ce moyen n'est vraiment qu'un remède contre les maladies de ce végétal. Si, au contraire, il en est attaqué, le chaulage est indispensable, à moins qu'on ne veuille perdre sa récolte, ou avoir un grain malsain et dangereux pour la santé.

Si les grains, quoique sans mouchetures, sont soupçonnés, il suffira de les laver dans la lessive ci-après ; si au contraire ils sont tachés de noir, il faut les laver plusieurs fois dans de l'eau de pluie ou de rivière, et ne les passer dans la lessive que quand ils n'auront plus de noir.

Manière de faire la lessive nécessaire au chaulage des blés, suivant le mémoire de Tillet.

On prendra des cendres de bois neuf, c'est-à-dire qui n'aura pas été flotté, ou tel qu'il sort de la forêt ; on en emplira un cuvier aux trois quarts, on y versera une suffisante quantité d'eau : celle de la lessive destinée pour le grain doit être de deux pintes, mesure de Paris, ou quatre livres d'eau pour une livre de cendres. Cette proportion donnera une lessive assez forte : lorsqu'elle sera coulée, on la fera chauffer, et on y fera infuser ou dissoudre assez de chaux vive pour qu'elle prenne un blanc de lait.

Cent livres de cendres ou deux cents pintes de lessive, auxquelles on ajoutera quinze livres de chaux : cette quantité de lessive, ainsi préparée, suffit pour soixante boisseaux de froment, mesure de Paris. Cette quantité de lessive revient au plus à quarante sous, ce qui fait huit deniers par chaque boisseau.

On attendra, pour faire usage de cette lessive chauffée, que sa chaleur soit diminuée au point qu'on puisse y tenir la main; alors on versera le froment déjà lavé dans une corbeille d'un tissu peu serré, et qui ait deux anses relevées, et on la plongera à plusieurs reprises dans cette lessive blanche; on y remuera le grain avec la main ou avec une palette de bois pour qu'il soit également mouillé; on soulèvera la corbeille pour la laisser égoutter sur le cuvier, puis on égouttera ce grain sur des charriers ou sur des tables pour le faire sécher promptement ; on remplira la corbeille de nouveau grain, et on la trempera, comme ci-dessus, dans le cuvier, dont on aura remué le fond avec un bâton, jusqu'à ce qu'on ait fait passer les soixante boisseaux.

Il faut, outre cela, prendre garde que les sacs ou corbeilles dans lesquels on a apporté les blés pour les chauler ne servent pas à les remporter après l'opération, attendu que la poudre noire s'attache à leurs parois; alors les grains s'en imprègnent de nouveau, et reportent dans le sein de la terre les principes empoisonnés dont on a voulu les préserver.

Il faut encore avoir soin de ne pas faire l'opération du chaulage à l'époque des semailles, dans la crainte que les temps humides n'empêchent les grains de se dessécher; et s'ils restoient long-temps dans cet état d'humectation, ils germeroient, et les germes seroient dans le cas d'être brisés dans le transport ou en les semant : d'après cela un cultivateur prévoyant doit, dans les premiers beaux jours de septembre, ou au plus tard à la fin, procéder au chaulage de ses grains; il les remuera à la pelle, de temps à autre, dans un lieu sec où il y ait un courant d'air; il observera, sur toutes choses, qu'il n'y ait pas eu dans cet endroit du blé carié, quelques précautions qu'on ait prises pour le balayer. Passons à l'époque où l'on doit semer.

Comme chaque végétal est soumis à une loi particulière, le froment n'obéit qu'à la sienne, et ne fait pas exception à la loi générale de la nature; sa germination ne se fait qu'en raison du degré de la chaleur ambiante qui lui convient. C'est donc cette époque que l'on doit choisir; c'est encore elle qui a donné lieu aux semailles des fromens marsais ou printaniers, parce qu'alors le degré de chaleur de l'atmosphère est égal, ou du moins presqu'égal à celui qu'on éprouve assez communément en septembre. Dans ce moment l'opération de la nature est libre; quand on sème plus tard elle est forcée; ainsi il faut toujours hâter les semailles, à moins que les circonstances physiques ne s'y opposent, parce que plus les plantes restent en terre, plus elles tallent, et mieux les grains sont nourris. Si on en veut un exemple contre lequel il n'y a pas de réplique, que l'on considère les grains restés en terre après la moisson; leurs tiges sont toujours belles, bien fournies; et cela parce que ce blé a suivi l'ordre de la nature : d'ailleurs, un avantage réel des semailles précoces, c'est qu'alors le froment sort de terre naturellement, qu'il a le temps d'achever tranquillement son opération, parce qu'à cette époque il est rare que les pluies soient abondantes; ses racines travaillent continuellement et s'enfoncent; la plante acquiert de la force pour résister à la rigueur de l'hiver, redoute moins la sécheresse de l'été, et les récoltes sont plus belles.

Les anciens avoient des signes qui leur indiquoient le temps des semailles, tels que la chute des feuilles, le travail des araignées terrestres, qui ne filent en automne qu'alors que le ciel est disposé à faire germer les nouveaux blés : ces indications ne sont pas indifférentes, parce que la nature n'a pas changé, et que celle des anciens est la nôtre.

Un semeur expérimenté est un homme in-finiment précieux; mais il s'en trouve peu qui sachent semer bien également; chacun a sa routine, et il est bien difficile de la lui faire abandonner. Les uns sèment sur une toise de largeur, moitié en allant, moitié en reve-nant; les autres sur deux toises. Cette der-nière méthode est à coup sûr celle qu'on doit préférer, parce qu'on sème moins épais, et qu'il y a un moyen bien certain pour semer son champ comme les circonstances l'exigent, c'est de ralentir son pas quand on veut semer plus clair, attendu qu'il faut que le semeur ne manque pas de prendre la même quantité de grain dans la main, et qu'il la répande d'une manière uniforme; car s'il varie la valeur de ses poignées son champ sera irrégulièrement semé. Au reste, les indications sur la quantité des semences qu'on doit répandre sur la terre, étant en raison de la continence des mesures locales, nous ne pouvons prendre que celle de la toise pour établir un calcul proportionnel; on estime donc 1° que sur une surface de terre de quatre cents toises carrées (la toise de six pieds) on peut semer avant l'hiver quarante livres de froment, poids de marc, et cin-quante livres pour les marsais; 2° dans les champs sujets à l'herbe, cinquante livres avant l'hiver, et soixante livres après l'hiver; 3° plus le sol est riche et propre au froment, plus on doit diminuer la quantité de semences;

4° plus il est maigre, plus on doit l'augmenter, mais ne pas excéder cinquante livres avant l'hiver, et soixante livres après l'hiver.

Il faut prendre garde de semer trop épais; car pour peu que le sol soit bon et que les saisons soient favorables au tallement des blés, s'il survient des pluies lorsque l'épi sera formé et qu'il approchera de sa maturité, les grands coups de vent les verseront, et ils ne pourront se relever. Moins les tiges sont serrées, plus elles sont fortes et capables de soutenir les épis.

Les saisons et les climats doivent être aussi consultés dans la manière de recouvrir le grain; il faut recouvrir davantage les semailles d'hiver que celles des blés printaniers, et beaucoup plus dans les pays méridionaux que dans les contrées septentrionales, à cause de l'intensité de la chaleur de l'automne et sa continuité à l'entrée de l'hiver. Les manières de recouvrir les semailles varient aussi suivant les localités; néanmoins la plus usitée est la herse, qu'on passe à une ou plusieurs reprises sur le champ nouvellement semé; dans quelques endroits où l'on se sert de l'araire, on recouvre aussi avec cet instrument aratoire; dans d'autres, on recouvre avec l'araire à oreilles, après s'en être servi pour labourer; en général, dans un terrain bien défoncé et bien ameubli, le grain doit y être recouvert de quatre à cinq pouces de bonne terre; alors il ne craindra nullement les effets désastreux de la sécheresse.

Au renouvellement de la saison, les herbes parasites qui se développent avec les blés dévorent leur substance; c'est alors qu'il faut sarcler, c'est-à-dire arracher ces mauvaises herbes.

Plusieurs cultivateurs cependant considèrent le sarclage comme inutile, et ils ont tort ou raison, suivant les circonstances. Sans doute, lorsque la semence a été bien purgée des graines étrangères, ou lorsqu'après une longue suite de travaux on est parvenu à détruire toutes les mauvaises herbes, le sarclage est à peu près inutile; cependant, si on a répandu du fumier sur les terres, comment se débarrasser des semences importunes qu'il renferme? d'ailleurs, il ne peut exister en agriculture de lois générales sans de grandes modifications, puisque dans tous les autres cas le sarclage est très-utile. Au surplus, il faut sarcler le plus tôt possible, parce que la célérité est toujours un grand bien dans les travaux de l'agriculture. À cet effet, on choisit un temps qui ne soit ni trop sec ni trop humide. Il y a plusieurs manières de sarcler : ou en arrachant les plantes avec la main, et on déchausse moins les racines du blé; ou en se servant d'une petite pioche, large d'un pouce, longue de trois à quatre, et fixée à un manche de deux ou trois pieds. La première méthode est préférable, parce qu'elle détruit parfaitement l'herbe, pour peu que la terre soit humide; l'autre est néanmoins plus expéditive, moins dispendieuse et moins fatigante;

mais elle ne produit presqu'aucun avantage réel.

Aux approches de la moisson il y a un autre sarclage, dont le but est de se procurer des fromens nets, dépouillés de seigle, d'orge et de vesce, parce que tous ces grains déprécient beaucoup la qualité du blé; mais il faut qu'il soit fait par des garçons, parce que les femmes cassent et couchent les tiges avec leurs vêtemens; encore faut-il que ceux qui font cette extirpation ne marchent pas, mais traînent leurs pieds pour avancer d'un espace à l'autre, afin de ne pas briser les plantes.

Des maladies des grains.

Pour prévenir la nielle, M. Aimen est d'avis que l'on choisisse pour la semence le plus beau grain, le plus mûr; qu'on le batte sans différer, et que sur-le-champ on le passe à la chaux, soit pour empêcher, dit-il, qu'il ne s'y forme de la moisissure, soit pour détruire celle qui seroit déjà formée.

Moyen de prévenir le charbon.

Il faut convenir que les connoissances qu'on a acquises sur la cause de la maladie qu'on nomme charbon ou bosse ont mis les observateurs sur la voie d'y trouver un remède convenable. En effet, puisque la poussière du charbon porte la contagion sur les grains qui en sont empreints, il est probable que tous les moyens capables d'enlever cette poussière doivent être regardés comme efficaces, pourvu que le virus n'ait pas, dès le premier contact, affecté l'intérieur du grain qu'on se propose de mettre en terre. En ce cas, les différens cribles proposés dans le *Traité de la conservation des grains*, et les lotions avec l'eau claire, telles qu'on le pratique en plusieurs endroits, pour améliorer les blés mouchetés, pourroient être proposés comme des remèdes efficaces, ainsi que l'eau de chaux qu'emploient nos fermiers; la forte saumure, qui est en usage dans quelques provinces de France; la solution d'arsenic, dont quelques personnes ont prétendu faire un secret : toutes ces préparations devroient être avantageuses, et suivant les expériences de M. Tillet elles le sont effectivement; mais souvent aussi elles ne sont pas suffisantes.

C'est une bonne précaution de laver dans plusieurs eaux les grains mouchetés, mais il faut ensuite les imprégner avec des eaux chargées de sels, et absorber ces saumures avec de la chaux, en les y plongeant comme nous l'avons dit.

Une forte saumure de sel marin est très-bonne.

Une partie de nitre dans neuf parties d'eau a encore plus d'action que le sel marin : on doit en faire usage dans les endroits où les terres nitreuses sont fort abondantes.

Les fortes lessives alkalines sont encore meilleures ; la soude, la potasse , les cendres gravelées, les lessives de cendres ordinaires, fort chargées de sel ; l'urine d'homme ou de vache alkalisée par la putréfaction : on peut choisir entre ces différentes drogues celles qui sont les plus communes dans les lieux où on aura des graines à préparer pour les semences. On peut, par exemple, employer en Normandie la soude de varec, qui y est à très-bon marché : cette soude, rejetée pour les teintures et lessives, parce qu'elle est plus chargée de sel marin que de sel alkali, pourra être utilement employée pour les préparations des grains.

Il est toujours aisé de séparer la plus grande partie des grains ergotés par le secours du crible, parce que la plupart de ces grains malades sont beaucoup plus gros que les grains sains. Les paysans de Sologne font cette séparation dans les années où le grain n'est pas cher ; mais dans les années de disette ils se gardent bien de perdre les grains ergotés ; et c'est alors qu'ils sont attaqués d'une gangrène sèche qui leur fait tomber les extrémités du corps, sans presque sentir de douleur et sans hémorragie. On a vu quelques-uns de ces pauvres misérables à l'Hôtel-Dieu d'Orléans, à qui il ne restoit plus que le tronc, et qui ont cependant vécu en cet état plusieurs jours.

Comme l'ergot ne produit pas tous les ans ces affreux accidens, on a pensé qu'il pouvoit y avoir deux sortes d'ergots ; l'un qui n'est point pernicieux, et l'autre qui occasionne la gangrène dont nous venons de parler. Il est cependant probable qu'il n'y a qu'une espèce d'ergot, et que ce grain ne fait point de mal; 1° quand les paysans ont soin de cribler attentivement leur grain; 2° quand il y a naturellement peu d'ergot mêlé avec le bon grain. On prétend encore que l'ergot perd sa mauvaise qualité quand on l'a gardé un certain temps; mais aussi c'est par cette raison que les paysans doivent être attaqués de cette gangrène dans les années de disette, parce qu'alors ils consomment leur récolte presqu'aussitôt qu'ils ont fini la moisson (1).

Les grains sont sujets encore à plusieurs autres maladies.

La *rouille* des blés, qui attaque les feuilles et les tiges du froment, les *blés glacés*, les *blés avortés*, les *blés stériles*, les *blés versés*. Il faut voir dans le Dictionnaire intitulé *Nouveau Cours complet d'Agriculture*, et dans *la petite Maison rustique*, dont tous les articles d'agriculture sont extraits, ou entièrement conformes au Cours d'agriculture, la description de ces maladies et les remèdes qu'on peut y apporter. Je n'ai détaillé que les maladies les plus graves, et c'est assez pour cet ouvrage.

(1) Du blé et du pain qui peuvent donner une gangrène qui fait tomber les membres du corps réclament tous les soins du gouvernement pour prévenir de telles horreurs. On auroit grand besoin des lois les plus rigoureuses et de la surveillance la plus exacte pour empêcher les paysans de faire usage du *blé ergoté*, et même de tout mauvais blé.

CHAPITRE XIV.

Préparatifs nécessaires pour les moissons.

Il faut d'abord se pourvoir d'une suffisante quantité d'ouvriers, proportionnellement à la quantité des grains qu'on a à récolter. Ces ouvriers sont des scieurs pour couper le froment et le mettre en bottes ; un broquateur qui aide à mettre les gerbes en triaux ou en dizeaux , et qui les charge sur les voitures ; un ou deux calvaniers qui arrangent et entassent les gerbes dans les granges ou en meules , qu'on nomme des chaumiers ou des gerbiers. Les liens se font par les domestiques de la ferme, qui , pendant la moisson , doivent redoubler l'activité de leur travail pour prêter la main partout où il en est besoin. Enfin , il faut des faucheurs, principalement pour couper les orges et les avoines. Les scieurs et les faucheurs sont ordinairement à leur tâche ; mais les autres ouvriers sont loués pour le temps de la moisson.

Comme dans ce temps les fermiers ont beaucoup de monde à nourrir, ils doivent s'être pourvus de vivres , et particulièrement de farines , car souvent dans cette saison les eaux sont basses et il fait peu de vent , de sorte qu'on manque quelquefois de pain au milieu des grains.

Dans plusieurs provinces il se présente des ouvriers qui, associés les uns avec les autres, entreprennent tous les travaux d'une moisson; en conséquence ils coupent les grains, les mettent en bottes, les chargent sur les voitures, les arrangent dans les granges. Quelquefois les mêmes ouvriers sont encore chargés de battre les grains, de sorte que le propriétaire n'a autre chose que ses voitures à fournir. Il a encore la facilité de s'acquitter avec ses moissonneurs en leur cédant soit un septième, soit un huitième ou neuvième de sa récolte.

On ne peut pas fixer précisément le temps où l'on doit commencer la moisson : elle est plus ou moins tardive dans les différentes provinces, et suivant les années chaudes ou fraîches, sèches ou humides; mais en général la couleur des pailles et des épis, devenus jaunes ou blancs, fait connoître quand les grains sont parvenus à leur maturité.

Quand on a une grande exploitation à faire, on doit commencer par mettre à bas les grains qui sont les plus avancés; car toutes les terres d'une grosse ferme ne sont pas d'une même qualité, et les grains acquièrent plus tôt leur maturité dans les terres légères que dans les terres fortes. Ce sont les blés les plus avancés qu'il faut mettre les premiers à bas; on finira par ceux qui se trouvent dans des terrains plus tardifs; et comme il faut un temps considérable pour faire une grande moisson, on doit commencer à couper les grains un peu avant leur parfaite maturité. Il est certain qu'ils achèvent de se mûrir dans le tas, et il est très-important de prévenir qu'ils ne s'égrènent; il faut surtout avoir cette attention pour les blés de mars, parce qu'ils sont plus sujets à s'égrener que les autres. Au contraire, on ne doit couper les grains qu'on destine pour la semence que quand ils sont parfaitement mûrs, au risque d'en voir une partie s'égrener et se perdre.

Si l'on a scié des grains un peu verts, et qu'ils soient destinés à être battus sur-le-champ, il faudra arranger les bottes par tas, épis contre épis, pendant le jour, et sur le soir défaire ces tas, et mettre ces gerbes sur le cul. En répétant cette manœuvre pendant quatre ou cinq jours, les grains se trouveront en état d'être battus; mais dans les provinces où l'on conserve les grains en tas ou dans des granges, et où on ne les bat que pendant l'hiver, on peut les entasser sur-le-champ, la chaleur qu'ils y contractent étant suffisante pour achever de les mûrir.

Ordinairement on coupe les blés pendant toute la journée; vers le soir, on forme les bottes, et le lendemain, dès le matin, avant que la rosée soit dissipée, on les transporte soit à la grange, soit à l'aire.

On laisse la javelle tout le jour sur le champ, non-seulement pour mieux dessécher le grain, mais encore pour faner l'herbe qui se trouve dans le pied des blés; car si on la serroit verte le tas s'échaufferoit quelquefois au point d'altérer le grain. Ainsi, dans les années abondantes en herbe, on laisse le blé en javelle plus long-temps que quand il s'y trouve peu d'herbe. On forme les bottes, et on les rassemble en triaux ou dizeaux pendant la fraîcheur du soir, afin que les grains tiennent mieux dans les épis. C'est aussi pour cette raison qu'on les voiture dès le grand matin.

Dans l'Angoumois, ainsi que dans toutes les provinces où les terres sont labourées par billons, on scie tous les grains, ce qui rend les moissons très-longues. Les semailles sont pénibles, parce qu'il faut tout enterrer à la charrue : on voit que cette méthode augmente aussi les frais de moisson. On ne doit donc labourer par billons que quand on ne peut pas faire autrement.

Dans la Beauce, dans la Brie et dans plusieurs autres provinces, où on laboure soit à plat, soit par grandes planches, on coupe les seigles et les fromens avec la faucille ; mais on y fauche les orges et les avoines. On attache les bottes avec des liens de paille de seigle, dont on joint ensemble deux longueurs arrêtées d'un nœud par le bout qui porte les épis.

Dans d'autres endroits on lie les gerbes avec des harts ; et comme les paysans de certains cantons s'arrogent le droit de couper ces harts dans tous les bois, ils font un tort considérable aux jeunes bourgeons, parce qu'ils choisissent toujours les brins les plus droits et les moins noueux.

Dans la Flandre, le Hainaut, la Suisse, etc.,

on coupe les seigles et les fromens avec la faux. Nos fermiers du Gâtinais n'ont recours à ce moyen que quand leurs fromens sont bons, clairs et trop remplis d'herbes ; mais quelques paysans qui ne font que de petites exploitations le long de la forêt d'Orléans fauchent leurs seigles ou leurs fromens forts ou foibles.

Les scieurs éprouvent souvent des maladies, parce que, comme ils ont toujours le corps courbé vers la terre, ils respirent un air d'autant plus brûlant que les rayons du soleil sont réfléchis par le terrain. Ces travailleurs croient se rafraîchir en buvant fréquemment; mais leur boisson, échauffée par le soleil, ne les désaltère point, et je soupçonne même que cette abondance de boisson contribue à les rendre malades. D'ailleurs, la façon de couper les grains avec la faucille est peu expéditive. Ce seroit donc une découverte utile que de trouver le moyen de couper les grains avec quelque machine qui déchargeât les hommes d'une partie de ce pénible travail.

CHAPITRE XV.

Du glanage.

Toutes les lois bienfaisantes qui prescrivent la charité, l'indulgence, la bonté envers les êtres les plus foibles, et par conséquent les

plus intéressans, la veuve, l'orphelin, le vieil-
lard, l'étranger sans appui, toutes ces lois
touchantes sont divines; car elles se trouvent
toutes dans les saintes Écritures :

« Vous ne recevrez point pour gage (*d'une*
« *dette*) la meule de dessus ou de dessous
« du moulin, parce que celui qui vous l'offre
« vous engage sa propre vie. » *Deutéronome,*
ch. XXIV.

« Lorsque vous redemanderez à votre pro-
« chain quelque chose qu'il vous doit, vous
« n'entrerez point dans sa maison pour en
« emporter quelques gages, mais vous vous
« tiendrez dehors, et il vous donnera lui-
« même ce qu'il aura. Que s'il est pauvre,
« le gage qu'il vous aura donné ne passera
« pas la nuit chez vous; mais vous le lui
« rendrez avant le coucher du soleil, afin
« que, dormant dans son vêtement, il vous
« bénisse, et que vous soyez trouvé juste de-
« vant le Seigneur votre Dieu. » *Même chap.*

« Vous n'ôterez point à la veuve son vête-
« ment pour vous tenir lieu de gage.

« Quand vous aurez coupé vos grains dans
« votre champ, et que vous y aurez laissé
« une javelle par oubli, vous n'y retournerez
« point pour l'emporter, mais vous la laisse-
« rez prendre à l'étranger, à l'orphelin et à
« la veuve, afin que le Seigneur votre Dieu
« vous bénisse dans toutes les œuvres de
« vos mains.

« Quand vous aurez recueilli les fruits des
« oliviers, vous ne reviendrez point repren-

« dre ceux qui seront restés, mais vous les
« laisserez à l'étranger, à l'orphelin et à la
« veuve.

« Quand vous aurez vendangé votre vigne,
« vous n'irez point recueillir les raisins qui y
« seront demeurés; ils seront pour l'étran-
« ger, pour l'orphelin et pour la veuve. »
« *Même chap.*

« Lorsque vous mettrez le siège devant
« une ville..., vous n'abattrez point les ar-
« bres qui portent du fruit..., vous ne ren-
« verserez point à coups de cognée les ar-
« bres du pays d'alentour. » *Deutéronome,*
chap. XXI.

Parmi ces lois admirables, pourrois-je
oublier, mes enfans, de vous citer celle-ci?

« Vous ne ferez point de peine à l'étran-
« ger ; car vous savez quel est l'état des
« étrangers, puisque vous l'avez été vous-
« mêmes en Égypte. » *Exode, chap.* XXIII.

Nous, fugitifs pendant si long-temps, pour-
rons-nous sans attendrissement nous rappeler ces paroles divines, quand nous rempli-
rons les saints devoirs de l'hospitalité!....

Tout ce que le code rural prescrit de cha-
ritable est tiré de l'Écriture sainte; en voici
les principaux réglemens : La permission de
glaner et de grapiller est accordée à tous les
pauvres, aux vieillards et aux petits enfans,
qui n'ont pas la force de travailler. Les gla-
neurs, râteleurs et grapilleurs n'entreront dans
les champs, prés et vignes récoltés et ou-
verts, qu'après l'achèvement total des fruits.

En cas de contravention, les produits du glanage, grapillage, etc., seront confisqués, et, suivant les circonstances, des punitions particulières pourront être imposées. Le glanage, grapillage, etc., sont interdits dans tout enclos rural. L'héritage sera réputé clos lorsqu'il sera entouré d'un mur, ou d'une palissade, ou d'une haie : la même chose pour le grapillage des raisins, des oliviers, des pommes et autres fruits de la campagne. Les lois ne permettent pas non plus de saisir pour dettes, chez un laboureur, les instrumens aratoires.

Des différentes pratiques pour la conservation du blé.

Blé dans la gerbe. Dès que le blé est coupé et réuni en gerbes, on le laisse dans le champ même où il a été récolté, plus ou moins longtemps, afin qu'il perde son humidité superflue ; soit que l'on en arrange les gerbes dans la grange ou sous des hangards, soit qu'on les amoncelle dans les meules à demeure, il y acquiert le dernier degré de la maturité, se perfectionne à peu près comme les fruits à pepin dans le fruitier ; il conserve long-temps la faculté germinative et le goût du fruit qui caractérisent sa nouveauté, avantage que l'on retrouve dans le pain qu'on en prépare ; enfin, il devient plus propre à se garder au grenier et à se transporter au loin sans avaries.

Le blé conservé ainsi dans les granges, ou en meules, est dans un état qu'on peut comparer à celui de l'amande dans la coque; les deux moyens ne diffèrent qu'en ce que l'un est moins accessible aux animaux et abrité par un toit, et qu'il est plus sous la main du propriétaire, tandis que le reste exige une plus grande surveillance et davantage de frais; mais, dans tous les cas, il est prouvé que le blé conservé par cette méthode s'améliore, qu'il perd une portion de son humidité surabondante, et que l'autre se concentre insensiblement avec les différens principes, d'où résulte cet effet qu'on appelle le ressuiement, c'est-à-dire que, suivant l'expression familière du cultivateur, le blé a jeté son feu.

Ces moyens de conservation, malgré leur bonté reconnue, ne sont pas, il est vrai, praticables dans toutes les circonstances. Par exemple, lorsque le blé a été récolté humide, qu'on n'a pas d'emplacement hors de la ferme, et que le prix des matériaux pour bâtir est excessif, ils ne sont pas praticables, surtout dans les cantons du midi de la France, où la totalité de la moisson est dépiquée au moyen du pied des animaux; le procédé suivant doit être préféré, quand on n'a besoin que des pailles, et qu'on ne manque point de grains.

Blé dans la petite paille. Quand on a battu et vanné le blé, on le remet ensuite dans la petite paille, on étend le tout dans la grange ou le grenier, ou dans tout autre endroit sec et froid; on le conserve un temps infini sans avoir besoin de le remuer; il est même possible de le transporter ainsi; chaque grain se trouve isolé et recouvert d'une matière sèche et lisse, qui ne s'humecte pas à l'air, qui réfléchit les rayons du soleil plutôt qu'elle ne les absorbe.

Blé en couche. La méthode la plus généralement pratiquée de conserver le blé, dès qu'une fois il est battu, vanné et criblé, consiste à le répandre sur le carreau ou le plancher du grenier, en couches plus ou moins épaisses, à le remuer à la pelle, et à le passer souvent au crible; cependant les grains ainsi abandonnés à l'air, à la poussière, aux insectes qui s'y introduisent et s'y multiplient, exigent un travail d'autant plus soutenu qu'ils proviennent d'années humides, et que les masses sont plus considérables.

Pour prévenir les effets funestes de cette méthode, on ne donne au tas qu'un pied ou dix-huit pouces d'épaisseur, et on a soin de placer aux deux extrémités un crible pour le remuer continuellement; par cette opération on fait passer successivement le grain d'un lieu dans un autre, d'un étage supérieur à un étage inférieur, en le rafraîchissant par de l'air nouveau qui dissout et emporte une partie de l'humidité.

Mais on ne doit jamais attendre, pour remuer le blé, qu'il exhale de l'odeur, et que la main introduite dans le tas éprouve de la chaleur; car le grain auroit déjà subi un commencement de fermentation qu'il seroit difficile ensuite de corriger; il faut donc passer le blé à la pelle tous les quinze jours en été, et tous les mois en hiver; le criblage demande à être répété tous les deux mois.

Blé ventillé. Pour donner plus d'activité à l'air, et favoriser une plus grande introduction de cet agent dans les couches horizontales du blé répandu sur l'aire du grenier, Hales est le premier qui ait songé à exciter un courant par le jeu des soufflets, et à faire traverser l'épaisseur du tas par de l'air froid et sec, qui renouvelle à l'infini celui qui se trouve interposé entre les grains. Duhamel s'est assuré de l'efficacité de ce moyen en éventant un petit grenier qui contenoit quatre-vingt-quatorze pieds cubes de froment. On trouve dans son Traité de la conservation des grains la description de greniers de toutes sortes de dimensions, et la forme des caisses qu'il propose pour rafraîchir le blé et le nettoyer.

Blé dans les paniers de paille. Fondé sur ce que la paille est le plus mauvais conducteur de la chaleur, l'abbé Villin a imaginé d'en former des paniers d'une certaine grandeur pour y conserver le blé. Ces paniers ont la figure d'un cône renversé, et peuvent en contenir jusqu'à deux setiers environ, mesure de Paris.

Chaque panier est composé de rouleaux de paille de seigle, unis les uns aux autres par des liens flexibles d'écorce de tilleul; vers l'endroit où ce panier se rétrécit, il y a extérieurement un rebord de paille qui les retient sur le montant; le haut du panier, qui est la base du cône, est recouvert d'un clayon dont l'usage est d'empêcher les chats d'y faire leurs ordures.

Ces paniers se démontent; ils sont de deux ou trois pièces liées par attaches; et par ce moyen on peut les entrer même par des portes étroites de grenier. Au milieu du panier, M. l'abbé Villin avoit coutume de placer du haut en bas un tuyau de paille formé de différens faisceaux.

Les avantages de ces paniers sont 1° de tenir le froment net; 2° de le mettre à l'abri des chats, qui peuvent y chasser les souris sans le gâter, parce qu'ils n'ont pas la liberté d'y entrer; 3° d'en écarter la mite et le charançon, qui n'y trouvent pas leur retraite comme dans les murs et les planchers, et dont la multiplication ne peut y être grande, parce que ce froment est remué très-facilement; pour cet effet, on débouche toutes les planches à coulisses de chaque panier, on place des corbeilles sur ceux du plus bas étage, pour recevoir environ un huitième du grain. On remonte ce grain dans les paniers supérieurs; on conçoit que les paniers ayant une forme conique, si on laisse échapper un peu de blé, tout ce qui est contenu est remué dans l'instant, les grains coulent les uns sur les autres, le blé a de l'air par les parois du panier; il en a par le tuyau de paille qui est au centre, et qui sert en outre de thermomètre quand le froment s'échauffe et fermente. Ce tuyau se couvre à son extrémité d'une humidité qui l'annonce, alors on ôte les coulisses pour le remuer.

Blé dans les souterrains. On a imaginé de soustraire le blé à l'impression de l'air en le mettant dans des fosses profondes, dans des puits, dans des citernes. Il y a plusieurs méthodes pour réussir : la première, c'est d'asperger à plusieurs reprises la surface du monceau avec une certaine quantité d'eau; le grain mouillé gonfle et germe, les radicules présentent insensiblement une masse de racines et de tiges, qui se dessèchent, et forment une croûte universelle.

Une autre méthode, préférable à la première à tous égards, consiste à couvrir le monceau de deux pouces de chaux ou de plâtre réduits en poudre très-fine, à mouiller par aspersion la partie extérieure de cette couche; celle-ci alors ne permet plus l'accès de l'air extérieur.

S'il existoit des insectes dans le monceau de blé, ils périroient à cause du défaut d'air libre pour respirer, ou bien parce que leurs dégâts une fois faits, ils ne pourroient pas en recommencer de nouveaux.

En 1707 on découvrit dans la citadelle de Metz un magasin de blé qui y avoit été déposé en 1523; le pain qu'on en prépara parut assez bon. A Sedan on trouva pareillement une masse de blé qui existoit depuis cent dix ans : tous ces blés étoient recouverts d'une croûte épaisse de quelques pouces, qui interdisoit la communication entre l'intérieur du monceau et l'air extérieur.

Ces moyens de conserver le blé le préservoient de bien des alternatives du chaud et du froid, de la lumière et des insectes ; mais ils le racornissoient et lui communiquoient les défauts qu'on reproche aux blés durs de plancher ; ils en altéroient la couche supérieure, et faisoient contracter à la couche inférieure une odeur de moisi.

Maintenant que la composition physique du blé est mieux connue, qu'on a su apprécier les effets des agens conservateurs qu'on leur applique aujourd'hui, qu'il est facile de le garder en bon état un certain temps sans en sacrifier une partie, pourquoi tous nos efforts ne tendroient-ils pas vers les moyens de perfectionner ces agens, puisqu'il n'en coûteroit ni soins ni frais de plus ?

Blé en sacs isolés.

Parmi les moyens proposés et adoptés pour conserver les grands approvisionnemens, il n'en est pas de plus économique et de plus conforme à la saine physique, à l'expérience, que celui qui consiste à mettre le blé, dès qu'il est sec, bien criblé et ressuyé, dans des sacs propres et fermés, à distribuer ces sacs par rangées droites dans le grenier, dont nous donnerons incessamment la distribution, en ne laissant que la place nécessaire pour passer entre les murs. Ces sacs doivent être isolés au moyen de petits mor- ceaux de bois qu'on fixera à leur circon- férence par un petit crochet attaché à leur extrémité, et qu'on mettra à la partie la plus saillante du sac.

Cette méthode de conservation n'est pas seulement applicable aux graminées, elle con- vient encore aux semences légumineuses, telles que les pois, les fèves, les haricots, les lentilles, etc.

Elle épargne du temps, des soins, des dépenses souvent employées en pure perte, pour les pratiques les plus vicieuses, quoi- que les plus usitées ; elle ménage de l'em- placement ; car c'est une vérité démontrée que les grains, divisés en petites masses, s'échauffent, fermentent moins aisément que quand ils sont amoncelés ; que les sacs isolés doivent être considérés comme autant de petits greniers renfermés dans un grand, et que le même local peut contenir du blé en sacs une fois autant que lorsqu'il est ré- pandu sur le plancher en couches plus ou moins épaisses.

En parcourant l'histoire des siècles les plus reculés, on verra que ces urnes, ces jarres, ces corbeilles dans lesquelles les an- ciens serroient leurs provisions de blé ; que les différens procédés mis en usage par les modernes, pour le conserver en épis dans la paille, au vent, dans des nattes en forme de paniers, dans des citernes revêtues in- térieurement de paillassons, dans des barils,

dans des caisses, des magasins à comparti-
mens, sont fondés absolument sur le principe de la méthode des sacs isolés.

Conservation du blé par l'intermède de la chaleur.

Blé exposé au soleil. Quelque parfait que
soit le blé au moment de la récolte, il est
toujours avantageux que l'hiver ait passé
dessus pour le consommer ; mais le pauvre
habitant de la campagne, qui n'a pas le
temps d'attendre, se jette sur le grain aussitôt qu'il est coupé ; peu de temps après les maladies l'assiégent de toutes parts, il ignore
que c'est à l'usage des grains nouveaux qu'il
faut en attribuer la cause ; pressé alors de
le faire servir à sa nourriture, il devroit
avoir toujours la précaution, avant de l'envoyer au moulin, de profiter de quelques
jours de beau temps, et de l'étendre sur des
draps au soleil, qui en fait dissiper l'eau
de végétation qu'il perd insensiblement à
la grange ou au grenier dans l'espace de
six mois.

Quand bien même il ne devroit résulter
de la précaution d'exposer les grains trop
nouveaux au soleil qu'un avantage pour la
santé, ne seroit-ce pas une raison suffisante
pour s'empresser de l'employer ? Mais l'économie y trouvera également son compte ;
le blé humide se comprime au moulin
au lieu de se rompre ; en le desséchant

comme nous le recommandons, la farine qui en proviendra sera plus abondante, et donnera du pain de meilleure qualité.

Les blés mal criblés qui ont contracté à leur superficie une odeur de moisi ou d'insectes, qui sont recouverts par la carie ou le charbon, ou salis par une poussière, ne donnent que des résultats médiocres, à moins qu'on ne les lave à grande eau dans des baquets ; ceux qui ont à leur disposition une fontaine doivent s'en servir de préférence, l'opération va plus vite et est plus efficace ; le grand point est de remuer et de froisser vivement les grains les uns contre les autres, et le courant de l'eau entraîne la poussière et les œufs des insectes. Ce grain égoutte au moyen de mannes d'osier à mailles serrées.

Blé à l'étuve. L'humidité ayant été regardée de temps immémorial comme un des principaux instrumens de l'altération du blé, et le transport ne pouvant s'en faire au loin, surtout quand la récolte a été pluvieuse, et que le grain provient des pays froids, sans subir des avaries, l'air sec et toutes les opérations du grain deviendroient insuffisantes pour enlever ou combiner sur-le-champ cette humidité surabondante, et prévenir la germination qui en est la suite inévitable ; il faut donc lui administrer un secours plus actif que le pelage et le criblage ; le feu, dans cette circonstance, est le moyen le plus efficace : il le met d'abord en état de se conserver, de se transporter, de se moudre avec plus de profit, et de fournir ensuite des résultats moins médiocres ; car il est inutile de se faire illusion, un blé qui n'a point été récolté sec ne pourra jamais réunir toutes les qualités que possède celui qui n'a pas été nourri d'eau ; il est impossible aux soins, à l'intelligence et à l'art de restituer à l'un de ces principes constituans (la matière glutineuse) ce qu'une disposition à la germination lui a enlevé, matière qui joue le plus grand rôle dans la panification, et sans la présence de laquelle le pain seroit toujours compact, d'une cuisson difficile, et peu savoureux.

Le blé à l'étuve augmente d'abord de volume ; l'humidité qui tient le grain dans cet état qu'on appelle blé nouveau, s'évapore ; mais celle qui lui appartient essentiellement, et qui n'auroit fait que disparoître à la longue en se combinant plus exactement, est forcée de quitter son agrégation par un degré de chaleur que n'a aucun climat, ce qui opère le desséchement désiré qu'on ne peut obtenir, soit en Italie, soit dans les pays septentrionaux, que par le moyen de l'étuve, qui, évaporant ces deux espèces d'humidité, apporte dans la constitution du grain un dérangement réel, dérangement dont le germe se ressent le premier.

Mais les partisans de l'étuve ont étendu son pouvoir beaucoup trop loin, en prétendant qu'elle étoit encore en état de mettre le grain à l'abri des insectes, de faire même mourir ceux qui s'y étoient déjà introduits ; qu'on pourroit aussi l'abandonner au grenier sans avoir besoin de le remuer ni de le travailler : qu'une suite d'expériences et de recherches ont prouvé que le blé étuvé n'en est pas moins susceptible de devenir la proie des insectes, et que pour en faire périr la totalité il falloit pousser la chaleur jusqu'à quatre-vingt-dix degrés, ce qui desséchoit trop le grain et le torréfioit pour ainsi dire ; qu'enfin le grain, dépouillé de son humidité par la chaleur de l'étuve, ne tarde pas à reprendre une grande partie de celle qu'il a perdue ; qu'abandonné en couches dans un grenier sec, il n'en étoit pas moins propre à s'échauffer, à fermenter si on oublie de l'y remuer ; tous ces faits, attestés par les témoignages les plus irréprochables, et constatés par des procès-verbaux d'expériences, sont justifiés par de nouveaux essais.

Blé au four. Le succès des expériences faites par Duhamel et Tillet démontre que quand le criblage est insuffisant pour débarrasser le blé des insectes qui s'en sont emparés, il faut préférer le four ; d'ailleurs, cette opération éloigne toute idée d'embarras et de dépense : le four est un instrument placé dans presque toutes les maisons, chacun peut disposer de la chaleur de celui de son voisin, qui seroit perdue sans cet emploi ; mais on ne sauroit trop souvent rappeler aux particuliers accoutumés à pré-

parer le pain à la maison l'invitation pres-
sante de se ménager au-dessus du four une
espèce de chambre, dût-on, comme chez
beaucoup de boulangers de Paris, baisser
le four au-dessous du sol, en le faisant égaliser et carreler, en élevant des murailles de
six pieds, en prolongeant les ouvas par le
moyen de tuyaux de poêle ; c'est ainsi qu'on
auroit l'avantage de se procurer une étuve
évidemment économique, dans laquelle les
grains trop humides ou naturellement gras
et visqueux acquerroient en moins de vingt-
quatre heures la faculté de se moudre avec
plus de profit, et de fournir, moyennant
cette dessiccation préalable, une farine plus
parfaite, plus susceptible de se garder et
de se manipuler ; mais dans tous les cas
il seroit difficile de se servir des fours de
boulangers des grandes villes, qui la plupart
cuisent plusieurs fournées, puisque, quand
le pain en est une fois retiré, ils y jettent du
bois pour le sécher et favoriser son ignition.

Voilà tout ce que j'ai recueilli sur le blé
dans les savans et laborieux auteurs du Cours
d'Agriculture ; mais je ne puis me dispenser
d'ajouter à ces détails un article qui semble
contredire une grande partie des principes
établis et reçus en France à cet égard. Par
exemple, on vient de lire que le *plus grand
ennemi du blé est l'humidité*, et dans l'article ci-dessous on soutiendra, d'après l'expérience et l'usage universel de tout un vaste
pays, que l'humidité augmente le volume,

le poids, le prix et la bonté du blé, et par conséquent celle du pain. Il s'agit d'un pays chaud (l'Italie), et sans doute la différence des climats peut concilier des opinions en apparence si contradictoires. C'est aux auteurs mêmes du Cours d'Agriculture, à ces auteurs uniquement guidés par l'amour du bien public, que je soumets cet article que j'ai écrit sous la dictée d'une personne aussi respectable par l'étendue de ses lumières et par ses profondes connoissances que par son rang éminent ; une personne enfin qui, pendant quinze ans, a gouverné en Italie une grande terre qu'elle y possède encore.

Manière dont on gouverne et dont on conserve le blé en Italie.

En France, surtout dans les départemens méridionaux, la moisson ne se fait que dans le mois d'août; on y sème les terres dans le mois de septembre; on ne pourroit donc pas, durant ce court intervalle, consacrer six semaines pour y achever la récolte du blé. Aussi l'usage est-il de renfermer les gerbes dans les granges pour les battre au moment où l'on veut vendre le blé, et l'on conserve ainsi plus aisément les pailles , qui ont une grande valeur pour la nourriture des chevaux.

En Italie, au contraire, la moisson se fait au commencement de juin; on achève aussitôt les travaux relatifs à cette récolte, dans l'aire où l'on bat immédiatement les gerbes, sans attacher aucune importance à la conservation des pailles, qui ne servent qu'à l'engrais des terres.

Ce blé, ainsi recueilli au milieu des ardeurs de la canicule, est d'une extrême sécheresse quand on le mesure après l'avoir vanné. Au lieu de le renfermer dans un grenier, on le dépose quelquefois dans un puits, mais plus communément dans un magasin carrelé au rez-de-chaussée. On ferme les fenêtres de ce magasin avec beaucoup de soin pour empêcher le blé de sécher davantage, et on ouvre les fenêtres toutes les fois qu'il y a du brouillard ou de la pluie. Lorsqu'on introduit ainsi un air humide dans les magasins à blé, on remue tous les jours de gauche à droite, de droite à gauche, avec une pelle, ce grain, qui n'est jamais entassé qu'à un pied et demi de hauteur, afin que l'humidité puisse le pénétrer plus aisément. Cette opération se fait presque tous les jours durant tout le mois de novembre, ordinairement très-humide. Ce blé ainsi remué ne germe jamais dans les magasins, parce que ce mouvement arrête toute végétation; mais il augmente tellement de volume et même de poids, qu'en le mesurant, pour le vendre tout à la fois ou progressivement depuis le mois de décembre jusqu'au mois de mai, on y trouve toujours un accroissement de cinq à huit pour cent, selon l'humidité du magasin, soit qu'on vende

le blé à la mesure ou au poids (1). Ordinairement les propriétaires confient la garde de
leurs magasins à blé à un boulanger, qui
se charge de remuer le blé, qui en paie l'accroissement au propriétaire à raison de cent
pour cent d'excédant, et le reste de l'accroissement devient le salaire de l'entretien
du magasin.

Le même accroissement ne peut avoir lieu
en France dans le système actuel, parce qu'en
y conservant dans des granges très-sèches les
gerbes chargées de leurs grains, ce grain, attaché ainsi à l'épi qui l'a produit, ne peut
augmenter de poids ni de volume ; mais il
n'est pas douteux que le même accroissement
n'eût lieu si l'on pouvoit battre les gerbes
dans l'aire, et si l'on déposoit le blé au rez-
de-chaussée dans des magasins susceptibles
de contracter la même humidité, au lieu de
l'entasser dans des greniers très-élevés et très-
mal fermés, et où l'humidité ne peut jamais
pénétrer.

Il faut ajouter à ceci que le pain d'Italie
passe pour être le meilleur de l'Europe ; qu'il
est en effet excellent, et que la farine pro-
venue de ce blé si gonflé d'humidité est si
bonne et si fine qu'on ne peut faire avec

(1) On lit dans le Dictionnaire de Bomare qu'à
quantité pareille une poignée de blé humide pèse
moins qu'une poignée de blé parfaitement sec ; il
ajoute qu'on n'a pu jusqu'ici expliquer ce fait,
mais *ce prétendu fait* est bien démenti par *les faits*
incontestables dont on vient de lire le détail.

aucune de celles des autres pays ces pâtes renommées qui ne sont parfaites qu'en Italie.

CHAPITRE XVI.

*Des seigles, épeautres, maïs, orges, avoines,
et riz.*

Les méthodes que nous avons indiquées
pour la culture du froment peuvent s'appliquer avec succès aux autres plantes graminées. Le seigle semble tenir le premier rang
après le froment, quoique le maïs doive obtenir cette préférence, par son rapport et son
utilité.

La différence qu'il y a entre le seigle et le
froment, c'est que sa tige est plus haute, son
épi plus plat, toujours barbu, son grain plus
foible et plus nu, et qu'il n'exige pas des
terres aussi fortes; que les terres légères et
sablonneuses lui conviennent à merveille, et
que, comme la nature a tout placé avec ordre,
la maturité du seigle s'annonce plus tôt que
celle des blés, à la récolte desquels les pailles
des seigles sont utiles pour former le lien des
gerbes de ceux-ci.

Le seigle est sujet à l'ergot, maladie dont
les conséquences sont funestes à la santé;
nous en avons parlé dans le chapitre précédent. Nous faisons observer néanmoins que

pour prévenir la dégénérescence du seigle, il ne faut jamais le semer deux années de suite dans le même champ.

L'épeautre est une des espèces annuelles du froment dont l'épi est un peu comprimé et dépourvu de barbes, ou du moins, s'il en a, elles sont très-courtes, et seulement disposées dans sa partie supérieure ; les petits épis qui forment l'épi général sont composés de quatre fleurs, dont deux ou trois tout au plus sont fertiles. Le pain qu'on obtient de ce grain, quand il est parfaitement nettoyé, est très-blanc et d'une facile digestion.

Le maïs est ce qu'on appelle improprement en France blé de Turquie, blé d'Espagne, millet des Indes. Il est originaire d'Amérique. Son rapport est excellent, puisque, dans les bonnes terres, il donne mille quarante pour un, et moitié dans les terres médiocres.

Cette précieuse plante, outre son rapport étonnant, permet qu'on obtienne entre ses rangées une double récolte d'autres végétaux ; elle réussit parfaitement dans les interlignes des pommes-de-terre.

Semée dru, elle est un excellent fourrage pour les bestiaux, qui la préfèrent à tous les autres ; ses tiges servent à chauffer les habitans de la campagne.

Son grain sert avec succès à la composition de la bière, à faire du pain, des bouillies saines et salutaires, des galettes, etc. ; ceux qui n'ont pas le degré de maturité convenable nourrissent et engraissent les volailles;

il peut remplacer l'avoine pour les chevaux, quand il est concassé.

Le temps des semailles du maïs est à la fin de mars, ou au plus tard en avril, parce qu'il faut que la terre ait acquis un certain degré de chaleur qui puisse protéger la plante contre les rigueurs du froid, dont elle est infiniment susceptible; et par la même raison il faut que sa maturité ne soit pas prolongée jusqu'en automne, dans la crainte que les premières gelées ne détruisent l'espoir de la récolte.

On sème le grain de maïs par rayons, l'un après l'autre, à deux pieds et demi en tous sens; on recouvre ensuite avec une seconde charrue. Ceux qui ne se serviront pas de cet instrument, ce qui vaut beaucoup mieux, planteront au cordeau, à la distance d'un pied et demi, en faisant avec le plantoir un trou dans lequel ils mettent le grain, en le recouvrant d'environ deux pouces de terre, afin de le garantir des animaux voraces. Il exige auparavant des labours de culture, dont le but est de fortifier les tiges et de leur faire rapporter des épis abondans, en rendant la terre plus ameublie, et conséquemment plus disposée à absorber les principes vitaux répandus dans l'atmosphère, de la purger des herbes parasites, qui enlèvent à la plante sa substance, et empêchent sa racine de respirer et de s'étendre; enfin, de rehausser la tige, pour lui conserver de la fraîcheur et la raffermir contre les secousses des orages.

Ces labours de culture doivent se répéter jusqu'à trois fois : le premier, quand les plants ont acquis trois pouces de hauteur ; le second, lorsque le maïs aura un pied environ ; le troisième et le plus nécessaire, quand le grain commence à se former dans l'épi : c'est aussi à cette époque qu'on peut planter dans les espaces vides qui sont entre les pieds différens végétaux, tels que haricots, fèves, courges, raves, etc.

On fait la récolte du maïs quand, après avoir retranché les sommités de l'épi (retranchement indiqué par les filamens qui commencent à sécher et à noircir), on aperçoit l'écartement de ses feuilles ou enveloppes, son grain dur, luisant, et ses feuilles jaunâtres.

L'orge est aussi d'une grande utilité pour le bétail et pour la préparation de la bière ; sa farine s'assimile très-bien avec la farine du seigle et du froment ; il en résulte un pain infiniment meilleur que s'il étoit de farine d'orge seulement. L'orge mondé sert aux bouillies. L'orge tient un rang distingué dans la médecine ; sa farine est au nombre des quatre grandes farines résolutives.

L'orge coupée en vert, et donnée largement aux chevaux, mules, bœufs et autres animaux de labour, devient pour eux une nourriture très-saine, et qui vaut mieux que tous les remèdes imaginables ; l'orge leur tient constamment le ventre libre, les purge, les rafraîchit, et les met en état de supporter les chaleurs de l'été ; mais si l'orge est déjà en épi, si elle est prête à fleurir, elle occasionnera à coup sûr la courbure aux chevaux et aux mules : il faut encore prendre garde de la donner au moment où elle vient d'être coupée ; il est nécessaire de l'étendre et de la laisser un peu faner, afin qu'une partie de son air de végétation ait eu le temps de se dissiper. Le grain supplée à l'avoine qu'on donne aux chevaux ; mis dans l'eau pendant vingt-quatre heures, il augmente le lait des bestiaux.

On compte trois espèces d'orges bien caractérisées : l'orge commune ou escourgeon, l'orge à deux rangs ou paumelle, et l'orge ou faux riz d'Allemagne.

Le temps propre aux semailles de ce grain varie suivant les localités ; cependant on peut dire avec vérité que la première espèce, qui convient mieux aux contrées du midi, y réussit très-bien, lorsqu'elle est semée avant l'hiver ; que la seconde réussit bien dans celles du nord, et mieux encore quand elle est semée avant qu'après l'hiver ; et que dans les pays froids et élevés elle est avantageuse semée avant l'hiver, à cause du long séjour des neiges.

Quant aux terrains qui conviennent à la culture de l'orge, l'escourgeon demande une bonne terre, qui ne soit ni trop forte, ni trop tenace, ni argileuse ; la paumelle n'exige pas un sol si fertile, et s'accommode mieux des terrains légers. Au reste, cette espèce de grain effrite beaucoup la terre , et absorbe une grande quantité d'humus ; aussi les cultivateurs instruits ne le sèment-ils jamais deux fois de suite dans le même endroit. Il réussit parfaitement dans les champs où l'on a cultivé des pommes-de-terre ; il exige beaucoup d'engrais et des labours profonds.

Voyons maintenant l'avoine : le botaniste peut en distinguer seize espèces ; mais l'agriculteur n'en connoît que quatre : l'avoine blanche , l'avoine noire , la brune et la rouge. La plus estimée est celle dont la couleur approche davantage de la noire ou de la brune.

La culture de cet utile grain varie tellement qu'on trouve , en rapprochant les principes , des nuances considérables : dans certains pays on destine aux avoines les terres maigres ; dans d'autres , les fortes ; toutes réussissent plus ou moins , selon l'influence atmosphérique , qui est plus forte que toutes les méthodes. En effet , lorsque l'année est pluvieuse , les terrains maigres donnent de belles avoines ; si elle est sèche , la récolte sera abondante dans les terres fortes , parce qu'elles retiennent l'humidité dans leur intérieur ; ainsi, tout en général est relatif. On doit cependant considérer que les racines de l'avoine tallent beaucoup ; que c'est là le signe caractéristique d'une bonne récolte ; dès lors un terrain maigre , dur ou argileux ne lui convient pas autant qu'un fonds fertile et bien ameubli, qui fournit à la plante les substances nutritives nécessaires à son développement, en rendant sa paille bonne, et son grain mieux rempli et plus farineux.

L'avoine tallant comme le blé, et épuisant également la surface, sans rien tirer de la terre inférieure, il est nécessaire d'alterner, ainsi que nous l'avons conseillé dans le troisième chapitre : c'est de cette alternative des plantes à racines pivotantes et de celles à racines fibreuses, que dépend le succès de l'agriculture.

Le temps des semailles dépend, en général, de la hauteur du climat qu'on habite, de l'intensité de la chaleur et du froid, de la durée de l'un ou de l'autre ; c'est-à-dire que sur les hautes montagnes de la France, si on semoit avant l'hiver, la neige et les gelées feroient périr le grain en terre ; ainsi, le mois de février, qui sert d'époque à la plus grande partie des cultivateurs, est une époque nulle pour ces pays hauts et montagneux, où l'on peut tout au plus ouvrir la terre en avril.

Dans le midi de la France la chaleur oblige de semer en octobre : si on attendoit l'époque ordinaire, le grain ne produiroit qu'une récolte médiocre, parce que la chaleur avanceroit trop la végétation, et la plante se hâteroit de monter en épi.

Dans tous les cas, on ne risque rien de semer l'avoine avant l'hiver, pourvu qu'on n'ait à craindre ni les inondations ni les rigueurs du froid, parce que les racines, qui ont travaillé pendant l'hiver, ont acquis de la force et de l'embonpoint; les tiges en profitent, à moins que les effets des météores ne s'y opposent; dès lors on est sûr d'avoir un grain mieux nourri et très-abondant, surtout parce qu'il aura plus de moyens de résister aux chaleurs et à la sécheresse du printemps et de l'été.

Dans la majeure partie des cantons qui avoisinent Paris on sème en mars, parce qu'il y pleut souvent, et qu'alors les semences tardives y réussissent mieux.

Il faut, dit le proverbe, un homme alerte pour semer l'avoine, et un homme lent pour semer l'orge; c'est-à-dire qu'il est absurde de semer l'orge aussi dru que l'avoine. En effet, ceux qui ont suivi cette plante savent qu'elle est garnie de chevelus, et que les pieds trop près les uns des autres s'épuisent mutuellement.

Les avoines ont besoin d'être chaulées, ainsi que le blé, attendu qu'elles sont également sujettes au noir et au charbon, dont les effets sont très-pernicieux. Une autre précaution qu'il faut prendre, c'est de ne pas les semer telles qu'elles sortent du grenier, parce qu'une grande partie de ces semences sont en pure perte. Il faut donc les passer à l'eau, lever avec de larges écumoires toutes celles qui surnagent, les faire sécher ou les donner aux oiseaux de basse-cour; les bons grains qui se seront précipités au fond du vase devront, au sortir de l'eau, être jetés dans une eau de chaux; on les en retirera ensuite pour les mettre à sécher, et aussitôt après on les semera. Dès lors on sera assuré que tout grain, enterré dans les proportions convenables, donnera une bonne récolte.

La méthode n'est pas uniforme pour le moment de cette récolte. Les uns s'y prennent avant sa maturité, et les autres à sa maturité même. La première méthode est appuyée sur un raisonnement faux, en ce que les cultivateurs prétendent qu'ils en perdent moins; mais ils doivent réfléchir que de toute manière il faut que le grain sèche avant d'être mis au grenier; que la dessiccation naturelle ne diminue rien de son volume; qu'au contraire, quand le point de perfection de sa maturité n'est pas arrivé, le grain qui paroît plus gros au moment où on le récolte est diminué d'un tiers ou presque de moitié quand on le vend ou qu'on s'en sert pour la nourriture des bestiaux de la métairie. Il est vrai que lorsque l'avoine est mûre il s'en perd; mais si on se sert de la faux indiquée, et qu'on renonce à la faucille (ce qui a déjà lieu en nombre d'endroits), la perte sera infiniment moindre, surtout si on saisit le moment convenable, et si la saison n'est pas contraire. La culture du riz seroit d'un avantage considérable si les inconvéniens qui en résultent ne le surpassoient de beaucoup. Pour pouvoir cultiver le riz il faut des terrains unis et bas; il faut inonder les rizières jusqu'au moment de la récolte. Les émanations qui pro-

viennent du séjour des eaux stagnantes oc-
casionnent des fièvres tierces continuelles. Les
habitans du ci-devant Forez et du Languedoc
en ont fait la triste expérience ; les visages
pâles et décharnés de ceux du Piémont attes-
tent les cruels résultats de la culture du riz
dans ces cantons.

CHAPITRE XVII.

Des grains farineux.

Les grains farineux sont les pois, les haricots, les fèves, le millet, le panis, le sorghum
et les lupins.

Les pois sont plus volontiers cultivés dans
les potagers que dans les champs ; mais souvent aussi on les cultive en grand, et alors on
choisit les pois communs, les carrés verts,
les verts d'Angleterre et le normand. On
compte en général douze espèces de pois ;
savoir : le pois michaux, le pois domine, le
pois baron, le pois suisse, le pois commun, le
pois carré blanc, le pois carré vert, le pois
normand, le pois vert d'Angleterre, le pois
carré à cul noir, le pois de Clamart et le pois
nain. Nous ne parlerons que des quatre pour
la grande culture.

Le pois commun se sème depuis novembre
jusqu'en mars ; le carré vert, depuis le com-

mencement de mars jusqu'en mai; les verts d'Angleterre en toute saison; le normand en avril.

Les pois aiment à changer de sol; ainsi le cultivateur doit d'avance assigner leur place de manière à ne les resemer dans le même endroit qu'au bout de six ans.

On cultive encore dans les champs les pois relativement au fourrage. A cet effet, après avoir labouré les terres plusieurs fois en croisant et recroisant avec la charrue, on sème fort dru, et par préférence, les pois qui produisent naturellement plusieurs tiges; cette culture n'intéresse guère les contrées méridionales, mais infiniment celles du centre et du nord; on sème aussitôt après avoir donné le dernier labour, et l'on passe la herse.

Le pois ne tarde pas à germer et à produire des tiges qui étouffent toute espèce de mauvaise herbe; ce champ ne demande aucun soin.

On peut couper ou faucher par partie les pois dès que leurs tiges sont assez hautes, afin de procurer une bonne nourriture aux agneaux et aux brebis qui nourrissent; dans plusieurs cantons on attend leur plus grand état de floraison, alors on traite ce fourrage de la même manière que le foin.

Quelquefois on sème des fèves, des vesces avec les pois; on leur procure par ce moyen un meilleur soutien, c'est ce qu'on nomme dragée en Flandre.

Souvent aussi on sème des pois dans les

terres nouvellement défrichées et dans celles qu'on veut amender; alors on les enterre avec la charrue lorsqu'ils sont en fleurs, parce que, jusqu'à cette époque, ils n'ont tiré que très-peu de substance de la terre, à laquelle ils rendent infiniment plus qu'ils n'en ont tiré.

Les haricots sont tellement multipliés par leurs variétés et les différences occasionnées par celles des climats et des sols ou de la culture, que la description la plus étendue seroit encore incomplète. Cependant on les distingue en espèces grimpantes ou à rames, et en haricots nains.

Les espèces grimpantes sont : le haricot d'Espagne, le haricot ordinaire, le haricot blanc commun, le haricot blanc hâtif, le petit haricot rond, le haricot de Soissons, le haricot blanc sans parchemin, le haricot rognon de Caux ou de coq, le haricot rouge d'Orléans, le haricot sans fil, le haricot-asperge et le haricot de Hollande ou sewhert, qui signifie sabre, ainsi appelé à cause de sa forme.

Les espèces de haricots nains sont : le haricot gris, le haricot blanc hâtif ou mongète, le haricot suisse blanc, le haricot suisse gris et le haricot suisse rouge.

Toute espèce de haricots en général aime une terre fraîche, légère, substantielle, bien fumée. Ils peuvent être semés deux ou trois années de suite dans un même champ. Lorsque l'année seconde les soins du cultivateur, la récolte des haricots rend beaucoup plus que celle des blés. D'ailleurs, cette plante

sert à alterner, parce que le blé réussit parfaitement après, surtout si on a fumé à la
fin de février ou mars, parce que l'engrais
n'aura pas eu le temps d'être absorbé par les
haricots. Néanmoins, quand on veut obtenir
une belle récolte de ces derniers, il faut jeter
l'engrais sur les terres à la fin d'octobre et
novembre, l'enfouir au premier labour s'il est
pailleux, afin qu'il ait le temps de se combiner avec les principes de la végétation. Si
l'engrais est consommé, on ne l'enfouira qu'au
second labour, qui aura lieu vers le milieu de
février, ou au plus tard à la fin, attendu que,
lorsqu'on n'enterre le fumier qu'au troisième
labour, sa combinaison ne sera pas faite, et
ce ne sera que la récolte qui doit suivre qui
en profitera.

Pour semer les haricots on s'y prend de
deux manières, ou par raies, ou en échiquier.
Si ce sont des haricots grimpans, il faut laisser d'espace en espace un sillon vide, afin de
pouvoir ramer quand la plante l'exige. Les haricots nains peuvent se passer de sillon vide;
cependant il n'est pas inutile, parce qu'il faci-
lite au cultivateur le sarclage et le binage.

Il faut renoncer à la culture des haricots
dans les terrains secs, s'il est impossible d'y
conduire de l'eau, soit en détournant un ruisseau, soit d'une autre manière.

Voyons maintenant la culture des fèves. On
connoît cinq espèces de ce légume : la première
appelée improprement fève de marais ; la
seconde connue dans les contrées méridio-

nales sous le nom d'abondance ; la troisième nommée julienne ; la quatrième est la petite fève de marais à châssis ; et la cinquième la gourgane ou fève de cheval.

Quand on cultive cette plante dans les jardins on a pour objet de les servir en vert pour l'aliment de l'homme ; celles des champs sont pour les animaux, soit qu'on les leur donne en grain ou en fourrage ; et enfin, la culture des semis destinés à servir d'engrais aux terres.

C'est quand on ne craint plus les gelées qu'il faut s'occuper de la culture des fèves. On laboure la terre, on la croise ensuite, et une femme ou un enfant, tenant à son bras un panier plein de fèves, marche après la charrue pendant le second labour, et jette le grain. Le coup de charrue qui trace le sillon suivant recouvre le sillon semé, et l'opération est terminée.

Cependant, si la terre est sèche lors des semailles, on fera bien de faire tremper les fèves dans l'eau pendant quelques heures, afin qu'elles germent plus facilement. Dans quelques endroits on sème les fèves à la volée ; mais cette méthode est défectueuse, en ce qu'elle empêche de les serfouir, et qu'elle met un obstacle au sarclage.

Pour les fèves destinées à servir de fourrage, il faut absolument les mêmes préparations à la terre, mais on sème à la volée et très-épais ; ensuite on passe la herse afin de bien égaliser le terrain. Lorsque la plante

commence à fleurir, on la fauche, on la laisse
sécher sur le champ, on la tourne et retourne
comme le foin, et on la porte ensuite à la
métairie. La même pratique a lieu pour la seconde coupe, et quelquefois pour la troisième,
suivant les années, surtout si les pucerons ont
épargné la plante.

Quand on sème ensemble pour fourrage la
grosse fève mêlée de féverole ou fève de cheval ou gourgane, les pois, les vesces et les
lentilles que l'on coupe au moment de la
fleur, ce mélange est appelé dragée. La culture de la féverole ne diffère en rien de la
précédente, si ce n'est qu'on la sème un peu
plus tard.

Il faut tenir les fèves dans un lieu bien sec,
et les remuer souvent; sans ces précautions
elles s'échaufferoient.

Le millet a aussi son utileté ; c'est une
plante qui nous vient des Indes orientales ;
son grain est ovoïde, un peu aplati d'un côté,
luisant et très-lisse. Sa farine est fade, insi-
pide et indigeste ; on en fait cependant du
pain dans quelques contrées de la France ; les
Tartares en tirent une boisson et en font leur
aliment ; on le donne aux bestiaux, mais son
principal usage est de nourrir les volailles.

Le petit millet des oiseaux, dont le grain
est rond, s'appelle panis, sa farine est fade
aussi, un peu mucilagineuse ; on en fait du
pain en cas de disette. On mange encore ce
grain mondé et cuit dans le lait, dans le
bouillon ou dans l'eau. Ces deux espèces se

plaisent dans les terres légères, mais substantielles; les terrains trop humides pourrissent la semence; un labour ou deux suffisent; on en ajoute un troisième quand la terre est forte.

Ces semences se ressentent de leur climat originaire; elles craignent la petite gelée; c'est donc après les froids qu'il faut les confier à la terre.

Il faut semer le millet par tables de trois ou quatre rangées de plants, afin qu'il y ait de petits sentiers entre deux, qui facilitent l'enlèvement des herbes et le serfouissage de temps à autre : cette dernière opération est très-importante.

Il faut semer à la volée et clairement, parce qu'on saura toujours bien enlever les plantes surnuméraires avec les mauvaises herbes; c'est l'ouvrage des femmes et des enfans.

La maturité du millet s'annonce par une belle couleur paille que prennent les feuilles, la tige et les panicules; si on attend une trop grande maturité, non-seulement on perd beaucoup de grain, mais on en infecte son champ pour l'année suivante.

Quant au sorghum, on a beaucoup écrit sur les avantages de sa culture; mais l'expérience a prouvé que cette plante étrangère ne réussiroit qu'avec peine dans nos contrées méridionales. Ce n'est guère que pour servir d'engrais qu'on cultive les lupins ; c'est le meilleur engrais végétal. A cet avantage cette plante joint celui de détruire complètement les mauvaises herbes, attendu qu'elle croît très-serrée par ses rameaux, que ses feuilles, très-multipliées, occupent tout l'espace d'un pied à l'autre, et que l'herbe qui sort de terre en même temps est gagnée de vitesse et s'étiole, languit et périt enfin, privée des bienfaits de l'air.

Pour employer le lupin comme engrais, il faut le semer aussitôt après la récolte des blés ou des seigles; il végétera jusqu'au mois de septembre, et alors on l'enterrera; ensuite on sèmera à l'époque ordinaire, pourvu toutefois que le climat le permette.

Cette plante ne peut entrer dans la nourriture de tous les bestiaux; les chevaux ne veulent ni de ses feuilles ni de ses tiges; mais en revanche les moutons en sont très-friands, principalement lorsque la plante est jeune; aussi est-il essentiel de garantir le champ de la dent du troupeau.

La graine est d'un usage plus général. On la donne aux bœufs, aux chevaux et aux moutons. La meilleure manière est de la leur faire moudre, et de leur en donner une certaine quantité soir et matin; cette nourriture les tient fermes en chair, et engraisse promptement. Quant aux lupins qu'on destine à grener, on doit les mettre dans un champ à part; lors de leur maturité on les arrache comme les pois, les haricots, et on les bat de même. La tige desséchée sert à la litière des animaux, on la brûle, on en chauffe le four dans les endroits où le bois est rare; la graine se conserve très-bien sur pied, dans sa gousse, et elle attend, sans craindre les pluies ou les frimas, qu'on vienne la récolter.

CHAPITRE XVIII.

De la culture des semences huileuses.

PARMI les plantes à semences huileuses que l'on a coutume de cultiver, on distingue le *lin*, le *chanvre*, le *colza*, la *navette*, l'*œillet* ou *pavot*, etc. Avant de procéder à la culture du lin on doit bien connoître la qualité de la terre que l'on veut employer, distinguer les climats et le but qu'on se propose, c'est-à-dire si on veut avoir une bonne graine et en quantité, ou si l'on désire du lin haut en tige, et qui donne beaucoup de filasse, ou enfin si l'on veut se procurer du lin à tiges moyennes et à filasse fine.

Lin.

On cultive le lin pour la filasse que fournissent ses tiges, filasse avec laquelle on fait les plus belles toiles connues, et pour sa graine, qui donne une huile propre à un grand nombre d'usages.

Dans le premier de ces cas, l'objet principal est d'avoir, ou des tiges très-hautes, afin que la filasse soit très-longue, ou des tiges très-grêles, afin que la filasse soit plus fine.

Dans le second de ces cas le but doit être d'avoir le plus grand nombre de capsules possible.

Les circonstances déterminent trois modes particuliers de cultiver le lin, et indiquent les variétés qu'il faut préférer.

On distingue généralement trois variétés de lin dans les pays où l'on cultive le plus cette plante.

Le lin froid, ou le grand lin, a les tiges très-élevées, peu garnies de graines. Sa végétation est d'abord lente, et ensuite très-rapide ; il mûrit le plus tard. C'est avec lui qu'on fabrique ces belles batistes, ces superbes dentelles qui enrichissent la Flandre.

Le lin chaud, ou le têtard, a les tiges peu élevées, rameuses, très-garnies de graines. Sa végétation est d'abord très-rapide, mais elle s'arrête bientôt ; il mûrit de très-bonne heure. C'est lui qu'on devroit cultiver exclusivement lorsqu'on veut obtenir de la graine ; mais comme la filasse qu'il fournit est très-courte, il est peu d'endroits où on le préfère.

On appelle lin moyen celui qu'on doit regarder comme le type de l'espèce, car il se rapproche infiniment de celui provenu des graines que m'a remises M. Olivier. Il tient le milieu entre les deux précédentes. C'est lui qu'on cultive le plus fréquemment dans le midi de la France, et même partout, hors quelques cantons.

En Irlande, où l'on cultive beaucoup de lin pour alimenter les nombreuses fabriques de toiles qui y existent, on divise différemment les variétés du lin. La meilleure de toutes est appelée *argent pâle*, ensuite le lin de *Hollande pâle*, et le lin de *Hollande blanc*, puis le *Pétersbourg à douze têtes*, le *Marienbourg*, enfin la *Nerva*, qui donne une filasse grossière.

Une terre légère, mais cependant très-fertile et un peu fraîche, est la seule qui convienne au grand lin, lorsqu'on veut qu'à la longueur il joigne la finesse.

Une terre substantielle est celle qui convient au lin moyen et au lin têtard, dans le plus grand nombre de cas. Lorsqu'on sème ces trois sortes de lin dans une terre légère et sèche, la tige s'élève peu, mais la filasse est fine.

Lorsqu'on sème très-serré ces trois sortes de lin, on a de la filasse plus fine, mais plus cassante, et peu de graine.

Le défaut et l'excès de l'eau sont également à redouter dans la culture de cette plante ; voilà pourquoi elle manque si souvent, et qu'il est des pays où on ne peut l'entreprendre avec succès ; voilà pourquoi il faut toujours élever la terre au moyen des ados, et creuser des sillons de décharge dans les terrains qui retiennent l'eau.

On fait mieux encore dans le Nord. Les plantes sont tenues fort étroites et élevées par la terre des fossés de deux ou trois pieds de profondeur qu'on creuse à l'entour. Ces fossés donnent l'écoulement aux eaux, quand elles sont trop abondantes , et les retiennent , au moyen du comblement de leur décharge , lorsque la sécheresse commence ; par là , le lin se trouve toujours dans une humidité égale et très-favorable à sa végétation. Cette excellente pratique mérite d'être imitée , mais toutes les localités ne s'y prêtent pas.

Dans quelque nature de terre et sous quelque climat que ce soit , on ne peut trop multiplier les engrais végétaux ou animaux , car leur excès est toujours avantageux à l'abondance des produits , et ne nuit jamais à la qualité. L'excès de la dépense doit seul arrêter dans cette opération. Le fumier le plus consommé est le meilleur dans les terres légères , et celui à moitié consommé dans les terres fortes.

Des labours multipliés et croisés sont indispensables dans les terres fortes ; car plus la terre sera divisée ou ameublie , et plus le lin y sera beau. Dans les terres légères , ces labours sont moins nécessaires ; mais il en faudra toujours au moins deux , dont le second enterrera le fumier. Le premier de ces labours sera profond , pour ramener à la surface la terre inférieure , qui amende toujours par son mélange celle de la surface , à moins que ce ne soit un tuf ou un sable manifestement infertile.

Dans quelques parties de la Flandre on sème dans des terrains sablonneux du lin qui vient très-bien , quoique sans emploi d'engrais , mais ces terrains sont défoncés de deux pieds; ainsi c'est dans une terre presque neuve qu'il végète. On sème en même temps que lui des carottes. C'est en mai que se font ces semis.

En Irlande on regarde les terres argileuses comme les plus convenables pour semer la graine de lin qu'on tire de Hollande , et les terres sablonneuses comme les meilleures pour celle qu'on tire d'Amérique. Il seroit difficile de rendre raison de cette pratique. Là , on le sème, ou sur un seul labour après une récolte de pommes-de-terre ou d'orge , ou sur trois labours après une jachère. On a remarqué une augmentation de produit après les pommes-de-terre , ce qui rentre dans les principes qui guident les Flamands.

Les agriculteurs sont divisés sur l'époque la plus convenable pour semer le lin. Les uns le mettent en terre avant l'hiver, c'est-à-dire en septembre et en octobre , c'est le lin d'hiver ; les autres au printemps , c'est-à-dire depuis mars jusqu'en juin , c'est le lin d'été. Dans ces deux cas , au reste , il faut choisir un jour où la terre n'est pas trop humide , afin que la herse la divise mieux , que le rouleau et les pieds des chevaux ne la compriment pas trop. Il seroit difficile de dire laquelle de ces deux époques est généralement la plus avantageuse, car le climat et la nature du sol doivent en décider ; je dirois même les circonstances atmosphériques , s'il étoit donné à l'homme de les connoître d'avance.

En effet , dans un climat sec et chaud ,

dans les parties méridionales de la France, par exemple, ou dans une terre très-légère, il doit être avantageux de semer avant l'hiver, afin que la plante profite des pluies de cette saison, et ait acquis assez de force pour aller chercher profondément l'humidité qui lui est nécessaire, tandis que, dans un climat froid et humide, dans une terre argileuse, il faut attendre que l'eau surabondante se soit évaporée ou infiltrée, puisque, ainsi que je l'ai observé plus haut, cette eau nuiroit à la végétation de la jeune plante : il est cependant bon d'observer que l'expérience a prouvé que plus le lin restoit en terre, plus sa filasse étoit abondante et bonne, et plus ses graines étoient nombreuses et huileuses ; et que dès que les grandes chaleurs sont venues le lin cesse de croître en hauteur, qu'il ne fait plus que perfectionner sa tige et sa graine. C'est aux esprits réfléchis à tirer de ces deux observations le parti qui conviendra et à la situation et à la nature de la terre qu'ils veulent cultiver en lin.

Quelquefois le plus beau semis de lin, fait avant l'hiver, se détruit entièrement pendant cette saison, et il faut par conséquent le recommencer au printemps. Deux causes concourent ensemble ou séparément à cet accident. La première, ce sont les gelées très-fortes lorsque la terre n'est pas couverte de neige. La seconde est l'alternative du gel et du dégel, alternative qui déchausse le pied de la plante, l'arrache même complètement.

Il y a dans les propriétés de ma famille, aux environs de Langres, des terres où il a toujours été impossible de cultiver du lin d'hiver par cette dernière cause, quelques précautions qu'on ait prises. Je crois que cette cause agit bien plus fréquemment que la première. Ces circonstances font que, dans le nord, en Flandre, par exemple, on sème rarement, ou mieux jamais, le lin avant l'hiver.

Le choix de la semence est un article de première importance dans la forte culture dont il est ici question. D'abord on voit qu'il ne faut pas que les différentes variétés de lin soient mélangées, puisqu'elles mûrissent à des époques et s'élèvent à des hauteurs différentes. Ensuite on sent que le lin têtard ne rempliroit pas l'objet d'un fabricant de dentelles, ni le lin froid celui d'un marchand d'huile. On est généralement dans l'opinion et cette opinion est fondée sur l'expérience, que la graine de lin dégénère lorsqu'on la sème plusieurs fois de suite dans le même climat. Voilà pourquoi les cultivateurs de Flandre, qui veulent avoir le lin le plus haut et le plus fin possible, tirent toutes les années de la nouvelle graine du nord de l'Europe, principalement de Riga, dont les environs passent pour fournir la meilleure, c'est-à-dire la plus appropriée au but de ces cultivateurs.

Chez eux, on appelle lin de fin celui qui provient du semis de cette graine importée, et lin de gros celui qui résulte du semis de la graine produite dans le pays. Les plus rigoureux de ces cultivateurs livrent même, dit-on, aux fabricateurs d'huile la graine de la seconde génération, pour ne pas altérer la finesse de leur filasse, et conserver la réputation de leurs cultures.

Un observateur qui a écrit sur la culture du lin en Hollande prétend que, pour avoir de la bonne graine, il faut semer le lin dans une terre argileuse; il a sans doute entendu dire dans une terre forte, c'est-à-dire une terre qui contient un quart ou un cinquième d'argile.

Il résulte de ce qu'on vient d'observer que lorsqu'on veut avoir du beau lin dans les trois variétés ci-dessus énoncées, il faut choisir la plus belle semence de chacune de ces variétés. Comme cette semence renaît facilement, il faut de plus n'employer que celle de l'année; cependant des expériences positives prouvent qu'elle peut se conserver trois ou quatre ans lorsqu'elle est tenue dans un lieu sec et aéré, et encore mieux dans les capsules. L'habitude ne permet pas de se tromper sur ses qualités à ceux qui en font commerce; ainsi il ne s'agit que de s'adresser à un marchand honnête pour en avoir de celle que l'on désire.

La quantité de graine de lin qu'il convient de confier à la terre dépend de sa qualité, de la nature du sol et du but qu'on se propose. Ainsi, supposez qu'elle soit excellente, on en répandra moins sur une terre maigre; et lorsqu'on veut tirer parti de la graine de la récolte, on compte que vingt-cinq livres, terme moyen, suffisent pour dix mille pieds carrés dans la culture ordinaire, tandis qu'il en faut le double pour faire du lin de fin en Flandre.

On sème la graine de lin positivement comme le blé, c'est-à-dire à la volée, sur des planches plus ou moins larges, mais toujours un peu bombées dans le milieu. On la recouvre avec la herse, et on brise au maillet les plus grosses mottes qui se trouvent à la surface. En Flandre on fait les planches plus étroites, plus plates, et on en travaille la surface au râteau pour la rendre plus meuble et plus unie. Dans quelques lieux on répand sur ces planches de la menue paille, des branches d'arbres, etc., tant pour garantir la semence de la voracité des quadrupèdes ou des oiseaux qui la recherchent, que pour abriter le germe de l'ardeur du soleil et le défendre des effets des pluies violentes. On doit faire en sorte que toute la semence soit enterrée, mais très-peu, car lorsqu'elle l'est de plus d'un demi-pouce elle ne lève pas.

La graine de lin, lorsqu'elle est semée un peu avant la pluie ou sur une terre humide (et on doit faire en sorte qu'elle le soit), ne tarde pas à lever. Le plant qui en provient est sarclé une ou deux fois, selon le besoin, dans sa première jeunesse ; mais lorsqu'il a acquis six pouces de haut on ne peut plus faire cette opération sans inconvénient. À cette époque il est quelquefois infesté de cuscute (augure de lin), qui en fait périr de grandes quantités. Le seul remède, c'est d'arracher tout le plant attaqué dès qu'on peut le distinguer; car lorsqu'on laisse cette plante parasite s'étendre, elle est dans le cas de faire perdre la récolte d'un champ entier.

Quelquefois, surtout dans les pays chauds, le lin, au sortir de terre, est coupé par un insecte que l'on ne connoît pas. Olivier de Serres recommande de semer de la cendre sur le sol pour mettre obstacle à ses ravages, et j'ajouterai que la suie de cheminée produiroit encore mieux cet effet.

Une sécheresse prolongée peu après que le lin est levé le fait souvent complètement périr; quelquefois ce n'est que par place. On appelle cet accident *flambe* dans quelques endroits.

Lorsqu'on cultive le lin têtard ou le lin moyen dans une terre médiocre, encore lorsque ce dernier, quoique dans un bon sol, est semé clair, il n'y a plus rien à faire jusqu'à la récolte; mais quand on a du lin froid, qu'on sème toujours très-épais en Flandre, ou du lin moyen, semé de même dans un excellent terrain, il faut encore suppléer à la foiblesse des tiges (qui s'élèvent beaucoup relativement à leur grosseur) contre les effets des vents ou des grosses pluies, par le moyen des perches parallèles, perches fixées à dix-huit ou vingt pouces de terre, au moyen de piquets placés autour des planches à un ou deux pieds de distance, plus ou moins, selon la hauteur présumée que devra acquérir le plant. Ces perches, d'un bois léger, ordinairement de saule, sont attachées aux piquets, par leurs extrémités, avec du jonc ou de l'osier, et ne s'enlèvent qu'après la récolte du lin.

S'il y a possibilité d'arroser le lin par irrigation, pendant les sécheresses, on devra en profiter, mais non quand il est en fleur, parce que cela empêcheroit la graine de nouer.

Cependant, lorsqu'on ne cherche que la finesse de la filasse, il est souvent avantageux de l'arroser dans cette circonstance, les tiges profitant de la sève qui devoit servir à la formation et à la nourriture de la graine.

L'époque de la maturité du lin dépend des climats, des années, de la nature du sol, du temps des semis, etc. On ne peut donc jamais l'indiquer d'une manière précise; ordinairement cette maturité est annoncée par le changement de couleur de la tige, la chute d'une partie des feuilles, l'ouverture naturelle d'une partie des capsules; cependant ces caractères ne sont pas tellement rigoureux qu'ils ne puissent induire à erreur.

En général chaque localité offre, à cet égard, un usage fondé sur l'expérience, de sorte que, si on en consultoit plusieurs, on seroit embarrassé pour choisir. Voici les principes : plus la graine est grosse et pesante, et plus elle vaut pour faire de l'huile et pour être semée ; or, elle acquiert de la grosseur et de la pesanteur tant qu'elle reste attachée à son placenta, et elle y reste attachée tant que la capsule n'est pas ouverte : il faut donc ne récolter le lin, principalement semé pour la graine, que lorsque la moitié de ses capsules commence à s'ouvrir.

Il en est de même quand on cultive le lin uniquement pour la filasse. C'est par un préjugé fondé sur une fausse théorie qu'on agit différemment; en effet, la filasse non mûre n'est pas plus fine que celle qui l'est complètement, et elle est plus cassante : c'est un fait prouvé par l'expérience.

Comme on sème souvent le lin froid, le lin moyen et le lin têtard ensemble, qu'ils arrivent à maturité à des époques différentes, et qu'ils sont d'inégales hauteurs, il est quelquefois nécessaire de les cueillir séparément, ce qui entraîne un grand emploi de main-d'œuvre et une grande perte de matière : cette considération seule devroit empêcher ce mélange, si nuisible encore sous les rapports de la qualité de la filasse.

On ne connoît aucun lieu où l'on coupe le lin arrivé au point de maturité convenable; partout on l'arrache avant cette époque, par poignées, qu'on couche sur le sol, ou qu'on réunit en petites bottes, pour, en les écartant en trois parties, les faire tenir droites sur le même sol : ces deux dernières opérations ont le même but, c'est-à-dire de compléter la maturité, ou si on veut le desséchement des tiges et des graines, et de faire tomber les feuilles encore attachées aux premières. Dans un endroit où la culture de cette plante n'a pas une très-grande étendue, on préfère de l'apporter à la maison, pour la faire sécher dans les cours et dans les jardins, même dans des granges, sous des hangards, etc., et pouvoir la garantir plus facilement des coups de vent, des pluies violentes, des voleurs, etc.

Dès que la plante est suffisamment desséchée, on bat la graine, soit dans le champ même, sur de grands draps étendus sur le sol, soit dans la grange, où on l'a apportée dans des voitures garnies de draps.

Le plus souvent, les instrumens employés à cette opération sont le banc sur lequel la famille s'asseoit à table, et le battoir dont la ménagère se sert pour laver son linge. Une femme prend de la main gauche une poignée de lin du côté des racines, en place les têtes sur le banc, et frappe de la droite sur elles avec le battoir. Les capsules se brisent, les graines tombent pêle-mêle, avec leurs débris, sur le drap. Elle remet sa poignée à une autre femme qui, la réunissant avec d'autres, égalisant la hauteur des tiges du côté des racines, en forme de petites bottes prêtes à être portées au rouissoir. L'important dans ce travail, outre l'exacte séparation des semences, est de ne pas déranger le parallélisme des tiges, parce qu'il en résulteroit un plus grand déchet lors du serançage. Cette dernière considération doit toujours être présente à l'esprit de ceux qui touchent au lin depuis le moment où on l'arrache jusqu'à celui où on le broie.

Dans quelques endroits on fait passer l'extrémité des tiges à travers les dents d'un peigne de fer attaché sur un banc ou une table, et les capsules en sont séparées par l'effet de la main, et par l'obstacle que ces dents apportent à leur passage. Ce peigne s'appelle gruge, et a une, deux ou trois rangées de dents longues de deux pouces. Cette méthode a l'inconvénient de casser souvent l'extrémité des tiges, et d'obliger à une seconde opération pour obtenir la graine, beaucoup de capsules restant entières.

On trouve dans le Journal des Arts, nº 94, une machine pour battre le chanvre et le lin. C'est un treuil à quatre branches, à l'extrémité desquelles sont deux fléaux accouplés, qui jouent sur une tablette où on place les objets à battre. Cette machine, qui peut battre en un jour tout le chanvre que donne un acre de terre, a été approuvée par la Société d'encouragement de Londres.

L'opération de l'engrenage, ou la journée finie, on vanne la graine afin de la séparer des débris des capsules, et on la porte au grenier, où elle achève de se dessécher. Là, il faut la remuer souvent, pendant les premiers jours, et quelquefois pendant les premiers mois, pour l'empêcher de moisir ou de s'échauffer. Il faut aussi la garantir des souris, qui en sont très-friandes. Lorsqu'on juge qu'elle est suffisamment sèche, on la met dans des sacs ou des tonneaux jusqu'au moment de l'emploi ou de la vente.

Quelques cultivateurs entassent leur lin dans

des greniers, à l'instar du blé, et n'en battent la graine que long-temps après la récolte. Cette pratique, quoique favorable à la conservation de la graine, ne peut être tolérée que lorsqu'on y est forcé par des circonstances majeures, attendu qu'il y a toujours, dans ce cas, un grand déchet dans la graine et dans la filasse, soit par l'effet des souris, soit par l'emmêlement des tiges, supposé encore que le lin a été rentré très-sec, qu'il n'a pas moisi, qu'il ne s'est pas échauffé, deux causes qui peuvent occasionner sa perte en tout ou en partie. La graine de lin, comme toutes les graines huileuses, ne donne pas autant d'huile lorsqu'on la presse au moulin peu après sa récolte, que lorsqu'on attend deux ou trois mois pour le faire. Cela tient à ce qu'une partie du mucilage s'évapore sous forme aqueuse, et qu'une autre se transforme en huile. Si cependant on croyoit, par ce motif, utile d'attendre plus long-temps, on pourroit se tromper; car d'un côté une partie de l'huile s'évaporeroit d'elle-même; et de l'autre quelques graines ranciroient, ce qui altéreroit la qualité du tout.

Pendant long-temps les Hollandais ont eu la fabrication exclusive des huiles de lin de toute l'Europe. Nulle part on ne pouvoit en livrer au commerce aux mêmes prix qu'eux. Il a été reconnu que cela tenoit à la perfection de leurs moulins, qui tiroient de la même quantité de graines un tiers plus d'huile que les nôtres. Depuis quelques années on a établi

en France un grand nombre de moulins semblables à ceux des Hollandais; mais il s'en
faut beaucoup qu'il y en ait assez , surtout
dans les départemens du milieu et du midi.

La graine de lin est fréquemment employée
en médecine, soit en décoctions à l'intérieur,
comme adoucissante et émolliente , soit en
cataplasme à l'extérieur, sous les mêmes indications.

L'huile de lin a les vertus des autres huiles,
soit à l'intérieur, soit à l'extérieur, et de plus,
passe pour faire mourir les vers intestinaux.

Il est bon de porter le lin au rouissoir aussitôt qu'on en a séparé la graine, parce que
plus il est desséché et moins le rouissage
s'opère rapidement.

Lorsque le lin est roui et séché, il ne s'agit
plus que de séparer la filasse de la chenevotte;
pour cela on se sert de différens instrumens.

Les plus simples sont encore ceux dont on
fait usage pour briser les capsules et faire
tomber les graines, je veux dire un banc et
un battoir. Un ouvrier donc prend une poignée de lin roui et séché, la pose sur le banc,
la frappe , avec son battoir, sur sa moitié
supérieure , la retourne pour la frapper également sur sa moitié inférieure. Ensuite, lorsque la chenevotte est convenablement brisée,
il prend sa poignée des deux mains, et la
passe et repasse avec force sur l'angle du banc,
pour faire tomber les fragmens de chenevotte
qui adhèrent à la filasse, et enfin la secoue
en ne la tenant que d'une main.

Un autre instrument fort simple, et d'un usage fort répandu en France, est la broie, ou broye, ou mâche, ou serançoir, dont il y a plusieurs modifications. Dans quelques endroits on fait passer le lin sous la meule d'une sorte de moulin qu'on appelle ribe, et qui brise ses tiges avec plus de rapidité et d'égalité.

Le lin vivace, ou lin de Sibérie, a les racines vivaces et les tiges deux fois plus élevées que le lin commun, auquel il ressemble d'ailleurs complètement. Il est originaire de Sibérie et des contrées voisines. On le cultive dans quelques jardins pour l'ornement. Son aspect semble indiquer qu'il doit être de beaucoup préférable au lin commun, pour être cultivé, sous les rapports de la filasse et de la graine ; cependant il ne paroît pas qu'en France, malgré la quantité de graines qui a été distribuée par Thouin, il soit encore sorti des jardins. Selon Miller il ne peut donner que trois récoltes, et sa filasse est plus grossière que celle du lin commun, ce qui explique le peu d'ardeur avec laquelle on s'est livré à sa culture. Il semble néanmoins qu'il seroit bon de tenter de nouveaux essais, par exemple, de le mettre en rangées écartées de deux ou trois pieds, et de planter dans l'intervalle quelques légumes. Cette remarque est fondée sur l'observation de pieds isolés, qui ont subsisté plus de trois ans, et qui ont constamment donné plus de tiges que ceux réunis en planches.

On rapporte qu'il se cultive en Suède et en Allemagne avec avantage, dans des sables argileux, et que les procédés qu'on emploie dans ces pays ne diffèrent que très-peu de ce qu'on pratique dans le nôtre pour le lin commun.

Le chanvre. — Cannabis.

Toutes les parties du chanvre exhalent, dans la chaleur, ou quand on les écrase, une odeur qui porte à la tête, et qui devient à la longue narcotique. Il n'est point prudent de s'asseoir et encore moins de s'endormir pendant l'été auprès d'un champ qui en est planté ; elles sont très-âcres au goût.

On appelle généralement, dans nos campagnes, chanvre mâle, les pieds qui portent la graine, et chanvre femelle ceux qui n'offrent que des fleurs mâles. Cette erreur est sans conséquence, dès qu'elle est connue.

Nulle part le chanvre n'est ni ne peut être l'objet d'une véritablement grande culture, à raison de la multitude d'opérations qu'il exige, et qui doivent être faites dans le même moment. C'est dans les pays très-populeux, et où les propriétés sont très-divisées, qu'on s'y livre avec le plus de succès. Les grands propriétaires, ou les riches fermiers, ne doivent jamais en semer que proportionnellement au nombre de bras dont ils peuvent disposer avec certitude non-seulement à l'époque de la récolte, mais encore pendant l'automne et l'hiver qui la suivent, époque où il faut s'occuper du rouissage, du séchage, du teillage, du serançage, et autres opérations qu'il nécessite.

Il est reconnu que les engrais ou les amendemens produisent plus d'effet sur le chanvre lorsqu'ils sont répandus avant le labour d'hiver que quand on attend le labour du printemps, c'est-à-dire celui qui précède immédiatement les semailles.

De profonds labours sont indispensables à la réussite de la culture du chanvre; on en donne ordinairement trois : un en automne et deux au printemps. Il faut, en les faisant, prendre très-peu de terre à la fois; car c'est de l'ameublissement du sol que dépendra la beauté du semis, et le semis influe puissamment sur la plante adulte.

Dans beaucoup de cantons on préfère, et avec raison, les labours à la bêche et à la pioche, à ceux à la charrue; mais la dépense à laquelle ils entraînent ne permet pas toujours le choix.

L'époque du semis de chanvre varie en France suivant les climats, et même, dans chaque climat, selon les localités, c'est-à-dire du mois de mars au mois de juin.

Comme cette plante est extrêmement sensible à la gelée, il ne faut jamais l'entreprendre que lorsqu'il n'y a plus rien à craindre à cet égard.

Pour être bonne, la graine de chanvre doit être grosse, lourde, d'un gris foncé réticulé de blanc; celle qui est légère et blanche doit être rejetée. C'est toujours celle qui tombe la première qu'il faut préférer.

La question de savoir s'il faut semer le chanvre clair ou épais se résout par le but qu'on se propose en le cultivant, et par la nature du sol. En effet, dans un terrain médiocre, il doit être semé plus clair que dans un terrain gras. Lorsqu'on est dans l'intention d'avoir une filasse très-longue et très-fine, il faut le semer très-épais, parce qu'alors les tiges s'élèvent et s'étiolent jusqu'à un certain point, ce qui fait que l'écorce est moins épaisse. Le chanvre qui se ramifie donne beaucoup de graine, et une filasse très-forte, mais qui n'est propre qu'à faire des cordes ou de grosses toiles.

La graine du chanvre demande à être très-peu enterrée, même pas du tout; du moins j'ai toujours remarqué que les grains qui étoient restés à la surface poussoient plus vigoureusement que les autres. Six lignes d'épaisseur de terre suffisent pour l'empêcher de lever. Il faut donc ne la répandre qu'après que la herse et le rouleau auront passé sur le champ, et se contenter ensuite de la recouvrir avec une herse légère armée d'épines.

Comme tous les oiseaux granivores aiment la graine de chanvre avec passion, il est indispensable de garantir le semis de leurs ravages par des fantômes ou autres épouvantails, ou mieux, en les faisant garder par des enfans. Des coups de fusil lâchés deux ou trois fois par jour sur les maraudeurs évitent souvent cet embarras. Il est bon aussi de veiller sur les campagnols, les mulots, et autres quadrupèdes rongeurs.

Lorsqu'on a semé le chanvre sur une terre humide, ou qu'il a plu quelques jours après, il ne tarde pas à lever; mais si la terre est sèche il reste quelquefois un mois sans se montrer: ce cas est toujours un malheur pour le cultivateur, car, lors même qu'il pousseroit ensuite, chose qui arrive rarement, le plant n'auroit pas la vigueur désirable. D'ailleurs, plus il reste en terre, et plus il s'en mange; ce qui rend souvent si regrettable de n'avoir pas semé le jour même du labour, parce qu'alors la terre a ordinairement assez de fraîcheur à sa surface pour que la germination puisse s'effectuer. C'est pourquoi, lorsque la chenevière est à la proximité de l'eau, il est souvent d'une bonne économie de la faire arroser à l'écope, à la pompe ou autrement. Le plant levé doit être sarclé une ou deux fois, et éclairci dans les endroits trop serrés.

Les pieds mâles sont toujours inférieurs en nombre aux pieds femelles, comme un est à trois. Dans leur jeunesse, ils sont les plus beaux, mais lorsqu'ils sont arrivés à une certaine hauteur, ils s'arrêtent, les femelles les atteignent et les dépassent bientôt.

La beauté du chanvre dépend, après la nature de la terre, des pluies qui tombent pendant les premiers mois de la végétation. S'il y en a peu, il reste petit; s'il y en a beaucoup, il s'élance et devient grêle; souvent même, lors surtout qu'il est épais, il en pourrit une partie. Dans les cantons où les irrigations sont communes, on pare facilement au premier de ces inconvéniens, mais malheureusement elles ne le sont pas partout où l'on cultive le chanvre.

Il est quelquefois avantageux de cultiver le chanvre plutôt pour sa graine que pour sa filasse; alors on doit le semer par rangées écartées d'un pied et demi à deux pieds, pour donner plus d'air et pouvoir biner une ou deux fois.

La récolte du chanvre se fait en deux temps : d'abord on arrache les pieds mâles (femelles des cultivateurs) aussitôt qu'ils commencent à jaunir, parce qu'ils seroient desséchés et même pourris à l'époque de la maturité des pieds femelles (mâles des cultivateurs); cette opération, qui force d'entrer dans le champ, fait perdre beaucoup de pieds femelles, quelque attention qu'on apporte à n'en pas casser. Cette circonstance doit engager à imiter certains cultivateurs, qui laissent des sentiers assez rapprochés pour que la main puisse entrer jusqu'au milieu des planches.

Brale, auquel on doit de très-importantes recherches sur le chanvre et son rouissage, pense que, pour avoir une filasse blanche, douce et facile à rouir, il faut arracher les pieds mâles avant qu'ils jaunissent, c'est-à-dire à l'époque où ils commencent à incliner leur tête. C'est, pour le climat de Paris, vers le mois de juillet que cette opération se fait ordinairement.

Les pieds mâles arrachés sont mis en petites bottes exposées au soleil pour sécher, et transportées à la grange ou au grenier.

L'existence des pieds femelles se prolonge au-delà d'un mois, quelquefois, dans les années pluvieuses, jusqu'à cinq ou six semaines au-delà de celle des mâles. Ce n'est que lorsque la graine est arrivée au point de maturité convenable que les feuilles se dessèchent, que la tige se jaunit, qu'il convient enfin de l'arracher à son tour.

Dans quelques pays où l'agriculture est dirigée sur les vrais principes, on sème de la graine de navets dans le chanvre avant la récolte du chanvre mâle. Cette graine germe, son plant pousse d'abord foiblement; mais lorsque la récolte du chanvre femelle est effectuée, il prend de la force par suite de l'espèce de labour suite de l'arrachage, et donne un second produit.

Dans d'autres lieux, au lieu de semer ainsi des raves, on les sème sur un seul labour après la dernière récolte; on peut leur substituer des choux à faucher, du trèfle, de la spergale, etc.

Il est des endroits où l'on recueille les pieds mâles et les pieds femelles en même temps; mais c'est un véritable délit contre l'intérêt du propriétaire et de la société en général. En effet, 1° les tiges des femelles n'acqué- rant leur perfection qu'au moment de la ma- turité des grains, la filasse qui en provient n'a ni autant de force ni autant de finesse, ne fournit que de la toile qui s'use et se pourrit très-rapidement; 2° on perd la récolte de la graine, qui doit être considérée comme un article important en tous temps et en tous lieux.

Lorsque la graine de chanvre commence à entrer en maturité, et il y a quelquefois un mois entre celle de la première et celle de la dernière, des nuées d'oiseaux viennent en faire leur pâture. Il faut donc recommencer les moyens de surveillance ou de destruc- tion cités plus haut, et les suivre avec per- sévérance jusqu'à la fin. On a de plus encore également à craindre les souris, les mulots, les campagnols et autres quadrupèdes de la famille des rongeurs.

La récolte des pieds femelles ne souffre aucune difficulté, on les arrache en allant devant soi, et on les met en bottes de six à huit pouces de diamètre.

L'arrachage du chanvre, avec quelque précaution qu'il se fasse, donne toujours lieu à des ruptures de tige, à des éparpillemens de graines. Brale prétend qu'il est plus avan- tageux de le faucher. Il veut aussi qu'on le trie par numéros de grosseur. Je n'ai vu mettre nulle part ces conseils en usage.

L'opération finie, on met dans le champ

même toutes les bottes en faisceaux, tête contre tête, et on couvre le sommet de ces faisceaux avec de la paille, pour garantir la graine de la pluie et des atteintes des oiseaux. Là, cette graine achève de mûrir. Il est bon, si le temps devient humide, de défaire les faisceaux par le premier soleil, pour faire sécher les bottes; car la moisissure, et encore plus la pourriture des feuilles, altère la qualité de la graine.

Quelques personnes font rapidement sécher le chanvre au soleil, immédiatement après qu'il est récolté; mais c'est qu'elles ne considèrent pas que la végétation se continue dans les tiges tant qu'elles ne sont pas sèches, et que, par conséquent, on perd à en agir ainsi un degré de perfection de plus et pour la filasse et pour la graine; des faits incontestables ont prouvé mille fois ce fait.

Il y a plusieurs manières de retirer la graine des têtes de chanvre : dans quelques endroits on porte de grands draps dans les champs, et avec des bâtons on frappe les têtes appuyées sur un banc placé sur ces draps; dans d'autres on frappe la tête de ces bottes dans un tonneau défoncé d'un côté. Nulle part on ne fait usage du fléau, qui écraseroit les graines. Lorsque les bottes sont restées assez longtemps amoncelées, cette opération se fait très-aisément.

On vanne la graine de chanvre comme celle du blé, pour la débarrasser des détritures des feuilles, des calices, ainsi que des graines non fécondées qui s'y trouvent mêlées. Ces dernières sont souvent en grand nombre ; on les reconnoît à leur couleur blanche et à leur légèreté. Il ne faut jamais, comme quelques cultivateurs peu éclairés le font, les laisser avec la bonne graine, parce qu'elles ne servent à rien, et que lorsqu'on destine cette dernière à faire de l'huile elles absorbent une partie de celle qu'elle fournit, ce qui est une perte réelle. La totalité des vannées se jette dans la cour, et s'il y a encore quelques bonnes graines, les poules et les pigeons savent bien les trouver.

La graine vannée se porte dans le grenier, où on la met en petits tas, qu'on change de place au moins une fois par semaine dans les commencemens, pour qu'elle se sèche complètement ; car si la fermentation s'y développoit elle deviendroit noire et ne seroit plus bonne à rien. Il faut veiller sur les souris. Au bout d'un mois on peut la mettre dans des sacs ou dans des tonneaux défoncés par un bout.

Il a été calculé que dans la culture commune il falloit deux setiers de graine pour un arpent, et qu'on n'en récoltoit que deux setiers et demi ; mais j'ai lieu de croire que les bases de ce calcul ont été prises sur du chanvre récolté avant le temps, c'est-à-dire dont la plupart des graines étoient mauvaises, car il m'a paru qu'elles étoient de quinze à trente sur chaque pied. Dans les pieds écartés, et même dans ceux qui sont plus isolés, la proportion est d'un, deux et trois cents pour un.

Le différent degré de maturité des graines qui se trouvent sur le même pied de chanvre, et par conséquent sur tous les pieds d'un même champ, rend plus difficile la détermination exacte du moment où il est plus convenable d'extraire son huile, qu'à l'égard des graines de lin, de pavot, de colza, etc. Si on la porte trop tôt au moulin, on a moins de profit, parce que le mucilage n'a pas eu le temps de se changer en huile; si on la porte trop tard, il y en a déjà beaucoup de rancie, et l'huile est de mauvaise qualité. Cependant on peut dire généralement que deux à trois mois sont un terme convenable.

Cette graine, comme la plupart des huileuses, ne conserve qu'un an sa faculté germinative; il est donc inutile d'en conserver au-delà du besoin des semences.

On donne la graine de chanvre, qu'on appelle chenevis, à tous les oiseaux de basse-cour, qu'elle engraisse et échauffe en même temps, et qui tous l'aiment avec passion. Elle fait pondre les poules de bonne heure et plus abondamment. La consommation qu'on en fait dans les villes pour nourrir les petits oiseaux de volière est fort étendue. L'huile qu'on en tire est excellente pour brûler, bonne pour la peinture, la fabrication du savon noir : elle est l'objet d'un commerce assez important pour quelques parties de la France. Le marc qui reste après son expression forme des tourteaux que tous les animaux domestiques mangent avec avidité.

Lorsque la graine de chanvre est ôtée des têtes, on coupe les racines, et même les têtes aux tiges, et il ne s'agit plus que de les faire rouir.

Le rouissage est une opération par laquelle, au moyen d'un commencement de fermentation dans l'eau, on décompose le gluten qui unissoit les fibres de l'écorce les unes avec les autres et à la tige, et on obtient ce qu'on appelle la filasse. Je ferai connoître à l'article qui le concerne les principes d'après lesquels il faut se diriger; ainsi je puis me dispenser d'en parler ici.

On croit dans beaucoup d'endroits qu'il est nécessaire de débarrasser le chanvre, mâle ou femelle, de ses feuilles, avant de le porter au rouissage; mais des expériences comparatives ont prouvé que ces feuilles activoient cette opération, et que la petite coloration qu'elles donnoient à la filasse disparoissoit facilement au blanchissage : c'est donc mal à propos qu'on se donne cette peine.

Après que le chanvre est roui et séché, il ne s'agit plus que de séparer la filasse de la tige. Trois moyens sont usités pour cela : l'un, dans lequel on ne fait usage que des doigts, s'appelle teiller; l'autre, pour lequel on se sert d'un instrument particulier, s'appelle serancer; le troisième est un moulin à meule conique, tournant autour d'un pivot,

et qui écrase les tiges. Ce moulin, peu différent de celui employé à la fabrication des
huiles, s'appelle ribe.

Les tiges de chanvre, après qu'on en a
ôté la filasse par le teillage, s'appellent che-
nevottes. On s'en sert pour faire des allu-
mettes, pour chauffer le four, etc. Il a été
reconnu qu'elles étoient préférables à toute
autre matière pour faire de la poudre à canon.

La filasse du chanvre mâle est toujours
plus fine et plus douce que celle du chanvre
femelle ; ainsi il ne faut jamais mêler les
deux récoltes ensemble. On a cultivé pendant quelques années, à Paris, un chanvre
venu de la Chine, dont les feuilles sont toutes
alternes, et qui s'élève à plus de vingt pieds.
Il formoit un arbre très-rameux, dont le
tronc étoit gros comme le bras. C'est proba-
blement le même que celui de l'Inde, re-
gardé comme une espèce par quelques bota-
nistes, et dont on emploie les feuilles, ou
en nature, ou en infusion, ou en fumiga-
tion, pour se procurer une espèce d'ivresse
accompagnée de délire, analogue à celle
que produit l'usage de l'opium.

Aucun insecte n'attaque les feuilles du
chanvre ; mais une chenille, que Robergeot
a fait connoître le premier, vit dans l'intérieur de sa tige et la fait souvent périr.

Deux plantes parasites causent beaucoup
de dommage aux chenevières ; ce sont la
cuscute et l'orobanche. On ne peut les détruire qu'en les arrachant avant leur fleu-

raison ; et pour le faire il ne faut pas craindre de gâter un peu de chanvre, car cette perte est un gain pour l'année suivante.

Colza.

L'espèce se reconnoît à ses feuilles radicales, pétiolées, sinuées, ou légèrement découpées, même quelquefois pinnées à leurs extrémités, et à ses feuilles caulinaires, sessiles et cordiformes ; les unes et les autres lisses et d'un vert glauque, variant souvent en grandeur, mais toujours plus petites que celles des autres variétés.

Il existe deux sous-variétés de colza ; le blanc, qui a les fleurs blanches, et le froid, qui les a jaunes. Ce dernier a les feuilles plus grandes, plus épaisses, et supporte mieux les rigueurs de l'hiver. En conséquence on le cultive de préférence.

Toutes les localités ne sont pas propres à la culture du colza : en France on ne s'y livre avec quelque étendue que dans les plaines de la ci-devant Flandre ; inutilement voudroit-on l'entreprendre dans les départemens méridionaux, où les sécheresses se prolongent souvent, et où les eaux propres aux irrigations sont rares : la nature de la terre doit être surtout consultée. Dans les sables, sa tige prend peu de consistance, et ses graines restent petites ; dans les argiles, il végète avec lenteur, jaunit promptement et fournit peu d'huile. C'est donc une terre intermédiaire, légère et grasse, c'est-à-dire la meilleure terre à froment, qui lui convient. Il faut de plus que cette terre ait une certaine profondeur, qu'elle soit bien labourée et fortement fumée.

Dans quelques cantons on cultive le colza comme la navette, c'est-à-dire qu'on le sème à la volée en plein champ; mais l'expérience a prouvé que la meilleure méthode étoit de le semer d'abord dans un local particulier, et ensuite de le replanter comme les autres choux.

Le terrain destiné au semis du colza est ordinairement choisi dans le voisinage de la maison, pour pouvoir surveiller avec plus de régularité les opérations qu'il demande; on le défonce à la bêche plutôt qu'à la charrue, et on le fume d'autant plus qu'il est plus maigre par sa nature, ou plus épuisé par les récoltes précédentes. Sa surface, rendue aussi unie que possible, au moyen de la herse et du rouleau, est divisée en planches de quatre à cinq pieds, séparées par des sentiers d'un pied.

Le semis commence généralement en juillet. La graine doit être répandue le plus uniformément possible et en petite quantité, pour que les plants qui en proviendront ne soient pas trop serrés. Ces plants levés seront arrosés si la sécheresse se prolonge, éclaircis et sarclés au besoin.

En Angleterre, où les bons cultivateurs ont généralement adopté la méthode de semer par rangées ou sillons, on place ainsi la graine de colza, c'est-à-dire qu'on fait des raies écartées de six à huit pouces avec le manche du râteau, et qu'on répand la graine par pincées dans ces raies, qu'on remplit de terre par un simple coup de râteau.

Pendant que le plant du colza se fortifie dans les planches du semis, on prépare la terre destinée à le recevoir à demeure.

Cette terre est presque toujours celle qui a porté du blé dans l'année même. On lui donne un premier labour, après l'avoir largement fumée peu de temps après la récolte ; un second au commencement ou au milieu de septembre, et un troisième dans le courant d'octobre : ces labours seront aussi profonds que possible, et croisés obliquement, afin de rendre la terre plus meuble.

Un seul labour à la bêche suppléeroit à ces trois labours ; mais sa dépense ne permet de le faire que dans les petites exploitations, dans celles qui sont cultivées par le propriétaire ou le fermier, au moyen de son travail et de celui de sa famille, travail qui est ordinairement compté pour rien, heureusement pour l'agriculture, dont beaucoup d'opérations resteroient à faire si on calculoit ce qu'elles coûtent et ce qu'on en retireroit en argent.

Dans tous les cas, il convient de disposer le terrain en planches bombées, afin de donner de l'écoulement aux eaux surabondantes, même de faire de petits fossés d'écoulement, si la nature du sillon ou la localité l'exige.

Le mois d'octobre est celui pendant lequel il est plus avantageux d'exécuter la transplantation du colza : on choisira un temps couvert, même un peu pluvieux, pour que les plants reprennent plus facilement. Ces plants seront enlevés du lieu du semis, non en les arrachant par le seul effort de la main, mais avec une pioche, et en ménageant leurs racines et leurs feuilles, avec tout le soin possible, et transportés dans des corbeilles sur le champ où ils doivent être plantés à mesure du besoin.

C'est en quinconce, et à quinze ou dix-huit pouces d'écartement, terme moyen, qu'il convient de planter le colza avec la pioche, plutôt qu'avec le plantoir, plutôt profondément que superficiellement, parce que ce qu'on appelle la tige dans les choux n'est que le prolongement du collet de la racine, et que ce prolongement étant susceptible de donner de nouvelles fibrilles, la plante est mieux nourrie.

Pour aller vite en besogne, il faut qu'une personne fasse les trous, qu'une autre place le plant et remplisse le trou sans trop presser la terre autour des racines, ce qui leur donneroit une position forcée, et nuiroit à la prolongation de leurs suçoirs.

En novembre, si le temps le permet, on remplace les pieds de colza qui n'ont pas repris, sinon on réserve cette opération pour les premiers jours du printemps ; à l'effet de quoi on garde toujours, dans le semis, un nombre de plants proportionné à la plantation.

On ne touche plus à cette plantation qu'au mois de mars et même d'avril, selon que l'hiver est plus ou moins long. A cette époque on lui donne un binage, et on rehausse ou butte les pieds. On nettoie les fossés, s'il y en a, et on rejette la terre sur le sommet de l'ados.

Au mois de mai, on fait un second binage semblable.

Dans les départemens septentrionaux de la France, où l'on cultive beaucoup le colza, sa graine est ordinairement mûre vers la fin de juillet. Plus au midi, elle peut l'être un mois plus tôt.

L'état de l'atmosphère concourt aussi à avancer ou retarder l'état de sa maturité. On reconnoît qu'elle doit être cueillie, à la couleur jaunâtre de la tige et à la chute des feuilles inférieures. Comme c'est de sa complète maturité que résulte la plus grande abondance et la meilleure qualité d'huile, et que lorsqu'on la laisse mûrir sur pied une grande quantité de graines se perd, le talent du cultivateur est de choisir le moment le plus convenable pour éviter ces deux inconvéniens.

Les pieds de colza, arrivés à maturité, se coupent avec une faucille à peu de distance de terre. On doit choisir le matin pour faire cette opération, afin que les secousses qu'elle occasionne toujours , quelques précautions qu'on prenne, fassent moins perdre de graines, les siliques, renflées par l'humidité de la nuit, ayant alors moins de dispositions à s'ouvrir. Ces pieds sont mis sur une charrette , et aussitôt portés sous de vastes hangards , dont le sol est bien uni et bien nettoyé, et ils y sont amoncelés sans être pressés , c'est-à-dire de manière que l'air puisse circuler autour de chacune de leurs branches. Là , la graine achève de murir au moyen de la sève qui reste encore dans la tige, sève qui ne s'évapore que très-lentement.

Faute de hangar propre à cet objet , on forme avec les pieds de colza et de la paille , alternativement un lit 'de chaque, dans le champ même ou dans le voisinage de la ferme, des meules qui se recouvrent de paille en-dessus et sur les côtés , de manière à empécher l'introduction des eaux de pluie.

Lorsque les tiges sont parfaitement desséchées ou à peu près, on peut les battre avec le fléau pour faire sortir la graine des siliques, opération très-facile et très-rapide ; puis on vanne cette graine comme le blé , on la passe dans des cribles faits exprès, enfin on la nettoie de tous corps étrangers par tous les moyens possibles , car plus elle est propre, et moins elle attire l'humidité, et mieux par conséquent elle se conserve. Comme la graine de colza , quoique provenant de tiges parfaitement desséchées (ce qui n'a pas toujours lieu), conserve une surabondance d'humidité, il est bon de l'étendre pendant quelques jours sur des toiles et de la remuer souvent pour faciliter l'évaporation de cette humidité. Ensuite on la met dans des sacs isolés qu'on vide et remplit tous les quinze jours, jusqu'au moment où on la porte au moulin.

Au moyen de ces précautions, la graine se conserve sans moisissure, sans goût d'échauffé, et donne une huile abondante et d'excellente qualité.

Lorsqu'on se presse de faire moudre la graine de colza, on a moins d'huile, et de l'huile moins bonne. Lorsqu'on tarde trop, on en a encore moins, et cette huile est rance.

C'est ordinairement au commencement de l'hiver, avant les fortes gelées, qu'on s'occupe de l'extraction de l'huile des graines de colza, et c'est en effet l'époque la plus favorable sous tous les rapports.

On ne parlera pas ici de la fabrication de l'huile de colza, attendu qu'elle ne diffère pas de celle des autres.

Le reste de la graine dont on a tiré l'huile se nomme *trouille* ou *pain de trouille*. On le donne aux bestiaux, surtout aux vaches et aux cochons, qui en sont fort avides, et qu'elle engraisse rapidement. On la rend aussi à la terre, qu'elle améliore autant que le meilleur fumier.

La *navette* ressemble beaucoup au colza, mais elle est de la famille des raves ; elle diffère du colza par le port et la forme de ses

feuilles, qui ressemblent parfaitement à celles des raves. La culture de la navette est absolument celle du colza. Il est essentiel, lors de la récolte, d'avoir des toiles et des draps pour recevoir les tiges à mesure qu'on les coupe.

La culture du *pavot* dans les champs peut offrir aussi de grands avantages ; elle a pour but deux objet importans : l'un, de produire la graine destinée à donner l'huile appelée d'œillet ou d'œillette, et l'autre de fournir les têtes de pavots employées en médecine.

L'huile dite d'œillet est douce, agréable, et sent la noisette ; c'est, après l'huile d'olives, la meilleure pour les apprêts de toute espèce d'alimens cuits ou à froid ; son seul défaut est de ne pouvoir servir à brûler dans la lampe. C'est au funeste hiver de 1709, qui fit périr tous les oliviers de la France, qu'on est redevable de l'introduction de la culture du pavot, qui étoit connu depuis long-temps en Allemagne. Ceux qui étoient intéressés au commerce des huiles d'olives, qu'on tire en grande quantité de l'étranger, répandirent que l'huile d'œillet étoit un somnifère dangereux : le préjugé s'établit peu à peu, on ordonna des expériences, et toutes furent en faveur de l'huile d'œillet ; on démontra que la graine et l'huile de pavot ne contiennent pas un atome de substance somnifère ou narcotique (1) ; d'ailleurs l'expérience de tous

(1) La vertu narcotique réside dans la tête du pavot.

les temps et de tous les lieux, faite soit sur les hommes, soit sur les animaux, a confirmé cette assertion. En effet, les Romains mélangeoient cette graine dans leurs alimens; toutes les pharmacopées connues désignent très-clairement que les graines ne participent en rien à la qualité narcotique des capsules. En Italie, à Gênes, on fait des dragées de graine de pavot (1). Qu'on ajoute maintenant à l'utilité dont cette huile est pour les alimens, celle dont elle est pour la préparation des savons noirs, dont tous les pays du nord se servent, alors on n'hésitera pas à introduire cette culture dans toutes les contrées de la France.

La racine de pavot étant pivotante, sa culture peut succèder aux racines fibreuses des blés, seigles, orges, avoines, etc., etc., et servir à alterner nos champs, au lieu de les laisser en jachères. Le pavot, en raison de son pivot, aime un terrain qui ait du fond, et dont la terre a été soulevée ; la végétation de la plante est rapide, dès qu'elle commence à être animée par la chaleur ; elle aime une terre fortifiée par l'engrais, afin de ne pas manquer de nourriture à l'instant où elle en a le plus besoin.

Le climat détermine le temps des semailles; plus on avoisine les contrées méridionales,

(1) On mange fréquemment à Berlin, surtout parmi le peuple, de la graine de pavot dans du lait avec du pain, et il n'en résulte aucune espèce d'inconvénient.

plus elles doivent être hâtives , parce que les chaleurs de mai et de juin poussent trop la végétation : il est donc avantageux dans ces pays de semer de bonne heure , c'est-à-dire à la fin de septembre ou en octobre ; au contraire , dans les pays septentrionaux , on peut attendre , sans autant de risque , le mois de mars ; néanmoins l'œillette qui y sera semée avant l'hiver en vaudra beaucoup mieux ; d'ailleurs , on ne craint pas que les troupeaux endommagent cette plante.

Si on sème en septembre ou en octobre, il faut donner deux labours croisés, aussitôt que la récolte des grains est sortie des champs. Il est avantageux d'en brûler le chaume avant de labourer, non à cause du médiocre engrais produit par l'incinération, mais afin de faciliter le labourage, et pour que ce chaume, qui n'aura pas eu le temps de pourrir avant l'époque des semailles, ne s'oppose pas au nivellement des terres au moment de semer. On choisira, pour labourer, un temps où la terre ne soit ni trop sèche ni trop humectée, afin que la charrue ne la soulève pas en mottes. On passe la herse à plusieurs reprises jusqu'à ce que la terre soit bien unie ; ensuite on forme une nouvelle herse avec des fagots d'épines , pour achever d'unir son champ. La manière de semer est à la volée, ensuite on passe de nouveau, et on repasse la herse de fagots, et s'il survient une pluie douce, la graine s'enfoncera d'elle-même et lèvera en peu de jours ; néanmoins, comme il est impossible en semant de disposer la graine comme on feroit dans un jardin, aussitôt que les plantes commenceront à prendre une certaine consistance, on supprimera en sarclant les plants trop confus; enfin, après l'hiver, on serfouira et on sarclera plus rigoureusement. Au moment où les tiges s'élancent il faut sarcler de nouveau, mais légèrement, et donner un binage, en ne laissant que les pieds nécessaires à une distance à peu près de quinze à dix-huit pouces, sans les espacer davantage; car il ne s'agit pas ici d'atteindre à la sublime perfection de la fleur, mais il faut songer à multiplier le produit de la récolte, et conséquemment à ne laisser entre chaque plante que l'espace nécessaire, afin de ne pas trop en diminuer le nombre.

Au moment où la maturité s'annonce le cultivateur doit se transporter sur son champ avec tout son monde et une quantité de draps proportionnée à celle des pavots; on étend ces draps au pied des plantes, on les incline et on les secoue sur ces draps, afin de faire tomber la graine qui est mûre; après cette première opération, d'autres personnes arrachent la plante de terre en la tenant toujours très-droite, afin qu'il n'en tombe aucune graine; de plusieurs plantes réunies elles en forment des faisceaux, et elles les placent droits sur le champ appuyés les uns contre les autres. Deux ou trois jours après la récolte entière on étend de nouveau les draps au pied des faisceaux accumulés, et sur ces draps on secoue de nouveau les têtes, et on brise les capsules ; enfin, si la métairie est suffisamment fournie de bois pour le chauffage ou pour le service du four, on met le feu aux faisceaux.

Il y a une autre méthode de procéder à cette récolte. Pour l'avancer, quelques cultivateurs inclinent les tiges sur les draps, en coupent les sommités, et les emportent à la métairie ; les tiges restent sur le champ, et le feu les réduit bientôt en cendres, si mieux on n'aime les arracher et les conserver pour la litière du bétail.

Au reste, de quelque manière qu'on fasse la récolte, il est très-essentiel qu'il ne reste aucuns débris de la capsule mêlée avec la graine, parce qu'au moulin ils absorberoient en pure perte une quantité d'huile assez considérable : afin de prévenir cet inconvénient on se sert de cribles percés de petits trous, qui permettent à la graine de passer, et non aux débris.

CHAPITRE XIX.

Des pommes-de-terre.

M. Parmentier désigne onze variétés de pommes-de-terre, qu'il classe en hâtives et en tardives ; savoir : 1º *la grosse blanche tachée de rouge ;* c'est la variété la plus vigoureuse, la plus féconde, celle dont le produit est le plus considérable, et qu'on doit cultiver de préférence dans toutes les métairies, pour la nourriture des animaux; c'est d'elle aussi qu'on tire la farine ou fécule en plus grande abondance: 2° *la rouge longue ;* sa surface est raboteuse, remplie de cavités ; elle est intérieurement marquée par un cercle rouge ; c'est, après la grosse blanche, celle qui est la plus répandue; elle ne produit pas autant, mais la qualité est meilleure, aussi est-elle toujours plus chère, quoique moins précoce ; elle exige un sol gras : 3° *la blanche longue;* elle est exempte de points rouges, d'une excellente qualité et très-productive : c'est celle qu'il me semble qu'on doit préférer pour la nourriture des hommes : 4° *la violette ;* cette espèce est peu hâtive; elle est marquée de points violets et jaunes sur sa superficie; elle est ronde quand elle est petite, et longue lorsqu'elle a plus de volume : 5° *la rouge souris;* ses tubercules sont plus unis, pointus à une des extrémités, un peu aplatis, n'ayant presque pas d'œilletons, et une chair absolument blanche; elle est un peu précoce et d'une très-bonne qualité : 6° *la blanche ronde, aplatie ;* la peau de celle-ci est fine, un peu panachée; elle demande un sol léger, et est très-délicate à manger : 7° *la rouge oblongue;* ses tubercules sont d'un rouge foncé et presque ronds. Cette variété se plaît dans une terre forte, et donne quelquefois des racines d'un volume énorme, dont l'intérieur est très-blanc; elles sont en général d'un goût excellent : 8° *la pelure d'oignon ;*

ses racines sont longues, aplaties et quelquefois pointues à une de ses extrémités : c'est
l'une de toutes les variétés la plus hâtive :
9° *la longue rouge en dehors et en dedans;*
cette espèce ne présente aucune différence avec
la grosse blanche ; la couleur de la racine a
d'abord la chair d'un rouge éclatant, lorsqu'elle est venue par semis ; cette couleur diminue insensiblement, si elle devient féconde
et très-vigoureuse ; cependant sa qualité ne
vaut pas celle des rouges longues et rondes :
10° *la rouge ronde;* sa ressemblance est parfaite avec la rouge oblongue ; il semble même
qu'elle en provient ; elle est seulement un peu
plus précoce : 11° *la petite blanche;* ses racines sont constamment petites et irrégulièrement rondes, de très-peu de rapport : elles
sont fort bonnes à manger.

Outre les variétés que nous venons de dé-
signer, on en compte une multitude d'autres
qui ne sont pas des nuances de celles-ci, dont
le caractère s'est affoibli ou augmenté en raison
de leur dégénérescence, ou du degré de perfection qu'elles ont acquis par la culture et
les différences des terrains dans lesquels elles
ont été cultivées.

Tous les terrains conviennent à la pomme-
de-terre, même le sable et le gravier, pourvu
qu'ils soient assez divisés pour céder à l'écartement des tubercules lorsqu'ils grossissent et
se multiplient, avec cette différence cependant
que le produit est toujours relatif à la
qualité du sol; mais la craie ni l'argile pure

ne sont convenables dans aucun état et dans aucune circonstance. A l'égard des expositions, les plus favorables sont ordinairement les plus élevées; les pommes-de-terre y sont meilleures, de même que dans les terrains secs et légers; ainsi le sol le meilleur et le plus propre à ce genre de culture doit être composé de sable et de terre végétale, de manière que le mélange mouillé ne forme jamais ni liant ni boue.

Nous observerons, avant de parler de la préparation du terrain, que les blés réussissant parfaitement après les pommes-de-terre, celles-ci peuvent occuper le terrain dans l'année de jachères, et conséquemment servir à alterner les récoltes.

Il y a plusieurs manières de planter les pommes-de-terre. Les uns plantent en faisant des trous d'un pied de profondeur sur deux de largeur, éloignés les uns des autres de trois pieds environ; ils remplissent ces trous de fumier, qu'on foule exactement, et sous lequel on place la pomme-de-terre; mais cette méthode est très-dispendieuse, sans être plus avantageuse. Les autres ouvrent une raie droite avec la charrue; deux personnes la suivent, l'une pour y jeter une poignée de fumier, et l'autre la pomme-de-terre; l'oreille de la charrue recouvre ensuite de terre le fumier et les pommes-de-terre; on laisse deux sillons sans y rien mettre, et l'on continue de cette manière. On plante avec tout autant de succès lorsque le champ a été bien préparé, en faisant, avec la bèche, des rigoles de cinq à six pouces de largeur et de profondeur; on jette dans ces rigoles les pommes-de-terre, à un pied et demi de distance les unes des autres; on recouvre la première avec la terre qu'on retire de la seconde, et ainsi de suite. On renverse encore, à l'aide de la charrue, trois raies l'une sur l'autre, en forme de sillon, ce qui élève le terrain et fait des ados d'environ trois pieds de large : le fond de chaque sillon est fumé et ensuite labouré à la bèche ; c'est dans ce fond et sur ce labour qu'on met la pomme-de-terre avec la houe, à un pied de distance ; de cette manière chaque rang est espacé à trois pieds, et chaque plante à un pied, ce qui, en poussant, forme des rangées, et non des touffes isolées. Une fois plantées, les pommes-de-terre n'exigent que deux façons de culture : la première a lieu lorsque la plante est assez haute pour pouvoir être distinguée de la foule des herbes qui croissent en même temps ; il faut nettoyer le champ en labourant les intervalles avec la petite charrue ou la houe, afin de bien ameublir ; on répète ce sarclage, si le besoin l'exige, ce qui est très-ordinaire. La seconde consiste à relever tout autour de la tige une suffisante quantité de terre pour en former une motte ; c'est ce qu'on appelle *buter* ; cette opération ne doit avoir lieu qu'au moment de la fleuraison : il faut bien prendre garde d'ébranler les plantes. Cette dernière façon de culture aide la plante à se soutenir, favorise la multiplication des racines, et détruit les mauvaises herbes qui ont poussé depuis le dernier binage.

L'extrême multiplication des pommes-de-terre, dit M. Parmentier, est un exemple bien frappant des grandes ressources de la nature pour la régénération des végétaux.

C'est particulièrement sur la grosse blanche que ces façons ont un plus grand effet, parce que c'est l'espèce la plus vigoureuse de toutes, qu'elle peut seule braver les inconvéniens du sol, de la saison, et fournir d'abondantes récoltes.

Vous vous rappelez, mes enfans, la merveilleuse multiplication du blé, la plante la plus utile à l'homme; remarquez que celle qui pourroit seule suppléer au blé, la pomme-de-terre, possède aussi l'étonnante faculté de se multiplier à l'infini. Que de bienfaits la Providence nous prodigue, que de ressources elle nous ménage!

La pomme-de-terre se multiplie d'abord en plantant des tubercules entiers ou par morceaux coupés en biseau, et auxquels on laisse deux ou trois yeux par œilleton, ce qui est une grande économie dans le temps de disette; cette opération consiste à enlever les yeux seulement à quatre ou cinq lignes du corps charnu de la racine; en les plantant ensuite séparément dans un bon terrain, mais très-rapprochés, ils produisent deux ou trois tubercules moins gros à la vérité que s'ils étoient accompagnés de beaucoup plus de pulpe; alors il reste de la racine encavée, au moins les trois quarts, pour la subsistance des hommes et des bestiaux. Par germes : lorsque les pommes-de-terre ont poussé avant le commencement de la plantation, on peut détacher les germes de la racine, et les mettre plusieurs ensemble sans pulpes; ils fourniront des tubercules souvent aussi gros et aussi nombreux que s'ils tenoient à un morceau de la substance charnue, mais toujours plus considérables que ceux de simples œilletons, parce que les germes, alimentés d'abord par la racine entière, ont déjà acquis, lorsqu'on les en détache, une vigueur capable de se passer de la nourriture qu'elles reçoivent : la pomme-de-terre qui a souffert ce retranchement n'en est pas moins propre à la plantation, en la divisant à l'ordinaire. Par marcottes : on peut coucher jusqu'à trois fois les branches latérales des pommes-de-terre, et obtenir de chaque branche couchée deux à trois tubercules; cette manière de provigner peut devenir essentielle, lorsque la plante auroit beaucoup poussé en tiges, et qu'il seroit utile d'interrompre le cours de la sève trop abondante; mais avant la plantation il faudroit avoir prévu l'inconvénient, et laissé assez d'espace entre chaque pied pour y remédier; car ce travail pourroit gêner la plante voisine. Par boutures : lorsque les tiges ont acquis huit à dix pouces d'élévation, on peut les couper et les planter séparément dans des trous ou des rigoles, avec la précaution de laisser leur surface à l'air, et de les couvrir légèrement d'un peu de paille pour les préserver du hâle : chaque tige peut donner deux ou trois tubercules, et la plante d'où ces jets auront été détachés n'en souffrira aucun dommage, parce que cette opération a lieu dans un moment où le feuillage végète avec une grande célérité.

Mais ces moyens de reproduction ne devant être employés que dans les circonstances malheureuses, il en est un autre auquel il faut avoir recours pour prévenir la dégénérescence des pommes-de-terre, étendre leur multiplication et celle des espèces ou variétés.

Ce moyen, qui est le seul de régénérer les espèces, c'est le semis; à cet effet, on recueille les baies qui sont pendantes aux tiges, lorsque leur maturité est annoncée, c'est-à-dire lorsqu'elles commencent à s'amollir et à blanchir; on les conserve pendant l'hiver, en les suspendant aux murs ou aux planchers, par le pédicule commun qui les attache immédiatement à la tige : on peut encore les mettre dans des caisses avec du sable lit sur lit; dès qu'après l'hiver elles ont contracté une fermentation qui diminue leur viscosité, on les écrase alors entre les mains pour extraire à grande eau et à l'aide d'un tamis les graines du gluten pulpeux qui les renferme; après quoi on les fait sécher à l'air libre : cette semence est petite et oblongue.

Pour la semer, ce qui a lieu en avril, on la mêle premièrement avec du sable ou de la terre, et on la met ensuite dans des rigoles de trois pouces de profondeur, pratiquées sur des couches ou des planches de bonne terre bien disposée à cet effet, en observant de laisser entre ces rigoles une distance d'un pied. Quand la plante a quelques pouces d'élévation, on la transplante, si la graine a été semée sur couche, à huit ou neuf pouces de distance ; si c'est en pleine terre, on se borne seulement à les éclaircir, de manière, dans tous les cas, que la même distance soit observée. On les butte à la manière ordinaire.

Tout en cultivant les pommes-de-terre, il est facile d'obtenir d'autres récoltes ; on peut semer du blé maïs, des choux tardifs et des raves dans l'intervalle des rangées ; ces végétaux réussissent parfaitement. On peut encore, après la récolte des lins et autres productions hâtives, planter des pommes-de-terre, et obtenir par ce moyen de doubles récoltes.

On reconnoît que les pommes-de-terre sont mûres dans l'instant que les tiges jaunissent et se flétrissent d'elles-mêmes, sans accident, ce qui arrive pour la plupart des espèces en septembre ; alors l'accroissement des racines cesse, et elles ne végètent plus : il faut les tirer de terre ; sans cela, si la saison est douce et humide, elles germeront et contracteront une mauvaise qualité.

On exécute la récolte au moyen des animaux ou à bras d'hommes. La charrue déchausse assez promptement les racines, et met en rigoles ou raies ce qui étoit en sillons, en jetant d'abord les pommes-de-terre, que des femmes et des enfans ramasssent. Pour la récolte à bras, la houe à deux dents est l'instrument. Lorsqu'il gèle, il ne faut pas les laisser sur la terre ; si au contraire il faisoit chaud, il seroit bon de laisser ces racines au soleil, afin de leur faire perdre leur humidité : cela rend leur conservation plus facile et plus durable.

Conservation des pommes-de-terre.

Dès que les pommes-de-terre sont déchaussées, il faut, si l'on n'a rien à redouter des gelées blanches, les laisser se ressuer sur le terrain où on les a récoltées, ou bien sur l'aire d'une grange, à mesure qu'on les transporte, après toutefois qu'on les aura détachées de toutes leurs racines fibreuses, et séparé celles qui sont entamées, pour être employées les premières à la consommation.

Quel que soit le lieu où l'on dépose les pommes-de-terre, une cave, un cellier, un grenier, etc., il convient de n'y point laisser pénétrer le chaud, le froid, la lumière et les animaux; il faut que les tas n'aient que dix à treize décimètres (trois ou quatre pieds) d'épaisseur; que la provision soit divisée autant qu'il sera possible, soit par des planches, des nattes, de la paille ou des feuilles sèches ; mais pour les grandes provisions il faut d'autres procédés : les trois suivans sont ceux en faveur desquels l'expérience a prononcé.

Par le premier de ces procédés, on place les pommes - de - terre à l'air, sur un terrain sec , à l'abri des bestiaux ; on en fait des tas séparés en forme de pains de sucre , de neuf à dix décimètres (trois pieds) de hauteur ; on les recouvre de neuf à douze centimètres (trois à quatre pouces) de paille , et on jette sur cette paille quinze à dix-huit centimètres (cinq à six pouces) de terre, qu'on bat avec le dos de la bêche, pour que les eaux de pluies puissent glisser dessus sans s'infiltrer dans le tas ; on trouvera la terre nécessaire pour faire cette ouverture en pratiquant autour de chaque tas un petit fossé pour écouler les eaux ; enfin, lorsque les grands froids surviendront, on les couvrira avec du fumier ou de la litière pour les préserver de la gelée. Quand on voudra consommer les pommes-de-terre, on en transportera à la maison un tas tout entier, parce qu'il seroit difficile de les recouvrir assez bien pour les remettre à l'abri des injures du temps.

Au lieu de faire les tas ainsi qu'il vient d'être dit, on peut les faire en long, dans la direction du midi, s'il se peut, toujours de dix à treize décimètres (trois ou quatre pieds) de hauteur, et en dos d'âne ; on les recouvre de la même manière : de cette manière on en place davantage dans un plus petit espace ; en ouvrant les tas par le bout du côté du midi, on aura soin de les refermer exactement avec de la paille ou des paillassons.

Le second procédé consiste à creuser dans le terrain le plus élevé, le plus sec et le plus voisin de la maison, une fosse d'une profondeur et largeur proportionnée aux pommes-de-terre qu'on a dessein de conserver ; on garnit le fond et les parois avec de la paille longue : les racines, une fois déposées, sont recouvertes ensuite d'un autre lit de paille ; on pratique au-dessus une meule en forme de cône ou de talus, et on a soin que la fosse soit aussi profonde du côté d'où on tire les pommes-de-terre pour la consommation, en observant de bien clore l'entrée chaque fois qu'on en ôte.

Une troisième méthode qui supplée aux fosses, et qui conserve les pommes-de-terre sans aucun inconvénient, c'est de faire dans l'intérieur d'une grange ou de tel autre endroit dont on pourra disposer, avec des claies qui servent ordinairement au parc des moutons, ou avec des planches, un espace plus ou moins grand, selon la récolte que l'on a à espérer, en réservant un passage pour les y transporter et pour les enlever à mesure de la consommation : on sent aisément que cet espace doit être entouré tous les ans par les pailles et les fourrages.

Au printemps, lorsque le danger des gelées est passé, il faut s'occuper de mettre ce qui reste à l'abri de la germination, après avoir mis de côté celles destinées à la plantation. Un moyen assez efficace pour les conserver jusqu'à ce qu'on en récolte des nouvelles hâtives, c'est de les transporter dans un grenier bien aéré, de les étendre sur le plancher les unes à côté des autres, et de les visiter quelquefois pour enlever les germes qui poussent pendant les premiers jours du printemps.

FIN DU TROISIÈME VOLUME.

TABLE

DES CHAPITRES

CONTENUS DANS LE TROISIÈME VOLUME.

FIN DE LA TABLE DES CHAPITRES DU TROISIÈME VOLUME.

www.ingramcontent.com/pod-product-compliance
Lightning Source LLC
LaVergne TN
LVHW020616180726
843502LV00002B/493